大夏书系·语文之道

漫溯

更深处

向文本

中学语文
名篇教学新探

徐昌才 著

华东师范大学出版社
ECNUP
全国百佳图书出版单位

图书在版编目（CIP）数据

向文本更深处漫溯：中学语文名篇教学新探/徐昌才著.—上海：
华东师范大学出版社，2018

ISBN 978-7-5675-8336-8

Ⅰ.①向... Ⅱ.①徐... Ⅲ.①中学语文课—教学研究
Ⅳ.①G633.302

中国版本图书馆 CIP 数据核字（2018）第 215890 号

大夏书系·语文之道

向文本更深处漫溯——中学语文名篇教学新探

著　　者	徐昌才
策划编辑	朱永通
审读编辑	任媛媛
封面设计	奇文云海·设计顾问

出版发行　华东师范大学出版社
社　　址　上海市中山北路 3663 号　邮编　200062
网　　址　www.ecnupress.com.cn
电　　话　021-60821666　行政传真　021-62572105
客服电话　021-62865537
邮购电话　021-62869887　地址 上海市中山北路 3663 号华东师范大学校内先锋路口
网　　店　http://hdsdcbs.tmall.com

印 刷 者　北京密兴印刷有限公司
开　　本　700×1000　16 开
插　　页　1
印　　张　15
字　　数　220 千字
版　　次　2018 年 11 月第一版
印　　次　2018 年 11 月第一次
印　　数　6 100
书　　号　ISBN 978-7-5675-8336-8/G·11502
定　　价　45.00 元

出 版 人　王　焰

（如发现本版图书有印订质量问题，请寄回本社市场部调换或电话 021-62865537 联系）

目　录

序1　语文教学，可以更美

　　徐昌才老师的新著即将出版，嘱我作序，深感荣幸，又觉惶恐。荣幸的是，我对徐老师很"熟悉"，近几年，《中学语文教学参考》每年都会刊发徐老师的文章，可以说得上熟悉。惶恐的是，我对徐老师也很"陌生"，编读往来多年，我们从未谋面，没有深度交流，徐老师竟如此信任，予我重任，故而惶恐。

　　徐昌才老师一直都在坚持不懈地探索和追求语文教学规律，进行深度思考，著述颇丰。他在教学与研究两个方面同时着力，相互促进，相得益彰；既是语文教育的思考者，又是语文教学的实践者。他的做法值得借鉴，精神令人敬佩。

　　语文教学的本质是发现和创造。在教学中，语文教师要带领学生从文本中发现语言之美、风格之美、结构之美、韵律之美、诗意之美。发现之后，教师要和学生一起创设情境，营造氛围，生成新的教学内容。这一过程能给学生带来发现的愉悦、创造的快乐、成功的体验，让师生在美的氛围里尽情品味、欣赏、吸收，相互成就，共同成长。

　　在徐老师的系列成果中，我们能看到课堂之美、语文之美、生命之美。在教学中，徐老师引领学生以"品味语言，领略魅力，激活思维，激发兴趣，点燃情思，开阔视野，丰厚文化积淀"为目标，以"抓住文句，深入挖掘，巧妙置换，适当延伸"为方法，师生共赏语文之美、发现之美、创造之美。如《归去来兮辞》的教学，徐老师以关键字"欣、欢、怡、傲、趣、安"切入对文本的细读，用心品味、咀嚼、体悟、比较，理解诗人用词的真味；之后是关键句的分析，结合学生提出的问题择取重点诗句，详尽解析，以主问题引领、贯穿、推进教学。在《丹柯》的教学中，徐老师设计了改换情节，并与其他篇目如《药》《素芭》《炼金术士》等进行比较阅读，可以说是另一种群文阅读，既开阔了学生视野，又把语文的基本能力和阅读方法渗透其中。

经典文本多出自名家之手，经过千锤百炼，历代淘洗，言简意丰处甚多，留白之处也不少。通过品味词语，可以领会作家的思想，体会作家的情感，从而引起学生心灵的共鸣。反复品味这些含义隽永、富含意味的词语，能让学生在品味中发现美、鉴赏美、接受美，从而得到美的熏陶和浸润，是最有效的语言思维训练方法。这种文本解读能力，不仅是学生需要掌握的，更是语文教师的第一能力，依此可以判定一名语文教师的专业功底和基本素养是否扎实。要培养学生的核心素养，我以为教师应先具备核心的教学素养；要培养学生的阅读素养、人格品质、文化理解，把学生引向理想的人生境界，教师须先去那里体验一番、感悟一遭，否则，教师的引导只能是纸上谈兵、不得要领。

语文教师的第二能力是眼光，即在教学中发现问题、选择问题、判定问题，这需要语文教师具有学术的眼光和视野。在文本内、教学中、课堂上，不是每一个标点、每一个词语、每一处情节、每一个问题、每一个疑惑都有价值有意义，其价值和意义何在，有无进一步研究的必要，这就需要语文教师有眼光，自己发现、自己判断、自己思索。这种学术视野和眼光需要长期的积累、修炼，非一日之功，亦不可强求。语文教师要多读书，多读权威的经典的专业著作，哲学、文学、美学、教育学、心理学、文艺理论等领域都要涉及；多读语文名家作品，如叶圣陶、陶行知、于漪、钱梦龙、余映潮、黄厚江等的教育教学论著；多读语文学术刊物，紧跟前沿理论动态，了解最新研究进展，掌握学术走向和趋势；多参加高端的语文学术研讨，开阔视野，结识同道，快速提升……通过一系列的专业成长规划和路径，使自己尽快成为中学语文学术专家。

语文教师的第三能力是研究。语文教学是一种实践性很强的活动，语文教师的教学理念、教学艺术、教学思路、教学技巧都要在课堂教学中予以落实和验证。我们的教学对象——学生千差万别，需要一一了解，因材施教；使用的教材内容各异，形式多样，年代不同，深浅有别……都需要全面研究、深入思考、全力应对，才能顺利完成教学任务，找到适合自己的教学风格，引领学生抵达人生的理想之境。因此，语文教师必须成为一名自觉的研究者，把研究作为自己的使命和生活状态，以研究的姿态从事教学，对待学生，处理教材。这样，语文教师才能和学生一起探索、发现、创造，教学相长，得其奥义，享受语文。

语文教师要善于把平时的所思所想所行及时记录、总结、分析、反思、提炼，抽绎出规律性的理性主题，以哲学、教育学为支撑，形成系统的教学观念、主张和思想，把取得的成果及时结集、推广、扩散，启发同仁，推动自己，进入新的层次、新的境界。

徐昌才老师为达此境界，从中学语文经典教学切入，亲身实践，关注每一篇文本的细微处、关键处，带领学生体悟课堂之妙，发现教学之美，探索语文之真，是一位真正的语文教学研究者。现在，他将自身多年的思考、做法、经验结集出版，必将对语文同仁有所启迪，对语文教学有所助推，意义重大，可喜可贺。

《中学语文教学参考》主编　张万利
2018 年 5 月于长安

序2　生长丰富的意义

昌才君又出语文教育专著了，嘱我作序。我愕然，又欣欣然。为什么愕然？不久前才给他的大著写过一篇小文聊以充"序"，怎么又出书了？也太快了吧！再一想，昌才君深耕语文教学，课课有得，日日有思，所得所思，皆从肺腑中流出，出而为新书，原也容易。为什么欣欣然？好朋友出一书又出一书，为之骄傲；自己有幸写一序再写一序，觉得很受信赖。最重要的是，我和昌才一向互相引为同道，深爱语文教育，享受语文课堂。

称得上享受的语文课堂，一定是生长着丰富意义的课堂，发展着学生的言语能力，丰富着学生的言语生命。如何做到？看昌才君的书稿，可以得到三点重要启示。

一是咂摸言语和言语背后具体的人。

经典教学当然应该着意于人，着意于一个个丰富、鲜活的人，但需要从言语入手，回到言语，并在言语丛林中徜徉，在文本中往复。品味丰富、深刻、有趣的言语，就是在品味丰富、深刻、有趣的人。譬如，教学《烛之武退秦师》《寡人之于国也》等，昌才君都在引导学生品评虚词的丰富意味。虚词最能传达文章"神气"，体现人物"神气"，引导学生读读、品品，烛之武与孟子才会"神气活现"。离开言语讨论人，人将是空洞的、概念化的。

二是在联结中生成意义。

建立"你""我""文本"三要素之间多维度、多层次的联结，才能生发丰富的意义。常见的问题是，文本被当作纯然客观的解读对象，师生联系是单向度的，生生活动是孤立零散的等。应该摒弃此类主客二分、"我—他"二分的解读和讨论方式，采取交互的、参与的、反思式的解读和讨论，这样才可以在活动和联结中生成认知的、社会的、自我存在的丰富意义。教学就是意义和关系的建构。这里有两个关键点：一是激发师生的热情和活力，如昌才君所说，要"热情高涨，干劲十足"；二是学会倾听，不会倾听这一问题很严重，远比我们想象的严重。课堂上，即便有很多师生问答、很多学生发言，有时候也是孤立的，因为大家固执己见，自说自话。实际上，不搭理、不回答别人的话，粗暴地否定别人的观点，在课堂上是比较普遍的。其实，他人的任何言论，哪怕是奇谈怪论，自有其逻辑，所以听听他人是怎么想的，也很重要。倾听他人，反思自己，然后"应对式"跟进，才有课堂上意义的流淌和生长。如昌才兄的《雨巷》教学，起点就是对学生问题的辨析回应。

三是教师应当成为知识人格化的示范。

以生命影响生命，教师就应当是知识人格化的示范。教师就是语文，是语文化的人、人化的语文。学科真善美的种种好处，化育成全了这个人。教师自身展现出来的语文的美、趣与力量，对学生有巨大的激发感召力，不言而教，浸润人心。发展言语能力，丰富言语生命，集中体现为师生的知识人格化。不过，需要指出的是，教师要开放通脱，警惕知识人格化的消极面。从昌才君的文稿中，从平时和昌才君的交往中，我可以感受到他就是知识人格化的美好示范，是语文能力和语文性情的统一，是语文味、才子气、君子风的统一。

这样的语文教育，才可能是朴实而灵动、柔软而富于张力的。

是为序，并求教于方家。

湖南长沙雅礼中学语文特级教师　王良

2018 年 8 月于长沙雅礼

第一辑

诗 词 漫 溯

抓住"雨巷"教《雨巷》

　　教完《雨巷》，一位同学问我，"老师，这首诗歌为什么以'雨巷'作为标题？"我反问她，"你想想看，从标题入手，从诗歌意境入手，从人物情感入手，这些内容与'雨巷'两个字有什么关联呢？"当然，我的反问是在具体地启发她的思路，拓展她的思维。学生说：从标题来看，"雨巷"二字比较简洁凝练，生动直观，交代了故事发生的地点和环境，也给人留下想象、回味的余地。从诗歌意境来看，全诗营造了一种冷落、凄清、迷茫、惆怅的气氛，"雨""巷"两个意象组合起来，巧妙地烘托出与诗歌意境相类似的情感氛围。"巷"显得幽深、狭长、暗淡、沧桑、僻静，"雨"显得凄冷、迷蒙、细长，两者组合，传达出一种抑郁、忧伤、哀怨、凄婉的氛围，这与全诗的意境、情调保持一致。从人物来看，全诗主要人物有两个——"我"和"姑娘"，两人心意相通，情感共鸣，都是彷徨在雨巷之中，冷漠、凄清、哀怨、忧愁、惆怅，"雨巷"背景的设置，巧妙地烘托出人物的心理情感。

　　学生的思考与分析很有层次，也很有道理。我感到欣慰，为她的诗歌鉴赏能力点赞。同时，学生的这个提问，引发了我的另一种思考：何不临时改变下节课的教学内容，干脆就让学生给《雨巷》再拟一个标题，换一个角度来理解诗歌的主旨与人物的情感？我原本计划下一节课要让学生鉴赏几首涉及"丁香"意象的古代诗词，让学生明白《雨巷》中的"丁香"有特定的文化内涵。现在，我觉得将学生的提问作为一种教学的切口，很小，很实，又很关键，可以激活全篇，引发全班讨论，活跃课堂气氛。于是，第二天上课的时候，我就表扬这位提问的同学，说她能够独立思考，自主钻研，有疑必问，对话老师，这种精神值得大家学习。同时，我说道：老师也要感谢这位同学，她的提问和对问题的理解，引发了我的思考，这节课我们一起来做这样一件事：给《雨巷》再拟一个标题，并说说拟题的理由。当然，拟题之前，我们要明确一些标题的基本原则——简洁、生动、切题、新颖、有意味、吸引读者。不到五分钟，学生纷纷举手，我将他们拟好的标题一一写在黑板上——邂逅、遇见、惆怅、愁怨、姑娘、油纸伞、丁香、梦（幻）、飘、哀曲、寂寥，等等。

学生很容易发现，这些标题当中，"惆怅""愁怨"比较直白浅露，不生动，不形象，不能给读者留下回味的余地，不妥当。而对"寂寥"一词，学生有点模糊，到底是形容环境还是形容人的心情的。我告诉学生，请看原作是如何运用这个词语的，学生明白了"寂寥"限定的是"雨巷"，既然如此，那就不是写人的词语。再一点，"寂寥"是寂静、空旷的意思，显然是说环境。以"寂寥"作为诗歌标题不能凝聚诗歌思想情感，不妥当。"哀曲"是比喻，写淅淅沥沥的雨声犹如一支哀曲，在姑娘听来，在"我"听来，既写景又传情，暗示姑娘内心的哀怨、凄清。这个词当然能够部分揭示人物的情感，但是从全诗来看，它只是一个句子中的一个词语，也只是一个关键意象中的一个局部特征的描写，作为全诗标题并不能统率主要内容。与全诗相比，总有类似一片树叶之于一座森林、一滴水之于一条江河之感。

以"梦（幻）"作为标题，形象生动，给人一种如梦似幻、虚无缥缈之感，当然切合抒情主人公的内心憧憬与追求；不过，"梦（幻）"强调希望的缥缈不定，似有若无，最终破灭，少了一点追逐的执着和内心的渴盼，全诗大半部分篇幅是在写"我希望逢着一个丁香一样的姑娘"，希望与失望交织，追求与破灭并存，单挑出"梦（幻）"似乎不够全面。当然，必须看到，"梦（幻）"这个标题是太过虚幻、浮泛了一点，最好能够虚实相生，多元共存。"飘"字作为标题，和"梦（幻）"的情意差不多，只不过它侧重动态描写，更生动，带有一定程度的画面感，形容什么东西随风飘逝。比如，诗歌中的第五节诗句："像梦中飘过/一枝丁香的，/我身旁飘过这女郎"；还有结尾："我希望飘过/一个丁香一样的/结着愁怨的姑娘"。前一个诗句中的"飘过"是一飘而过，刻不容缓，令人惋惜、惆怅；后一个诗句中的"飘过"是明知无法挽留，已经远去、消失，还是没有彻底绝望，怀抱一丝希望，哪怕"飘过"，就那么一刹那，瞥一眼心爱的女郎（理想的）也心甘情愿。结合全诗来看，"飘"还是虚幻了一点，只能部分切合作品的情思主旨。

"邂逅"与"遇见"，从内容上看，吻合故事情节，《雨巷》本来就描述了"我"在一个江南小巷偶遇一位丁香一样结着愁怨的姑娘的故事。不过，两个词有区别。"邂逅"是不期而遇，偶然遇见；"遇见"是碰到、碰见，可能是有约在先的相见，也可能是不期而遇，它指称的范围比"邂逅"要宽泛。显然，诗歌中的见面属于"邂逅"。同时，这个词语描述事件的主要内容，给人极大的想象空间。谁和谁遇见，在哪里遇见，发生了怎样的故事，结果如何，其间细节怎样，如此问题都蕴含在"邂逅"当中。如果从悬念的设置、内容的提取与概括、表达的简洁与生动三个角度去看的话，以"邂逅"作为诗歌标题，还是可以的。这样，戴望舒很可能因为这首诗歌而一举成名，被人们誉为"邂逅诗人"。

"姑娘"显然是诗歌中的一个重要人物，与"我"构成诗歌的主要人物，或者说抒情主人公。以人物为标题当然也是可以的，比如艾青的诗歌《大堰河——我的保姆》、鲁迅的小说《孔乙己》等。但是，以"姑娘"为标题，忽略了诗歌中另一个重要人物"我"的地位与作用。要是将标题拟为"我"，显然又忽略了另一个重要人物"姑娘"，所以要想以人物为题，则需要考虑一个能够涵盖"我"与"姑娘"两个形象的标题。学生一时难以想出一个合适的题目，这时教师可以引导学生思考：诗歌中的"我"和"姑娘"有什么相同的性格、心理与情感？学生很容易想到："我希望逢着/一个丁香一样的/给着愁怨的姑娘""她是有/丁香一样的颜色，/丁香一样的芬芳，/丁香一样的忧愁，/在雨中哀怨，/哀怨又彷徨"……"我"和"姑娘"一样的性格、心理与情感是：哀怨、忧愁、冷漠、凄清、惆怅、寂寞、迷茫。这种感情在诗歌中主要通过哪个核心意象体现出来的？学生自然容易想到"丁香"。既然如此，当然可以"丁香"作为诗歌的标题。以"姑娘"或"丁香姑娘"，以"我"或"丁香先生"作为标题都略显偏差，忽略或是疏漏了另外一个重要人物。就这首诗歌而言，"我"和"丁香姑娘"还真的难以判定谁主谁次，说哪一个人物是抒情主人公都有道理，似乎不必去界定或争论谁是主要人物，谁是次要人物，二者的和谐统一构成《雨巷》的抒情主人公。

还要注意一点，诗歌中的"我"不一定等同于作者戴望舒，文学作品中第一人称"我"的形象不一定是作者本人，因为文学作品完全是虚构的艺术，但是作品中的"我"一定具有作者某种生活和思想的影子，"我"的情绪、思想一定具有戴望舒的某种生活轨迹或印记。正如徐志摩《再别康桥》中的"揉碎在浮藻间，沉淀着彩虹似的梦"，这个残破而多彩的梦，涂上了诗人徐志摩早年留学康桥爱情追求破灭的色彩。《雨巷》中的"我"，邂逅一个丁香一样的姑娘，这个姑娘自远而近地出现，又由近及远地消失，最后"到了颓圮的篱墙，走尽这雨巷"。从某种意义上说，这折射出诗人爱情追求破灭的沉痛记忆。戴望舒早年曾疯狂追求朋友施蛰存的妹妹，后来二人分手，这次爱情挫折对诗人造成巨大的心理打击。写作诗歌的时候，诗人或许有意无意透露着一些落寞、悲观的情绪。

诗歌以"丁香"为题，当然可以，问题是为何要以"丁香"为题呢？换句话说，"丁香"这一意象有何含义与韵味？它在文中起什么作用？它从哪里来？如何理解"丁香"这一核心意象？可以引导学生就"境（诗歌）"来理解，找出诗中描写"丁香"的词句，或者关联"丁香"的词句："我希望逢着／一个丁香一样的／结着愁怨的姑娘""她是有／丁香一样的颜色，／丁香一样的芬芳，／丁香一样的忧愁""像梦中飘过／一枝丁香的，／我身旁飘过这女郎"。从这些描写中不难看出，丁香美丽、高洁、芬芳、孤寂、忧愁、哀怨、凄清、飘渺、易逝，像一个姑娘的表情与心情，也吻合诗歌中"我"的情感需求与思想追求。还可以展示丁香图片，让学生结合图片与生活经验说说对丁香的印象与感受。丁香花色多为紫色或白色，美丽、高洁、纯净、冷艳、孤傲、典雅、含蓄、抑郁，冷色调，给人以庄重矜持、沉静高贵、忧伤凄婉的感觉。如此色调与情调，吻合《雨巷》中男女主人公的情感心理与思想追求。

教师还不妨改换"丁香"为"牡丹""荷花""菊花""杜鹃"之类的意象，让学生思考是否可行，为什么。显然，这一设问立足意象的传统文化内涵，激活学生思维，激发学生兴趣，唤起他们对古典诗词文化语码的联想与感发。学生大体明白，在中国传统文化中，牡丹大红大艳，象征吉祥富贵，热热闹闹；荷花"出淤泥而不染，濯清涟而不妖，中通外直，不蔓不枝，香远益清，亭亭净植"（周敦颐《爱莲说》）；菊花象征恬淡、隐逸、洁身自好、志趣高雅；杜鹃象征哀怨、凄婉、思归、念远。丁香是诗词中的愁品，古代诗词描写丁香，大都含愁带恨、嗟悲叹苦、哀怨凄婉、惆怅缠绵。有诗词为证。唐代诗人李商隐的诗歌《代赠》有云："楼上黄昏欲望休，玉梯横绝月中钩。芭蕉不展丁香结，同向春风各自愁。"南唐中主李璟词《摊破浣溪沙·手卷真珠上玉钩》云："青鸟不传云外信，丁香空结雨中愁。"宋代词人王十朋《点绛唇·素香丁香》云："无意争先，梅蕊休相妒。含春雨。结愁千绪，似忆江南主。"不管是写男女相思苦恋，还是写国破家亡，丁香无一不带上哀愁、幽怨、凄苦的情调。完全可以说，丁香长在古典诗词里，开在《雨巷》中，散发出独特的气息与韵味。这是其他花朵所不能代替的。同样的道理，徐志摩的离别诗《再别康桥》写杨柳依依，抒发自己对母校难舍难分的情感。这个"杨柳"也来自中国传统的诗词文化。"柳"字谐音"留"，暗含留别难舍之意。古人有折柳赠别的习俗，古曲有《折杨柳》，古典诗词写到"柳"，大多与离别依依、难舍难分的情意相关。"柳"也罢，"丁香"也好，均来自古老的中国传统诗词文化。

回到前面的问题，诗歌以"丁香"为题，从结构上看，是抒情线索，勾连全诗，贯通意脉，首尾呼应，浑然一体；从内容上看，"丁香"是核心意象，既关涉"我"的追求与梦幻，又关涉"她"的形象与情思，一笔双写，合二为一；从人物上看，丁香喻指姑娘，亦可喻指抒情主人公"我"，"丁香"的文化积淀与情感意味高度概括了"我"与"姑娘"的特定心境；从读者阅读欣赏诗歌的角度上看，以"丁香"为题，可以设置悬念，营造氛围，突出诗意，吸引读者。一首诗歌如何拟题，取决于作者的创作动机与主旨表现，取决于诗歌的意象运用与抒情所需，取决于诗歌的阅读对象与阅读效果等方面的因素。标题的改换、比较与拟定，其实就是通过一个小小的切口，引领学生欣赏、品味、理解诗歌的思想内涵与情感波动，进而探寻隐含于诗歌背后的人生轨迹与思想追求。雨巷是一条古色古韵的江南小巷，是一道积淀丰富的文化风景，是一片蕴含故事的心灵风光。走进《雨巷》，也要撑着油纸伞，慢慢彳亍，低回涵泳。

或诵或品学诗歌
——《再别康桥》语言教学片段赏析

比较品读《再别康桥》首尾两节，引导学生感受言语表达的差异性，进而体会抒情主人公的微妙心理。先让学生朗读诗歌，找出遣词用语方面的相同与不同之处。学生很容易发现，两节的相同之处在于：每节四句，句式一样，排列整齐，停顿一致，节奏相同，偶句押韵，音韵和谐，关键意象"彩云"相同；不同之处也很明显，首节三次使用"轻轻"，尾节两次使用"悄悄"，首节使用动词"招手"，尾节使用动词短语"挥一挥"。

对相同核心意象"彩云"的理解，是学习、研读这两节甚至是全诗的重点，必须讲深讲透。因此，我先问学生，你们学过不少送别诗，也经历过多次迎来送往，想想看，一般人送别都什么地点、对象、环境？学生很容易理解，送别对象是人（师生、朋友、亲人），送别地点多选在码头、车站、机场这种人群密集、喧闹嘈杂的地方，送别的环境混乱、喧嚷、复杂。进而引导学生背诵一些学过的送别诗，如李白的《黄鹤楼送孟浩然之广陵》《赠汪伦》、王维的《送元二使安西》、王勃的《送杜少府之任蜀州》等。

之所以引导学生背诵学过的送别诗，一是激活课堂气氛，二是增进学生对传统送别诗的理解，三是通过对比加深学生对徐志摩的告别诗《再别康桥》的特色的理解。和这些送别诗相比，徐志摩告别的对象是"西天的云彩"，用"云彩"代指母校康桥。想想，诗人为何要告别"云彩"？"云彩"

有什么特点？给你怎样的感觉？将"作别西天的云彩"改为"作别西边的康桥"如何？学生七嘴八舌开始议论"云彩"的特点：漂泊无依、远离尘俗、自由自在、高洁美丽、五彩斑斓、虚无缥缈、如梦似幻、如诗如画，等等。教师还可以引导学生这样体会：教堂窗户上的玻璃纸，五彩斑斓，外面的光辉投射进来，窗户的色彩也变得五彩斑斓，给人感觉像天国的光辉透过玻璃纸洒进教堂，洒进人们的心田。中国人给自己的女儿取名，往往也喜欢叫"彩云"，一个美丽吉祥的名字。徐志摩的诗歌说"告别西天的云彩"，一方面生动而含蓄地表达了诗人对母校的眷恋、热爱、赞美与不舍，另一方面富有诗意、浪漫、美丽的色彩，与诗人的身份、才华相配。换作"西边的康桥"则比较生硬、实在，没有"云彩"那般美丽、自由、高洁，缺少丰富的韵味。徐志摩诗的告别环境也与传统的送别诗不同，安安静静，悄无声息，柔和美好。如此氛围烘托出全诗静谧美好、哀伤难舍的情调。

关于两节的不同词语，同中有异，异中有同，同在巧用叠词，三次使用"轻轻"，两次使用"悄悄"。首尾两节高频使用叠音词，意在营造一种弥漫全诗的轻盈静谧的气氛，说明诗人轻手轻脚地来，无声无息地走，不发出一点哪怕是细微的声响，不让自己的动静惊扰或是破坏了母校安静平和的气氛。母校好比一位沉睡的美人，诗人好比她的情人，听闻她的心跳，感受她的气息，欣赏她的静美，不忍心、不愿意惊醒她，就让她永远保持那份独特、安静、平和的美吧。同时，也可以换一个角度理解诗人对母校的感情。诗人如儿子，母校如母亲，儿子即将远行，离开母亲，不忍心打扰劳累过度而沉睡入梦的母亲，轻手轻脚，悄无声息，来回安静，多少呵护与怜惜，多少感激与理解，全都蕴含在"轻轻""悄悄"的描述之中。首节"轻轻的我走了"与尾节"悄悄的我走了"句式相同，都是倒装句，将叠音词提前，强调突出诗人来去无声的轻柔静谧。调整为正常语序，应该是"我轻轻的走了""我悄悄的走了"，如此表达，显然平淡无奇，波澜不惊，少了渲染与烘托的韵味。

异在两个叠音词情意不同。"轻轻"是动作，"悄悄"表状态；"轻轻"侧重客观，"悄悄"侧重主观；"轻轻"程度轻，轻手轻脚，声音轻微细小，而"悄悄"程度重，无声无息，刻意保持安静无声，或者声音极度轻微，"悄悄"所传达的轻微或静谧的声息比"轻轻"还要轻微、静谧。何以如此？声息的轻重传达出诗人心绪与情感的细微差别。全诗来看，首尾两节情感类似，都是传达诗人离开母校时的热爱、眷恋、难舍、略带感伤的情感，但是首节情感没有尾节情感浓烈、深挚，情感变化由浅及深，由淡到浓，而"轻轻"与"悄悄"的反复使用正好体现出这种情感的变化。显然，要是将这两个叠音词调换顺序，绝对不行。诗歌首节写道"我轻轻的招手"，诗歌尾节写道"我挥一挥衣袖"，作别对象都是"西天的云彩"，作别动作都是挥手告别，为何采用不同的语言文字？一是避免文字的简单重复，适当改换语词，使表达显得生动活泼、不单调、不呆板；二是前后两个句子内容紧密关联，情意一脉相承，前呼后应，首尾圆合。"我轻轻的招手"写动作，轻微细致，脉脉含情。"我挥一挥衣袖"写动作，同样轻微细致，情意绵绵。特别用"挥一挥"，而不是"挥挥"，更显得轻微，见出情意，呼应首节的"轻轻"。同样，首节的"作别西天的云彩"与尾节的"不带走一片云彩"，也是相似之中有变化，变化之处见情意，值得细细品味。

教学徐志摩《再别康桥》的第三节，如何理解诗句"软泥上的青荇，油油的在水底招摇"中的"招摇"，我启发学生多角度揣摩、体会词语蕴含的情意。从词义的角度来看，"招摇"是故意扩大声势、引人注意的意思，显然是贬义词，如"招摇过市""招摇撞骗"，但是诗中显然不是这种情感、这个意思。从语境的意义看，"招摇"可以理解为两个词"招"和"摇"，形容人的动作，向人招手示意，引起人们的注意，此处应该是这个意思。将青荇当作有生命、有情趣的人来写，写她们主动地向诗人招手示意，深情问候，意态横生，妙不可言。从诗人离别或是到来的情境来看，青荇招摇，既可以理解为向诗人招手致意，热情欢迎诗人的到来；又可以理解为和诗人道别，挥手致意，依依难舍。诗歌标题是"再别康桥"，侧重立意离别，但是诗节内容则是交融了离别与到来，因此对于"招摇"可以两解，诗无达诂。

还可以从描写对象的角度来看，青荇招摇，传达一种幸福、自豪的情意，让人心生羡慕，烘托出诗人对母校、对母校一草一木的深深追怀、无比眷恋和热烈赞美。青荇有情，母校有意，就连母校的一草一木、一枝一叶都对"我"这个学子如此深情，如此难舍，可见"我"对母校多么依恋，多么热爱。这是"对写法"，即不说自己如何思念、眷恋对方，而写对方如何思念、眷恋自己，如此曲折表达出自己对对方的别样深情。相对而言，诗句"在康河的柔波里，我甘心做一条水草"，则是立足自我，直抒胸臆，可以称为"正写法"。诗人抑制不住自己对母校、对康河及对康河的一草一木、一花一树的喜爱、赞美之情，誓言心甘情愿做康河的一条水草，如同青荇那样悠游自在，招摇自得，好不惬意，好不幸福！诗人的情意非常热烈，非常真挚，也非常感人。诗人想说，"我"愿意成为母校的一分子，哪怕是一株小草、一棵树苗、一朵花儿、一片树叶、一滴水珠、一粒尘埃，只要"我"的身心和灵魂完全寄居在母校，与母校融为一体，朝朝暮暮，相依相伴，"我"就心满意足、心花怒放了。这是何等执着，何等强烈！这个诗节，综合运用了对写法与正写法，有力地表现出诗人对母校刻骨铭心的思念与眷恋。

初中时候，学生已经学过一些古代诗歌，也是运用"对写法"来抒情达意的，不妨回忆一下，温故知新，加深对《再别康桥》抒情艺术的理解。比如，王维的《九月九日忆山东兄弟》："独在异乡为异客，每逢佳节倍思亲。遥知兄弟登高处，遍插茱萸少一人。"第一、第二两句直接、正面描写自己，抒发佳节思乡念远之情，采用的是"正写法"。第三、第四两句则是用"对写法"，写遥远的家乡，兄弟们登高望远，思念"我"这个出门在外、久久不归的游子，由此折射出"我"对家乡亲人的深情思念。又如，李商隐的《夜雨寄北》："君问归期未有期，巴山夜雨涨秋池。"不说"我"何时回家，与夫人团聚，不说自己思念夫人，期盼团圆，开篇就说你问"我"何时回去，"我"无法定夺，苦衷多多。提起你问"我"，你想"我"，自然反映出"我"对你的思念与怀想。这些诗句采用的都是"对写法"，巧妙抒发感情，与《再别康桥》诗歌第三节所用手法实质一致。

诗歌是文学中的文学，语言中的语言，情感中的情感。品读诗歌，必须紧紧咬住语言不放松，反复吟咏、诵读、琢磨、体会，多角度置换、比较，经由语言咀嚼品味，抵达诗人的心灵世界，感受诗人的生命温情。语言背后的生命才是语言的本质。教学诗歌，采用或读或诵，或品或比，或思或悟的方法，引导学生深入体味语言，不仅可以增进学生对诗意的体会，对语言的敏感，坚持品味，假以时日，还可以提高学生的语言素养，丰富和完善学生的言语生命。

切情入境解词句
——《诗经·氓》教学漫谈

本次的教学任务是：通过学习选自《诗经》的名篇《氓》，分析男主人公"氓"的形象。诗中有这样一个句子："氓之蚩蚩，抱布贸丝"，对于"蚩蚩"，教材有两种不同的理解，一是指忠厚老实的样子，二是通"嗤嗤"，笑嘻嘻的样子。教师抓住这个细节提问学生，你们认为哪种理解妥当，为什么？请结合诗歌情节内容来分析。一石激起千层浪，课堂顿时炸开了锅，有的认为前一种理解好，有的认为后一种理解好。教师不去统一答案，也不判断对错，任由学生发表看法，只是评点学生思考问题的路径、方向是否正确，支撑观点的材料是否可靠。现将学生对这一问题的讨论梳理如下。

忠厚老实说。原因一，男子为人处世忠厚老实，任劳任怨，正是女子喜欢他的重要原因。原因二，男子的忠厚老实与后文的三心二意、见异思迁形成鲜明的对比。原因三，第一章先直接写"氓之蚩蚩，抱布贸丝"，前来求婚，忠厚老实，一心一意；后面又间接写"将子无怒，秋以为期"，婚期稍晚，大发脾气，前后对比，喜怒无常。原因四，忠厚老实是假，讨好谄媚女子是真，因为有求于女子，急于求婚，所以要装得让女子满心满意。

机灵聪明说。认为"蚩蚩"是笑嘻嘻的样子，其实是说这位男子机灵聪明，善于应酬。原因一，嬉皮笑脸，满嘴油滑，专会说花言巧语，甜言蜜语，讨好女子，因而女子喜欢他。原因二，"蚩蚩"这副笑脸如花的表情与后面"抱布贸丝"的动作相配合，笑脸如花是假，讨好女子是真，"抱布贸丝"是借口，"来即我谋"是真意，男子很会表演。原因三，从后文来看，男子三心二意，用情不专，前面的"氓之蚩蚩"写他油嘴滑舌，巧舌如簧，其实是伏笔，前呼后应，文脉连贯。原因四，女子一般不仅喜欢男子英俊潇洒，仪表堂堂，更喜欢男子会哄女子，逗引女子开心，说甜言蜜语，后文又写女子深情痴恋男子，如痴如醉，不能自拔，如此看来，男子的"蚩蚩"当作机灵聪明理解为好。

忠厚灵泛说。此说综合前面两种看法，认为各说各理，言之有据，共存并美。俗话说"情人眼里出西施"，在深陷情网的女子心目中，男子不管是忠厚老实、任劳任怨，还是巧言令色、笑脸如花，女子都接受、都喜欢。爱一个人，很多时候是一种自我感觉，不可依循因果逻辑理性分析。爱一个人，当然也就爱他的一切，包括他的优点和缺点。好比这个男子，说他忠厚老实、不善言辞，说他表里不一、花言巧语，说他心机巧谋、聪明灵泛，说他掩饰自己、精明狡猾等，都是可以的，并不影响女子对他的爱。从生活的真实和人性的复杂来看，《氓》开篇用"蚩蚩"两个字描写男子的情态，真实而准确，生动而丰富，塑造了一个血肉丰满、性情复杂的男主人公形象。

对于诗歌中的"将子无怒，秋以为期"这句话，可以引导学生从两个角度去理解。一是从女主人公的角度看，女子安慰男子，不是"我"故意拖延婚期，而是你没有合适的媒人上门提亲，你不要生气，我们两个现在约定，就在这个秋天结婚吧。女子安慰、劝导男子，承诺婚期，心中着急，果断答应男子，说明在追求爱情的过程中，女子表现得格外大胆、主动、热烈。二是从男主人公的角度看，他为何生气呢？从前面的文句"匪我愆期，子无良媒"可以推知，他怪罪女子故意拖延婚期，想早点结婚，操之过急，以至于疏忽了要请媒人上门提亲，自己亲自上门找女子商量婚事，如此做法，当然不符合当时的习俗与礼规，因此，女子责怪他"子无良媒"。但是，由此也可以看出，他现在是深深爱恋女子的，恨不得早一点结婚成家，过上幸福甜蜜的生活。他的性情比较急躁，容易生气，做事有点儿莽撞，考虑欠周。结合开篇"氓之蚩蚩，抱布贸丝。匪来贸丝，来即我谋"来看，有求于人、急于说亲的时候，他表现得热情诌媚，笑容可掬；当得知婚期不尽如他愿的时候，表现得急躁生气，毫无节制。纵观前后，一以贯之，他是一个喜怒无常、急躁莽撞的男子。

"秋以为期"一句的表达方式与现代汉语不同。现代汉语的规范表达是"以秋为期"，可以这样引导学生思考：这两种表达效果有什么不同？原文的表达可否改为常规表达，为什么？显然不能。常规句式只是一般陈述句，表达平淡，波澜不惊，没有特别的意味。变式句"秋以为期"，将介词宾语"秋"提前，起到突出、强调的作用，在女子看来，当着男子的面，特意告诉男子秋天结婚，一言为定，绝不反悔，等于是给男子一个许诺，让他吃下一枚定心丸。于自己而言，也是表达对男子深情的爱恋。

"乘彼垝垣，以望复关。不见复关，泣涕涟涟。既见复关，载笑载言。"研究这几个句子，重点在研究两个词语"垝垣""复关"。"垝垣"指破败倒塌的城墙，此处描写女子等待男子前来幽会，为何要登上破败倒塌的城墙？登上完整高峻的城墙不行吗？同学热议，发表各种有趣的看法。有人认为，只有登上高高的城墙，才能站得高看得远，看清自己的心上人是否出现。这个细节表现了女子对男子的渴盼与思念。有的认为，登上倒塌破败的城墙很不容易，相比完好无损的城墙，更能看出女子不畏艰难、热切关注男子的踪影。有的认为，登上破败倒塌的城墙，有点儿危险，不小心就会摔伤，或遭遇生命危险，越是艰难，越是危险，女子越要攀登，更能看出女子对男子的爱恋，对爱情的热烈向往。教师故意调侃，这个女子冒着危险来约会，连生命都不要了，还何谈爱情？学生马上接茬，"生命诚可贵，爱情价更高，若为自由故，二者皆可抛"。课堂一阵笑声。有的认为城墙倒塌破败，杂草丛生，如此萧条荒芜的环境，自然烘托出女子不见男子时的悲凉失落的心理。教师故意调侃，女子是在等待男子前来约会，如果满心悲凉、面色凝重、无精打采，哪个还愿意和她约会呢？应该说，约会之前的等待充满了焦虑与不安，但更多的是喜悦与期盼、幸福与甜蜜。有的认为，登上倒塌的城墙瞭望男子，表现出女子追求爱情的大胆和勇敢、执着与痴情，与后文男子的薄情变心形成鲜明对比，反衬出男子的品行不端、用情不一。有的认为，这是男女约会，破败荒芜的城墙边，人迹罕至，比较偏僻，不容易被人发现，这是青年男女私会的理想地方。针对如此说法，教师可以给学生补充一个例子。《诗经·邶风》中有这样的句子："静女其姝，俟我于城隅。爱而不见，搔首踟蹰。"描写的是男女幽会，翻译过来则是："姑娘温柔又静雅，约我城角去幽会。有意隐藏不露面，徘徊不前急挠头。"这里的幽会也选择了城墙的一个角落，比较隐蔽，不为人知，为两个相爱的人提供了一个卿卿我我、耳鬓厮磨的绝好场所。综观以上看法，各种理解都有一定的正确性，但是我更赞同最后一种看法，男女幽会比较私密，所以选择人迹罕至、难为人知的"垝垣"之地。

学生的多向思考，教师不应轻易否定，只要联系男女主人公约会的情境来理解，都应该鼓励，如有明显错误，则需要指出、修正。比较各种说法，切合人物心理、环境特点等因素来考虑，学生自然会有自己的理解。

关于"复关"，可这样引导学生理解，将"复关"改为"男子""情人""郎君"，是否可以？为什么？请结合课文情境说说理由。答案是不可以。这三个词语比较直接，一览无余，情味淡薄。"男子"称呼，显得客观、冷静，无情无义。"情人"则是强调两人之间的关系亲密而暧昧，有一点特别的味道在里面。他们两人之间的关系应该不是定位为"情人"，而是"恋人"。"郎君"是女子称呼自己的丈夫或情人，显然，他们二人还没有成亲，不能这样称呼。与这三个称呼相比，诗歌中的"复关"显得含蓄内敛，节制感情，比较符合中国诗文的表达传统，不直露，不张扬，留有余味。结合情境来想，女子登高望远，盼望看见"复关"这个地方，见到那位居住在"复关"的心上人，一心一意，痴情等候，内心充满无限的激动、无尽的期待、无比的幸福。她牵挂一个地方，只因为那里居住着自己的心上人，正如我们远隔千里万里，关心一座人口几千万的城市，只因为那里生活着一位我们牵挂的亲人或爱人。一个人因为爱上另一个人，进而爱上那个人生活的城市。相反，一个人思念一座城市，只是因为那里生活着他（她）热恋的一个人。所以，诗歌中的"以望复关""不见复关""既见复关"，均是以"复关"指代生活在复关的那个人，这种表达有一种博大深远、绵长深厚的情味。

"送子涉淇，至于顿丘"，理解这个句子，要注意是谁送谁？这与传统送别有无区别？此番送别说明了什么？显然，这两句是写女子送别男子，因为前面写道"氓之蚩蚩，抱布贸丝。匪来贸丝，来即我谋"，男子借着换丝的名义来向"我"求婚，与"我"商量婚事，最后离开"我"家，当然是"我"（女子）送别男子。一般而言，两人约会，最后分别，多半是男子送别女子，甚至护送女子直到她家门口，看着她亲自进屋才放心离开。男子呵护女子，天经地义，理所当然。可是，这里是女子送别男子，有别于传统习俗，可见女子的大胆、主动、深情、热烈。一般送别也只不过是"送君送到大路口，有句话儿难开口"，可是这里是女子送男子，一块儿渡过淇水，一块儿到达顿丘，先不去考证淇水在哪里、顿丘在哪里，女子家乡又在哪里，反正这些山、水的交代，分明告诉读者，送君送得很远，走了水一程、山一程，形影相随，难舍难分。女子对男子的爱像淇水一样绵长，像顿丘一样厚重，男子走到哪里，她的爱和她的心也就追随到那里。

　　"以尔车来，以我贿迁"，这句话也是女子的告白，赶快驾着你的马车过来，拖着我的嫁妆走，"我"要和你组建一个美满的家庭，早日过上幸福生活，语气热烈，情意炽热，大有迫不及待、立马嫁人之感，可见女子爱得如痴如醉、如火如荼。她的爱情，就像一把火，燃烧了整个世界，恰如一首歌所唱的："你就像那冬天里的一把火/熊熊火焰温暖了我的心窝。"另外，这两句诗歌揭示了一种古老的风俗，迎来嫁娶，喜气洋洋，热闹喜庆，开开心心，令人想起"西部歌王"王洛宾的歌曲《达坂城的姑娘》："达坂城的石路硬又平啊/西瓜大又甜呀/达坂城的姑娘辫子长啊/两个眼睛真漂亮/你要是嫁人不要嫁给别人/一定要嫁给我/带着百万钱财/领着你的妹妹/赶着那马车来。"古今习俗，一脉相承，吉祥喜庆，热烈红火。

　　"匪来贸丝，来即我谋"，理解这个句子，注意一个"谋"字，即商量婚事。男子不是请媒人提着彩礼，挑着财物，吹着唢呐，敲着锣鼓，浩浩荡荡上女方家提亲，而是自己一个人打着"贸丝"的名义私下幽会女子，与她商量婚事。这种做法不符合传统习俗，不受女方家人欢迎，不被社会接受。

男子应该知道这一点，可是，他为何要一个人上门求亲呢？只有一种解释，热恋中的男子被爱情冲昏了头脑，太急切，太热烈，太莽撞，以至于不顾世俗眼光，不讲传统礼节，想怎么干就怎么干。当然，这也是爱。这个"谋"字表现出男子急躁、莽撞、不够冷静、处事冲动的性格特点。

聚焦 "采薇" 教《采薇》

教学一首诗歌、一篇文言文，要提高课堂效率，凝聚学生注意力，引发学生层层深入的思考，能够驾繁驭简，最关键的问题是能够找准文本的切入点，设计一个总览全篇的核心问题，提纲挈领，纲举目张，可以轻而易举地掌控文本内容，引领学生思考。当然，这个问题需要有明确的指向性，紧紧扣住文本内容而设。

比如，在教学选自《诗经》的《采薇》时，可从标题切入，引导学生思考、理解文本内容，设计系列问题：谁采薇？采薇干什么？为什么采薇？什么时候采薇？采薇之时，他们的内心情感如何？为何具有这种情感？这种情感复杂吗？结合文本说说这种情感包含哪些内容？显然，这些问题勾连全篇，环环相扣。学生朗读诗歌，细读注解，讨论言说，最后可以得出比较一致的看法。戍边战士（征人）采薇；采薇充饥（说明战士们吃得差，生活艰难）；没有吃的，没有更好的东西吃；他们战斗之余采薇充饥；内心充溢强烈的思乡之情。从文句"曰归曰归，岁亦莫止""曰归曰归，心亦忧止""曰归曰归，岁亦阳止""忧心孔疚，我行不来"，均可看出这种情感。他们背井离乡，长年累月戍守边关，不得回家，故而萌发出强烈的思归之情。这种感情逐层增强，从文中词句可以看出来。第一章"曰归曰归，岁亦莫止"，说回家说回家，可是眼看一年将尽，还是没能回家，此处流露出不能回家的哀怨、嗟叹，心有不平。第二章"曰归曰归，心亦忧止"，心情非常焦急、忧虑，用一个成语来概括就是"忧心如焚"，急不可耐。第三章"忧心孔疚，我行不来"，出门在外，长久不归，"我"的内心非常沉重、痛苦、难受。三章中，战士们的情感由浅及深，由弱至强，层层深入，递进加强。战士们为何不能回家？因为"不遑启居，狁之故""我戍未定，靡使归聘""王事靡盬，不遑启处"，一句话，外敌入侵，边境告急，保家卫国，重任在身。诗歌一、二、三章，通过叙事来抒发战士们的思归之情，除此以外，还有其他感情，如生活的艰苦、征战的频繁，流露出他们对战争的厌恶，对敌人的痛恨。又如，保卫国家，抵御外敌，明白大义，战士们身上又有一种爱国尽责的精神。

诗歌四、五章描写战士们的军旅生活、战斗生活，流露出了怎样的感情？"岂敢定居？一月三捷""岂不日戒，狁孔棘"，征南战北，马不停蹄，枕戈待旦，高度戒备，紧张、忙碌、辛苦，疲于奔命，身心倦怠。"一月三捷"既点明战事频繁，疲于应对，又暗示征战获胜，无比自豪。比较"一月三捷"与"一月三败"或"一月一捷"，显然，"三败"极言多次打败仗，令人沮丧、失落、苦闷，而非"三捷"那么自豪、光荣。"一捷"相比"三捷"虽然也是胜利，但是远远比不上"三捷"（多次胜利）带给人更多的激动、喜悦、幸福与自豪。此时还可向学生提问：四、五两章还有不少诗句描写了这支军队，请问这是一支怎样的军队？战士们面对自己所属的军队，又有怎样的心理感受？自豪、荣幸、豪迈。诗歌从多方面描写了这支军队。"象弭鱼服"说明装备精良。象牙装饰的弓，鲨鱼皮制作的箭袋，极为华贵、坚韧，以点带面，表现整体。将士们的铠甲头盔，全副武装，绝对上乘；"四牡业业""四牡骙骙"，两次写战马膘肥体壮，雄壮威武，侧面反映这支军队能征善战、遇敌必胜的战斗力。"彼尔维何，维常之华。彼路斯何？君子之车。"一个"路"字，描绘出将帅乘坐的战车高大雄伟。

注意诗歌的句式，先用设问引发学生的注意与思考，继而回答那是将帅的战车，加深学生对将帅战车的印象。什么印象？当然是"路"，高大雄伟，坚固牢实，令人引以为荣，倍感自豪。还要注意，诗歌不是一开始就描绘战车如何威武，而是采用兴的手法，先问那盛开着的鲜艳灿烂的花儿是什么花，继而回答是棠棣花。先言他物，引起所咏之辞，说花美丽灿烂是营造气氛，展示光华，为后文歌唱战车豪华高大作铺垫。四个句子其实都是在渲染、烘托将帅，周天子的将帅乘坐的战车是如何雄伟高大、坚如钢铁。无疑，战士们在言说、咏唱这一切的时候，内心充满了自豪和喜悦。"君子所依，小人所腓"，这两句分别描写将帅与士兵打仗时所处的位置，将帅坐在车上，指挥军队，相对安全，亦无奔波之苦；士兵依附车身，紧随跟进，冲锋陷阵，危险万分。一个安全，一个危险；一个安逸，一个辛劳，两相对比，暗含不满。只不过，这种情绪隐藏得很深，没有发泄出来。

诗歌第六章描写战士们回家，可引导学生思考、理解两个问题。一个问题是，描写了什么景物，传达什么感情，景和情之间是什么关系。另一个问题是，戍边归来的战士为何"行道迟迟""我心伤悲"，说说你的理解。前一个问题涉及情景交融，情景相衬；后一个问题，可以补充唐代诗人贺知章《回乡偶书二首》之二："离别家乡岁月多，近来人事半消磨。惟有门前镜湖水，春风不改旧时波。"宋之问的诗歌《渡汉江》："岭外音书断，经冬复历春。近乡情更怯，不敢问来人。"汉乐府民歌《十五从军征》："十五从军征，八十始得归。道逢乡里人：家中有阿谁？遥看是君家，松柏冢累累。兔从狗窦入，雉从梁上飞。中庭生旅谷，井上生旅葵。舂谷持作饭，采葵持作羹。羹饭一时熟，不知贻阿谁！出门东向看，泪落沾我衣。"这些诗句可以帮助学生理解《采薇》中戍边归来的战士的复杂心情。

化繁为简教《离骚》

入选高中语文必修（2）的课文《离骚》（节选），侧重抒发诗人被小人排挤、君王疏远、离开官场、走向民间的内心郁闷、苦痛，叙事色彩淡薄，情节性不强，更多的是诗人的见闻感触、情思意志。而且，这些内心情绪的抒写并无明显的内在逻辑联系，或者说，抒情语句跳跃性比较大，理解起来比较困难，学生背诵这些文句也感觉比较吃力，甚至到了高三总复习的时候，所有背诵篇目里，学生还是感觉《离骚》最难理解、最难背诵。教师难解难教，学生难学难背，这是多年来困扰广大一线语文教师的问题。教学《离骚》，我改换逐句讲解、梳理内容、体会情感的方法，试图从文段总体或局部着眼，提炼出能够统帅文段内容的问题，以这些问题作为抓手，引领学生探讨，激发学生兴趣，活跃课堂气氛，师生合作比较愉快，一篇难教难学难啃的文本，师生也能轻松愉快地教完学完，这是我始料不及的。

一、预习文本，读译结合

预习文本环节主要做三件事：一是标注文章的生字、通假字读音，全部批注在字里行间；二是自读一遍课文，听读一遍课文，齐读一遍课文，注意重音、停顿、节奏、情感、关键词；三是参照课文注解，翻译全文。做这三件事情，主要是落实预习任务，让学生熟悉文本内容，读通读顺文本，对文本的整体思想感情有初步的感知与了解。我特别提醒学生，文章难字多，生僻字也多，牵扯到花草植物的文字多，通假字多，多音字也多，要结合语境语义来理解落实这些生字的读音，全部标注在生字的旁边。翻译文句的时候，要落实古汉语表达与现代汉语表达不一样的地方。对重音、停顿、节奏、语速、语调、情感等内容的体会与把握，主要通过学生对比自己的朗读与录音示范朗读来完成。

至于对诗歌思想情感内容的总体把握，主要是通过师生问答互动来落实。教师提问：读了全文，你认为诗歌中哪一个词语最能概括屈原的感情，为什么？学生会找出许多词语，比如"哀""悔""屈心抑志""清白""好修""忳""郁邑""侘傺""穷困"等，教师可引导学生辨析这些词语，特别是结合语境理解这些词语的含义和情感。显然，以上词语大多数只是表达诗人在某一特定情境之下的情感，并不能概括两节所有内容及主要情感。相对而言，"郁邑"可能比较能够概括诗人遭受贬谪、离开官场、仕途失意的苦闷与煎熬。和"郁邑"相比，诗歌标题"离骚"更能准确概括诗人的主要感情。"离"即离开的意思，指屈原离开朝廷，离开官场，离开君王，去往民间，仕途失意，人生坎坷，满怀忧愁。还有一种理解，"离"通"罹"，遭受、蒙受、承受的意思，"骚"是忧闷、愁苦的意思，"离骚"就是遭遇挫折、离开京都、人生失意的苦闷与痛楚。这个意思比较吻合诗歌两节的主要内容，其他词语只是局部概括诗人的感情。"哀"的内容是"民生之多艰"，可作两解，一是民生艰难，二是人生艰难，只是对于人生或民生的哀叹与担心，不足以体现诗人仕途失意的苦痛、忧愁。"悔"的内容是"相道之不察"，后悔当初选择道路的时候没有辨别清楚，走错了路，做出了错误的选择。这个"悔"字，也只是表达一时的后悔、沮丧之情。"穷困"暗示自己陷入困境，走投无路，人生陷入绝望，是一时愤慨之情。"好修"和"清白"均是表达诗人在政治黑暗、小人当道、君王昏聩的环境中的坚守与追求，也不足以概括仕途失意的困苦。几个词语之中，只有"郁邑"相对可以概括诗人的主要感情。

二、探讨问题，理解文本

第一个问题是，屈原为什么离开官场？请结合文本内容说说理由。可从三个角度思考问题：君王、小人、屈原自己。从君王的角度看，"怨灵修之浩荡兮，终不察夫民心"，屈原埋怨君王昏庸荒唐，有眼无珠，不识忠心。"民心"是人心的意思，指屈原自己竭尽忠智、报效国家的耿耿忠心。教师提示学生找出全诗中的"民"，并分别指出它的含义。开头的"民生"可以两解：百姓生活艰难，或者人生艰难（暗指屈原的人生艰难）。结尾"民生各有所乐兮"，其中"民生"只能理解为"人生"。还要注意"灵修"一词，原指神仙不同凡俗，聪明智慧，此处用来比喻楚王，暗含屈原对于君王的肯定与认可。言外之意，含有谅解，可能君王是因为小人谄媚毁谤才疏远屈原的，疏远屈原不是君王的本意。屈原一心忠爱朝廷，敬重君王，不会对君王稍有怠慢与轻侮。

从小人的角度看，文中描写小人品行的句子主要有这么几句："众女嫉余之蛾眉兮，谣诼谓余以善淫。固时俗之工巧兮，偭规矩而改错。背绳墨以追曲兮，竞周容以为度。"由此可以看出，朝中小人嫉贤妒能，造谣毁谤，投机取巧，违背法度，改变主张，追求邪恶，苟合取容，阿谀奉承，毫无原则，此种行为与屈原的品性水火不容，格格不入。所以，屈原生活在遍地小人、满朝黑暗的环境中，很难生存下去，更不可能驰骋才能、大展宏图、有所作为。可提示学生注意"众女""蛾眉""规矩""绳墨""周容"几个词语的含义。特别强调，"众女"指普通女子，象征长嘴多舌、庸庸碌碌的小人。"蛾眉"本指弯曲秀美的眉毛，指代清秀美丽的女子，象征品行美好、品德高尚的君子，诗中指屈原自己。屈原的诗歌开创了一个传统，用"美女"来比况品性美好的君子，或者光明、美好的理想。后世文人吟诗作文，也常常沿袭这个传统，比如李白的诗句"美人如花隔云端"，苏轼《赤壁赋》中的"渺渺兮予怀，望美人兮天一方"等，这些句子中的"美人"都不是实指生活中的某位女子，而是象征着作者心中的美好理想。

从屈原自身来看，他不愿意与世俗、小人同流合污、沆瀣一气。"宁溘死以流亡兮，余不忍为此态也！""鸷鸟之不群兮？自前世而固然""何方圜之能周兮？夫孰异道而相安？"面对朝中小人的丑行恶德，屈原公开宣言，宁可突然死去，浮尸千里，也绝不苟且逢迎、惺惺作态。鸷鸟展翅高飞、搏击长空，凡鸟飞止蓬蒿、鼠目寸光，两者不能同群共存，自古皆然；方凿规则有序，有棱有角，圆孔圆满完整、无棱无角，两者不能衔接，理所当然。屈原列举生活中的两种现象，比喻自己与小人水火不容，格格不入。

探讨第二个问题，诗歌塑造了一个怎样的抒情主人公形象？这个问题可以从外在形象与内在形象两个角度去分析、理解。先从外在形象的角度引导学生思考：诗人怎样描写自己的着装与活动，请找出相关诗句来。外貌描写："制芰荷以为衣兮，集芙蓉以为裳""高余冠之岌岌兮，长余佩之陆离""佩缤纷其繁饰兮，芳菲菲其弥章"。行动（活动）描写："既替余以蕙纕兮，又申之以揽茝""步余马于兰皋兮，驰椒丘且焉止息""进不入以离尤兮，退将复修吾初服"。从外貌描写、行动描写可以看出屈原对于美丽的矢志追求，绝不放弃。外貌描写所涉及的香花美草和诗人活动所涉及的佳木奇树，这些都是高洁、鲜美、芬芳的事物，屈原所爱的就是这些美好的东西。这实际上象征着屈原对美好品行、修养的追求与珍视。屈原选用精美高洁的花草来编织自己的衣裳，选用芬芳美好的事物来做配饰，平日里的活动也多与此类花草佳木相关联，这实际上烘托出诗人对于美好形象、美好品德、美好情操的看重与追求。

注意一个句子"高余冠之岌岌兮，长余佩之陆离"，这是定语后置句，"岌岌"和"陆离"均是定语，被后置了。峨冠博带是古代士大夫的装束，端庄儒雅，风流潇洒，令人敬仰有加、膜拜有加，可是诗人还要加高、加长，为何？一种合理的解释是，可能小人看不惯，纷纷议论，加以毁谤，屈原不逢迎小人，不改变自己，甚至更加坚信自己，针锋相对，蔑视小人，无悔自己的选择与追求。所以，你议论我，看不惯我，对我的追求报以恶意，我偏偏要和你对着干，加高帽子，加长佩带，追求自认为正确的、美好的东西，完全不予理会你们的眼光与口舌。注意两个细节"蕙纕""揽茝"，采用蕙草编织佩带，采摘兰草来赏玩，这一行为涉及洁净美好的花草，象征屈原恪守本心、追求美好品德的行为，这当然不容于小人，甚至成为小人排斥他、贬谪他的"罪名"。不能坐实理解屈原为何要去采摘这些花草，为何要去编织并穿上这样的服装，只能从象征的角度来理解他的思想。同样，还有两个细节"兰皋""椒丘"，二者均是屈原策马前行经过的地方，它们有一个共同特点，都生长着洁净美好、散发清芬的植物，给人感觉屈原哪怕就是驱马行走，也只走那些草青花开、芬芳四溢的地方，绝不走恶臭难闻、污秽满目的地方，颇有庄子寓言所说凤凰"非梧桐不止，非练实不食，非醴泉不饮"的味道，又令人想起范晔《后汉书·列女传·乐羊子妻》里的名言"志士不饮盗泉之水，廉者不受嗟来之食"，甚至还会令人想起"鸟择高枝而栖，士择明主而仕"。屈原如此行为，当然不能只从字面理解，此为艺术虚构，象征诗人心志高洁不俗、高雅不群，绝不与朝中群小同调和声。

句中"复修初服"也有特殊的含义，字面意思是："我"远离官场，回归家园，过上隐居生活，打理、修饰"我"的着装，恢复"我"原来的素朴与清新，其实暗含以前奔走仕途蒙尘受污，相比而言，如今回到家园，自然需要回归自我，恪守本真，洁身自好，完善品德。"复修初服"也是象征大于写实，比喻自己出仕之前的志向与品德，不可以坐实理解。

气质描写句："芳与泽其杂糅兮，唯昭质其犹未亏""佩缤纷其繁饰兮，芳菲菲其弥章"，芬芳香气与恶臭气味混杂，但是却能不受熏染，保持纯洁，"我"的品质不受世俗风气影响，依然能够保持清洁，身上佩带五彩缤纷的配饰，散发出浓郁的芳香。诗人这样描写，其实是在暗示自己不与世俗同流合污，不改自己的高洁芬芳，这是一种修炼于内、散发于外的气质美。好比周敦颐笔下的莲花："予独爱莲之出淤泥而不染，濯清涟而不妖，中通外直，不蔓不枝，香远益清，亭亭净植，可远观而不可亵玩焉。"（周敦颐《爱莲说》）

再从内在形象的角度来理解屈原的思想品格。请学生找出文中相应的诗句，说说这些诗句的意思，想想这些句子表现出诗人怎样的心志追求。"长太息以掩涕兮，哀民生之多艰。"（忧国忧民，热爱祖国）"亦余心之所善分，虽九死其犹未悔。"（坚持真理，献身理想）"宁溘死以流亡兮，余不忍为此态也！"（疾恶如仇，不同流合污）"伏清白以死直兮，固前圣之所厚。"（刚正不阿，一身正气）"民生各有所乐兮，余独好修以为常。"（洁身自好，自我完善）"虽体解吾犹未变兮，岂余心之可惩？"（忠贞不移，至死不变）

师生小结：第一，屈原是一位进步的政治改革家，主张法治（"规矩""绳墨"），主张举贤授能。第二，他主张美政，重视人民的利益和作用（"哀民生之多艰""怨灵修之浩荡兮，终不察夫民心"），反对统治者的荒淫暴虐和臣子的追逐私利。第三，他追求真理，坚强不屈（"亦余心之所善兮，虽九死其犹未悔""虽体解吾犹未变兮，岂余心之可惩？"）。这个形象，是中华民族精神的集中体现，两千多年来给了无数仁人志士以品格与行为的示范，也给了他们力量。

三、加深理解，读背训练

设计这一环节，主要是考虑到《离骚》这个篇目的教学大纲和考纲要求背诵，历届高三学生也感觉这个篇目最难理解、最难背诵，所以课堂上，教师可趁热打铁，巩固强化，力求让学生印象深刻，理解深透。

1. 屈原在《离骚》中表现自己同情百姓的苦难生活，并因此流泪叹息的名句是？（长太息以掩涕兮，哀民生之多艰。）

2. 本文中表达自己虽爱好修洁严于律己，但早晨被诟骂晚上被免职的句子是？（余虽好修姱以鞿羁兮，謇朝谇而夕替。）

3. 屈原在《离骚》中表达自己虽然遭到不公的待遇，但是为了自己心中追求的目标九死不悔的语句是？（亦余心之所善兮，虽九死其犹未悔。）

4. 屈原在《离骚》中用比喻的手法，写出自己才能优秀却遭到嫉妒和造谣中伤的句子是？（众女嫉余之蛾眉兮，谣诼谓余以善淫。）

5.（伏清白以死直兮，固前圣之所厚），表明作者追慕古代圣贤，宁死不失正义。

6.（悔相道之不察兮，延伫乎吾将反），表明诗人此时产生了退隐的思想。

7. 屈原在《离骚》中表现出了高尚的品德和爱国情怀，请按要求写出有关诗句：

（1）表现诗人忧国忧民、热爱祖国的诗句：_____，_____。
（长太息以掩涕兮，哀民生之多艰。）

（2）表现诗人坚持真理、献身理想的诗句：_____，_____。
（亦余心之所善兮，虽九死其犹未悔。）

（3）表现诗人疾恶如仇、不同流合污的诗句：_____，_____。
（宁溘死以流亡兮，余不忍为此态也。）

（4）表现诗人刚正不阿、一身正气的诗句：_____，_____。
（伏清白以死直兮，固前圣之所厚。）

（5）表现诗人洁身自好、自我完善的诗句：_____，_____。
（民生各有所乐兮，余独好修以为常。）

从"采芙蓉"说开去

——《涉江采芙蓉》教学镜头

  教学《涉江采芙蓉》，一个课时就只讨论了"采芙蓉"这一个细节，不知道算不算高密度、大容量，也不知道算不算枝蔓旁出、浪费时间。但是，学生兴趣浓烈，热情高涨，发言积极，气氛活跃。从学生的反应中，我感受到了教学的成功。抛下许多预设的观念与程式，专注于学生的体验与兴趣，素养与思维，这是我乐意看到的课堂教学亮点。如何研讨"采芙蓉"这一细节呢？我的思路虽然比较老套，但是很扎实，那就是有序设计小问题，层层深入引导学生思考。

  先是让学生思考"芙蓉"有什么特点。提问他们：你们学过的古代诗词中有的描写过"芙蓉"，对芙蓉的感受与印象如何？芙蓉就是荷花，色彩多为白色或者粉红色，纯洁、光鲜、亮丽、绚烂，人见人爱，寓意美好。白色象征着一个人光明磊落，坦荡赤诚，纯洁无瑕，洁白如玉，颇能引发人们"明明白白我的心"的联想；粉红色象征着温馨、热烈、吉祥、喜庆，预示着美好的生活和甜美的爱情。古代诗词写荷花，多与爱情相关。比如《江南》："江南可采莲，莲叶何田田。鱼戏莲叶间，鱼戏莲叶东，鱼戏莲叶西，鱼戏莲叶南，鱼戏莲叶北。"字面看来，是在描写鱼儿成群结队自由嬉戏，活泼跳动，好不热闹，好不开心。其实，可以想象得出，画面之外有一对青年男女正在津津有味地观察、指点游鱼，时而惊奇，时而激动，时而宁静，时而说笑，也是幸福欢乐的一对。荷叶田田，荷花灿烂，游鱼嬉戏、快乐与甜蜜，见证了他们的青春与爱情。荷花与青年男女的谈情说爱紧密关联。这里的游鱼戏水，也很容易让人想到一个成语"鱼水深情"，那么岸边的青年男女呢，也是"鱼水深情"啊。又如《西州曲》："采莲南塘秋，莲花过人头。低头弄莲子，莲子清如水。"字面意思当然是描写女子荡舟采莲。其实，诗歌是通过采莲这种古老的习俗来含蓄传达女子对心上人的爱恋之意。"莲子"谐音"怜子"，怜爱你的意思；"清"谐音"情"，情意绵绵，如水深情。女子对男子的爱恋全在低头采莲的刹那间，全在眼前的景物之中，莲花与爱情相关联。而《离骚》中的"制芰荷以为衣兮，集芙蓉以为裳"，此处"芙蓉"洁净美好，光鲜亮丽，象征着屈原对美好品德的追求，却与爱情无关。宋代词人周邦彦有词"五月渔郎相忆否。小楫轻舟，梦入芙蓉浦"（《苏幕遮·燎沉香》），荷花与思乡之情密切相关。而《涉江采芙蓉》中的"芙蓉"，是爱情的信物，也是爱情的象征。

我问学生，除了芙蓉可以作为爱情的信物之外，你们还知道古代诗词或文学作品中哪些花草可以作为爱情信物，并补充了《诗经》中的作品《静女》："静女其姝，俟我于城隅。爱而不见，搔首踟蹰。静女其娈，贻我彤管。彤管有炜，说怿女美。自牧归荑，洵美且异。匪女之为美，美人之贻。"全诗描写了一对青年男女的幽会，女子送给男子的信物就是一根彤管（红色管笛）和一根茅草，非常简单，但是男子特别喜欢，何故？那是因为这些礼物是女子送给他的，他喜欢这位女子，爱人及物，所以非常喜欢这些礼物。沈从文的《边城》里写了一个场景，八月十五的晚上，傩送在河的对岸给少女翠翠唱情歌，翠翠就在对岸飘来的歌声中沉入梦乡。她梦见自己的身体飘浮起来，飞过河去，飘到对岸的悬崖上，采摘了一大捧虎耳草，可是她很苦恼，不知道拿这些虎耳草送给谁。她爱着傩送，可是不知道傩送是否爱她。这里的"虎耳草"与爱情相关，是边城人民表达爱情的一种信物。其实，即使在今天，在遥远的山村，比如我的家乡，世界非物质文化遗产名录中收录的"傩戏之乡"——新晃县贡溪乡四路村天井寨至今还流传着一个古老的习俗，相爱的青年男女互赠礼物私定终身。女子送给男子的多半是手帕、鞋垫、手工编织的袜子、亲手缝制的布鞋等。俗话说"千里送鹅毛，礼轻情意重"，这些信物虽然不像房子、车子、钻戒、项链之类的东西贵重、值钱，但是这些来自生活的花草，代表了一种最真挚、最纯洁、最美好，也是最浪漫的爱情。

如何采摘"芙蓉"呢？关于这个问题，诗句中只有一个词语"涉江"，可让学生联想、创造、补充，主人公如何涉江？有何遭遇？是否顺利？有的说，摇着桨，唱着小调，划着小船过去；有的说，脱掉衣裤，游泳过去；有的说，挽起裤腿，蹚水过河；有的说，踩着风雨斑驳的小木桥过去。各种各样的想法，让过河变得很有趣味、很有意思。我还顺势播放了潘长江的歌曲《过河》。

> 哥哥面前一条弯弯的河
> 妹妹对面唱着一支甜甜的歌
> 哥哥心中荡起层层的波
> 妹妹何时让我渡过你呀的河
> 哥哥你要把河过
> 先要对上妹妹的歌
> 不问花儿为谁开
> 不问蜂儿为谁落
> 问你可知我的心
> 为啥要过我的河
> ……
> 哥哥面前一条弯弯的河
> 妹妹对面唱着一支甜甜的歌
> 哥哥心中燃起红红的火
> 妹妹快快让我渡过你的河
> 小船悠悠水中过
> 划开河面层层波

采一朵水莲花妹妹送哥哥

悄悄话儿悄悄说甜甜蜜蜜洒满河

悄悄话儿悄悄说甜甜蜜蜜洒满河

哥哥面前一条弯弯的河

妹妹对面唱着一支甜甜的歌

哥哥心中荡起层层的波

妹妹何时让我渡过你呀的河

与《涉江采芙蓉》稍有不同的是，《过河》曲调生动、欢快，充满柔情蜜意；而《涉江采芙蓉》则不管是以哪种方式过河，很可能都有一定的危险，越是如此，越能烘托出抒情主人公的深情爱恋。采摘了美丽鲜艳的荷花以后，抒情主人公却像《边城》中的翠翠一样送不出去，内心充满了忧伤与困惑。"采之欲遗谁？所思在远道"，与《边城》中的翠翠不同的是，《涉江采芙蓉》中的抒情主人公知道要采摘芙蓉送给谁，只是对方远在天边，不能送达，实际上也是在暗示自己的相思愁苦不能抵达对方心中；这种相思煎熬一直要延续到老，或许直到生命的尽头（同心而离居，忧伤以终老）。而《边城》中的少女翠翠，则是抱着一大捧虎耳草不知道该不该送给傩送，因为她不知道傩送是否也爱她，内心充满忧伤、焦虑与迷茫。

谁采摘芙蓉呢？这个问题极具思考价值，颇能引发学生的争论。老师可要求学生结合诗句内容说说自己是如何理解的。有人认为是男子采摘芙蓉送给女子。理由是漂泊在外，思念妻子，涉江采摘芙蓉，想要送给妻子，可惜妻子在"远道"，在"旧乡"，不在自己身边，留下无穷无尽的忧伤与思念。"远道"是从男子的角度来看，他已经长久漂泊在外，远离故乡和妻子，愈远愈能烘托出对妻子的思念。"旧乡"也是站在男子的角度来叙述的，他和妻子曾经在家乡度过了一段美好的时光，如今回想起来，"似曾相识燕归来"，无比甜蜜、幸福，可是，这只是想象中的幸福，今不如昔，人远物非，令人感叹唏嘘。越是念旧，就越是表明自己思念妻子，思念过去团聚的美好生活。"远道"侧重空间的阻隔，"旧乡"侧重时间的渺远，时空交错，天涯分离，拓展了诗歌的意境，强化了相思的意味。还有一个理由，不管是封建社会还是现代社会，在追求爱情这件事情上，男子占主动，女子属被动，男子冒着一定的风险去采摘芙蓉送给女子，这是自然而然的事情。诗歌描写男子做了两件事，先是采摘芙蓉，无法送出，引发其思念心上人，进而思念故乡，最后感叹两个相爱的人不能在一起，以至生命老去，青春消逝。全诗以男子的视角和口吻来叙述、咏唱，表达深深的眷恋与忧思。

有人认为是女子采摘芙蓉送给心上人，理由是诗歌的前四句写女子涉江采芙蓉，想要送给远方的心上人。封建社会男子在外奔波打拼，女子在家操持家务，男主外，女主内，"远道"暗示了男子在外的事实。诗歌的后两句，也就是第五、六两句，描写了女子的想象，即"我"在家乡思念远方的丈夫，远方的丈夫想必也在他乡思念"我"吧，从对面落笔，增添了相思婉转与含蓄的意味。诗歌最后两句（第七、八句）是女子的感叹。还有一点，芙蓉是鲜艳美丽的花朵，女子爱美，喜欢花草，诗中芙蓉绽放，兰草青青，芳草鲜美，比较有诗意浪漫的情调和女性化的格调，据此也可以判断是女子采摘芙蓉。

有人认为诗歌可以分为三个层次，前四句为第一层，写女子涉江采芙蓉，却无法送出的忧伤；五、六两句为第二层，写男子远在他乡，思念家中的妻子；最后两句（七、八两句）合写男女互相思念。整首诗歌是先分后合的结构。此时教师可追问：前四句所构成的画面与五、六两句所构成的画面之间是怎样的逻辑关系？有人说是先后关系，先是女子思念男子，感动男子，然后才有男子思念女子。有人说是因果关系，因为女子思念男子，而且感情特别深，特别真，特别强烈，所以男子才思念女子。有人认为是并列关系，两个人互相爱恋，情深义重，同心同情，彼此牵念，不存在两个人感情的先后与因果关系。我肯定了第三种意见，指出两幅画面其实是时空并置，空间不同，时间相同，你此时思念着"我"，"我"此时也思念着你，我们的思念构成相思弥漫的天地。

同一时刻，明月高悬，清辉四射，天地空明。妻子在家乡思念远方的丈夫，丈夫在远方思念在家的妻子，异地同时，彼此思念，弥漫了整个夜晚、整个天地。人隔两地，同在一片蓝天下，同怀一颗牵念心。这份相思苦念超越时空，超越万水千山，超越风霜雨雪，弥漫在两个相爱的人心间，弥漫在天地间。两幅画面彼此叠映，互相补充、生发，开拓了诗歌的意境，深化了诗歌的情感。

相比以上看法，我个人偏向第三种看法。补充理由如下：当时男子游宦京师洛阳，远离江南；女子采莲是旧俗，"芙蓉"即"夫容"，"莲子"即"怜子"；《古诗十九首》是文人独立创作的作品，可以用悬想的方式，以女子的口吻来写。因此，思念的应该是双方，正如李清照《一剪梅》中所说"一种相思，两处闲愁"，诗中既有游子思乡思亲之缠绵，又有闺女思念情人之真挚。

以上我们围绕"采芙蓉"这个关键细节，勾连旧知，切合诗境，拓展新知，纵横联系，旁征博引，多角度、多侧面探讨了男女之间的相思苦恋。可以说，通过这样一个投入心思、投入情感的体验与思维过程，学生充分感受到了荷花的美好洁净、爱情的纯粹与绚丽，更感受到了两颗相思的心因为不能团聚的焦灼与无奈、相思与苦恋。一场阅读，一场思考，一场对话，增进了我们对生命、对爱情的体验，也增强了我们对古典诗歌美丽光华的欣赏。感谢诗歌带给我们别样的幸福，感谢课堂带给我们抒情的忧伤。

忧也人才，乐也人才

—— 《短歌行》教学漫谈

　　教学《短歌行》，我确定了三个目标：一是围绕诗眼设问，引导学生深入理解、体会诗句意蕴，理解、把握人物思想感情；二是咀嚼品味诗中富有文化意义的重要意象（明月、乌鹊）；三是适当拓展，温故知新，感受曹操的博大胸襟与远大抱负。诗歌本身不难理解，但是要将理解引向深入，将简单的内容讲出深度来，还需要在无疑处生疑，在浅易处挖深，使师生探讨有料有趣、有滋有味，增大课堂容量，增强思想厚重。课前需要作好预习工作，要求学生朗读、背诵，增强对诗歌情感节奏、旋律、重音、抑扬起伏、语速、语调的感受。教师可以适当播放录音朗读作示范，引导学生朗读，体会诗歌的情感。

　　上课伊始，导入课文。我安排了朗读能力比较强的学生示范朗读全诗，其余学生一边聆听，一边看书，悉心体会情意，找出全诗诗眼所在。这一环节是想营造气氛，将学生快速带入诗歌情境。诗眼就是凝聚全诗主要思想感情的词句，往往出现在诗歌首尾或诗中的某些关键位置，该词句出现的频率比较高。学生听读一遍，很容易找出一个"忧"字来。与"忧"相关的句子是："慨以当慷，忧思难忘""何以解忧？唯有杜康""忧从中来，不可断绝"。这个"忧"字贯穿全诗，基本上概括了抒情主人公曹操的主要思想感情。

　　教师可提问：曹操"忧"什么？请结合全诗相关句子加以解释。学生找出一些诗句，不一定很准确，也不一定很全面，甚至不是教师预想中的那些句子，这时教师可以适当变通理解，只要学生言之成理，持之有据，就给予认可。比如，开头几句"对酒当歌，人生几何！譬如朝露，去日苦多"，可以看出曹操为人生苦短、光阴易逝而忧虑，感叹人生一世，好比朝露，转瞬即逝，变动不居，还感叹过去的时光太多，有限的生命留给自己的时间已经不多。此处要注意对"苦"字的理解。曹操为何苦恼、忧愁？为过去的时光大把大把地被浪费掉而可惜、后悔，言下之意就是剩余的时间已经不多，诗人要做的事情还没有做。诗人是政治家、军事家，想要建功立业，一统天下，可是如今，时不我待，日月如梭，怎不令人苦恼、忧虑呢？

　　有的同学找到这几句："青青子衿，悠悠我心。但为君故，沉吟至今。"这表现出曹操忧愁人才难得，无比焦急。这原是《诗经》中的文句，抒写女子对男子的思念，这里曹操借用过来含蓄表达自己对贤才的渴盼。换句话说，曹操对贤才的思慕与渴盼就像男子对恋人一般深情。注意体会这几个词语："青青子衿"，表面是说男子所穿的青色衣襟，代指姑娘心目中的男子，这是周代读书人的惯常装束，给人一种风流儒雅、文质彬彬的印象；"悠悠我心"可以视作倒装，还原过来就是"我心悠悠"，不是我心悠闲自在、轻松愉快，而是我的心思全在男子身上，相思离恨犹如江河，源源不断，绵绵无尽，"悠悠"实际上是形容思虑绵长，离恨难解；"沉吟"是自言自语，自说自话，是絮絮叨叨，心心念念，所吟所咏，全是心上人。也就是说，曹操时刻不忘搜罗天下英才，为其所用，共谋大业。特别是一个"但"字，限定了范围，专指一件事情，那就是只思"君"，"我"朝思暮想、魂牵梦绕的是如何能得到贤才，换作"因为君故，沉吟至今"，显然不及原诗句的情感强烈。

　　有的同学找到这几个句子："明明如月，何时可掇？忧从中来，不可断绝。"以明月喻人才，极言珍贵与难得，表达倾慕与忧思。教师追问：诗人为何要以明月来比喻贤才？这两者之间到底有何相似点？月亮皎洁明亮，光芒四射，贤才才华横溢，光彩照人，取两者的相似点作比，突出诗人对天下英才的仰慕与赞赏、渴盼与追求。同时也要注意，摘星星，摘月亮，这是难乎其难的事情，几乎不太可能，唯其如此，才能更巧妙地传达出诗人对人才难得的忧思与焦急。如果获得人才像摘一朵花、采一束草那样容易，那人才就不是人才，曹操也就不是曹操了。

有的同学找到这几个句子："月明星稀，乌鹊南飞。绕树三匝，何枝可依？"诗句描写乌鹊惊飞，仓皇失措，没有安全感，没有归宿，其实表达了诗人的忧虑，忧虑人才东奔西跑、投靠无门。句中"乌鹊"象征人才，这是一个美好的形象。教师可提问：同学们可以回忆一下我们所学的古典诗词、课文当中，有哪些作品描写过"乌鹊（乌鸦）"，各是什么形象？马致远的《秋思》有云"古藤老树昏鸦，小桥流水人家"，乌鸦投林，夜幕降临，乌鸦是时间变化的见证，乌鸦的叫声反衬黄昏时刻乡村的安宁与静谧，反衬游子漂游在外、有家难归的离恨忧伤。唐代诗人张继的《枫桥夜泊》中说"月落乌啼霜满天，江枫渔火对愁眠"，明月西沉，乌鸦啼叫，寒霜漫天，环境凄冷，寒凉透骨，更可悲的是这一声声尖利刺耳的叫声，不断刺激诗人科考落榜的痛苦流血的心，此处"乌鸦"是不识好歹的形象。中国古话说，乌鸦反哺，羔羊跪乳，乌鸦是孝顺、感恩、报恩的美好形象。李密的《陈情表》云"乌鸟私情，愿乞终养"，使用"乌鸦反哺"的典故，就是想表达作者自己赡养祖母的意愿。

鲁迅的小说《药》的结尾是这样的：

> 微风早经停息了；枯草支支直立，有如铜丝。一丝发抖的声音，在空气中愈颤愈细，细到没有，周围便都是死一般静。两人站在枯草丛里，仰面看那乌鸦；那乌鸦也在笔直的树枝间，缩着头，铁铸一般站着。
>
> 许多的工夫过去了；上坟的人渐渐增多，几个老的小的，在土坟间出没。
>
> 华大妈不知怎的，似乎卸下了一挑重担，便想到要走；一面劝着说，"我们还是回去罢。"
>
> 那老女人叹一口气，无精打采的收起饭菜；又迟疑了一刻，终于慢慢地走了。嘴里自言自语的说，"这是怎么一回事呢？……"

他们走不上二三十步远，忽听得背后"哑——"的一声大叫；两个人都悚然的回过头，只见那乌鸦张开两翅，一挫身，直向着远处的天空，箭也似的飞去了。

鲁迅则用"乌鸦"来烘托坟场悲凉、阴森的气氛，表现两位老年人失去儿子的巨大痛苦。

中国传统文化中，乌鸦有好的一面，也有不好的一面，更多地象征着不吉祥，不受待见，没有好运。但是，曹操《短歌行》中的"乌鹊"确是贤才、人才、英才的象征。句子"何枝可依"，有的版本写作"无枝可依"，哪一个版本的用字好一些，为什么？学生回答：后者是陈述一个事实，人才奔波，走投无路，没有归宿；前者是疑问，"哪一个树枝才是乌鹊停靠的归宿呢？"表达诗人对人才没有归宿、没有安全感的忧虑。显然，前者的表达情意比后者更好。

以上几个例子说的是政治家兼诗人曹操忧虑人才难得。试想，如果天下英才投奔曹操，他又是何种心情、何种态度呢？"呦呦鹿鸣，食野之苹。我有嘉宾，鼓瑟吹笙"出自《诗经》，作者运用兴的艺术手法，先言一群麋鹿在宽阔的原野上吃草，摇头摆尾，呦呦呼叫，呈现出一派自由热闹、和谐幸福的氛围，以此烘托后面两句写人的场景。后面两句的意思是，摆下酒宴，弹瑟吹笙，敲锣打鼓，热热闹闹，欢迎四方嘉宾，其实是表现了曹操对贤才的殷切期盼与热情礼遇。这是虚写，诗人想象中的画面更能反衬出思慕人才而不得的焦急与渴盼。《诗经》中的这几个句子，很容易让我们联想到中国2015年度诺贝尔医学奖获得者屠呦呦女士。她多年研读古典医籍，研究中药，终于从一本中医古籍的记载中获得灵感，提炼并发明了抗疟疾的青蒿素，挽救了世界上成千上万的生命，其名"屠呦呦"由此得来。同时，命运真是巧合，屠呦呦所发明的青蒿素也是从《诗经》"食野之苹"中的"苹草"（艾蒿）提炼出来的，一生巨大的发明都与古老的《诗经》密切相关。

诗歌第二节有这样的句子："越陌度阡，枉用相存。契阔谈䜩，心念旧恩。"也可看出曹操得到人才的喜悦与幸福。天下英才，千里迢迢，千山万水，投奔而来，真是辛苦你们、委屈你们了，我们相会，好比久别重逢的老朋友，一定要欢畅痛饮一场。这是曹操想象中的画面，也反衬了现实中他得不到人才的焦虑与忧愁。综合以上例子，可以说，对于这首诗歌的主旨，对于曹操的心思，忧也人才，乐也人才。

有的同学找到诗歌最后四句"山不厌高，海不厌深。周公吐哺，天下归心"，诗人引周公为例子，为榜样，又使用"天下归心"这样的字眼，表明他想建功立业，一统天下。可惜，现在还是打天下的时候，人才难求，大业难就，诗人深感忧虑。综合以上句子，诗人之忧有三：一忧时光易逝，人生苦短；二忧时局维艰，人才难得；三忧大志未酬，大业未就。

如此之忧，忧心忡忡，忧虑深远，忧思绵长，忧愁无尽。何以解忧呢？诗人发问，"对酒当歌，人生几何"。诗人回答，"何以解忧？唯有杜康"。那么，诗人对酒当歌，沉湎醉乡，是不是消极颓丧、沉沦不振呢？诗中有句子云"慨以当慷，忧思难忘"，说明诗人心情振奋，慷慨激昂。诗人沉醉酒乡，苦恼人才难得，功业未成，急欲招揽天下英才，共谋大业，并未对未来、对功业彻底失望，因此诗人苦恼并不沉沦。附带说明一下，诗中"杜康"代指美酒。如果将诗句改为"何以解忧？唯有美酒"如何？可以发现，改后表达平淡，了无意味。原句引用典故，赋予诗句一种深厚悠久的历史感、文化感。是否知道杜康，从某种意义上说，代表着有文化和没有文化两种层次，正如是否知道孔子一样。一个中国人，要懂得起码的历史文化常识，这是我们身为中国人的文化基因。就曹操而言，不但知道杜康，而且熟读《诗经》，巧妙引用《诗经》中的句子来表达自己的思想感情，文学、文化功底非常深厚，值得同学们学习。

如此多忧，如此深忧，如此渴盼人才到来，那诗人到底如何对待人才呢？诗歌最后四句集中描述了曹操对待天下英才的态度："山不厌高，海不厌深。周公吐哺，天下归心。"这要做到两点：一是海纳百川，有容乃大，山垒百土，有容乃高，胸怀阔大，广纳人才。曹操是一代政治家、军事家和文学家，所见天地高远辽阔，所见未来大气恢弘。其诗《观沧海》云"日月之行，若出其中；星汉灿烂，若出其里"，天地日月，升沉其间，大海辽阔，心胸豁达，所见者远，所感者壮。二是礼贤下士，虔敬诚挚，热情殷切。此处暗用周公典故，据《韩诗外传》卷三记载，"吾（周公）于天下亦不轻矣！然一沐三握发，一饭三吐哺，起以待士，犹恐失天下之士"。可见，曹公为了延揽人才，操心忙碌，真心付出。

师生共同研讨了诗歌中的一个"忧"字，谁"忧"？"忧"什么？如何表现"忧"？其间穿插大量词句咀嚼、诗例补充、诗意拓展、思想对接，让课堂变得丰富，让诗歌变得厚实，让学生感觉有料。应该说，这是诗歌教学教出文化价值、教出诗意魅力、教出人格情怀的体现。

一字立骨，教活全诗

——《归园田居》（其一）教学新探

教学陶渊明的诗歌《归园田居》（其一），我从诗题、诗眼入手，巧妙设问，精心布局，引领学生逐层深入理解诗意、品味诗情，感受诗歌语言的魅力，感受诗人的人格情怀。

上课伊始，导入课文，我故意将诗歌题目错写成《归田园居》，细心的学生当即指出，应当是"归园田居"，不是"归田园居"。我作惊讶状，提出疑问，有很大关系吗，"园田"不就是"田园"吗？学生惊愕，感觉不妥，但是一时半会儿又说不出理由来。我问学生，大家初中学过陶渊明的《桃花源记》，现在又学陶渊明的诗歌，请把诗歌诵读一遍，思考标题到底使用"归园田居"还是"归田园居"？并说说理由。学生朗读、思考、议论，认为应先区分两个词语的含义，再结合诗歌内容来判断标题到底该用哪个词语。"园田"指菜园和田地（或田土），词义比较狭窄，标题使用"园田"，暗示诗人脱离官场，回归园田，耕田种地，自食其力，快然自足，过上逍遥的日子。"田园"意义有三：一是指菜园与田地，与"园田"相同；二是指乡村、家乡、故乡；三是指充满诗意、理想化色彩比较浓的生活环境，多指文人所向往的一种理想生活，词义范围显然比"园田"要宽。结合诗歌内容、情感，陶渊明的《桃花源记》和他的仕宦际遇来看，诗歌标题使用"田园"更为妥当，情意更丰富，更有韵味。因此我建议，再选编教材文本的时候，可以将"归园田居"改为"归田园居"。遗憾在于，我们今天再也不能征求陶渊明先生的意见了，就是要征求他的若干代后人的意见也是一件非常麻烦的事情。不过，好在我们如此用心地品读他老人家的诗意与心情，他一定会感到欣慰、宽心的。

围绕诗眼，我请同学找出诗歌中能够集中且直接表达诗人思想感情的词语，并说说哪个词语可以作为诗歌的诗眼。学生找到了一些，比如"户庭无尘杂，虚室有余闲"的"闲"字，屋子空空荡荡，一无所有，暗示物质生活的贫乏，同时更暗示心灵的空旷清爽、轻松愉悦。生活的清闲自在，其实是在暗示诗人回归家园后心灵的超脱与释然，无所牵绊，无所顾虑，自由轻松，逍遥惬意。又如"性本爱丘山"的"爱"字，诗人天性热爱山水自然，与世俗官场相对立，表明自己追求自由、恪守本真、率性而为、随心生活的态度。再如"羁鸟恋旧林，池鱼思故渊"的"恋""思"两个字，暗示诗人像关在笼子里的鸟，拘禁在池塘里的鱼，空间狭小，行动受限，向往自由的家园。鸟儿的家园是森林，是天空；鱼儿的家园是大江大海，唯有那里，才能给它们带来自由和快乐。诗人以此作比，表达自己追求自由自在、无拘无束的生活的意愿，这也是人之为人的本性所在。

又如"开荒南野际，守拙归园田"的"守"字，说明诗人守住愚拙，不同流俗，自得其乐。在一般人看来，追名逐利，争权夺位，尔虞我诈，不择手段，阿谀奉承，与世逢迎，才是生存的智慧。如果不能这样做，则是愚蠢、笨拙，诗人不以为然，坚守自我，只做真我，偏偏不相信世俗的处世哲学，别人越是认为愚蠢、笨拙，他越是要坚守。所以，这个"守"字表达了诗人回归田园、恪守本真、成就自我的追求。还有同学认为"归"字比较能够体现诗人的思想感情。因为题目中出现了"归"字，诗句中亦有"守拙归园田"，诗歌结尾句"复得返自然"的"返"字也是回归的意思，而"羁鸟恋旧林，池鱼思故渊"中的"恋""思"也含有希望回归之类的意思，可以看出，"归"字和包含回归意思的词语出现的频率比较高，出现的位置也比较重要，所以"归"字统率全诗，应该作为全诗的诗眼。讨论至此，基本可以确定，这些词语中，"归"字作为全诗的诗眼是相对合理的选择。

接下来，我引导学生思考这个核心词"归"字所暗示的背景、内容与情感，围绕四个问题展开：（1）从何而归？（2）为何而归？（3）归向何处？（4）归去如何？然后，师生共同研讨这四个问题。弄清楚这四个问题，也就弄清楚了诗眼"归"字所蕴含的思想意义，理解了陶渊明的人生态度。

先说问题（1），从何而归？答案很明显，从官场而归。"误落尘网中，一去三十年""久在樊笼里，复得返自然""羁鸟恋旧林，池鱼思故渊"，这些句子足以说明诗人是离开官场，归向自然。官场与自然在这首诗歌中是两个互相对立的概念，暗示两种截然不同的人生志趣。诗人用"尘网""樊笼"来比喻官场，用"羁鸟""池鱼"来比喻自己，"尘网""樊笼""池塘""羁笼"都是拘禁身心、扭曲自我、剥夺自由、压抑个性的工具，都是世俗官场的形象写照。诗人仕宦13年，身心疲惫，厌恶官场，淡泊名利，不屑为伍，这种态度可以从词语中反映出来。

问题（2），为何而归？当然是"少无适俗韵，性本爱丘山""守拙归园田"，揭示了诗人回归田园的原因或目的。从反面说，作者天生没有适应世俗、同流合污的习性；从正面说，作者天性热爱山水，热爱自然，热爱自由与独立，不受拘束，不受压抑；从根本上说，回归田园，恪守本真，坚持自我，不忘初心，这是做人的底线与根本。诗人自谦地说自己是坚守愚拙，其实暗含着不屑世俗、不合流俗、孤高自傲的追求，也有挑战世俗、坚守自我的气概。

问题（3），归向何处？当然是归向园田，诗中对于"园田"的描写相对笔墨较多，内容丰富，情趣高雅，情操自现。"开荒南野际，守拙归园田。方宅十余亩，草屋八九间。榆柳荫后檐，桃李罗堂前。暧暧远人村，依依墟里烟。狗吠深巷中，鸡鸣桑树颠。"所见所闻，多是乡村郊野常见的景物，茅屋、榆柳、桃李、村庄、炊烟、狗吠、鸡鸣，十分普通、平凡，甚至比较简陋、寒碜，了无诗意，但是在刚刚挣脱官场束缚、获得自由的诗人看来，却是那样如诗如画，诗意盎然，生趣勃勃，足见诗人逍遥田园、淡泊名利的洒脱与快意。注意体会两个动词"荫""罗"，前者描绘出屋子周围树木繁茂，枝叶遮蔽，阳光照射不进来，屋子显得清凉的图景；后者描绘出屋前屋后栽花植草，种树修枝，整整齐齐，井然有序的图景，既美观又整洁，凸显诗人的心情闲适。陶渊明的诗歌语言就是这样，一个普通的字眼，一经诗心慧眼点染、烛照，必定熠熠生辉，光芒四射。如陶渊明的诗句"有风自南，翼彼新苗"中的"翼"字，原指鸟的翅膀，这里活用作动词，形容南风吹过，新苗茁壮成长，嫩叶在风中摇荡，诗人将这种现象比拟为鸟儿张开翅膀准备飞翔，何等生动，何等轻灵，何等有趣。由此不难看出，诗人对庄稼生长的关注与喜爱，对田园生活的热爱。又如"蔼蔼堂前林，中夏贮清阴"中的"贮"字，化虚为实，化无形为有形，说堂前清阴如水凉爽，简直可以储存，如泉清幽，简直可以掬起，如此清凉舒适，自然反映出诗人的欢快心情。陶渊明的语言清新明净，平易朴实，如泥土，如山泉，不假藻饰，无须彩绘，却具有强烈的表现力和感染力。

还要注意"鸡鸣狗吠"这个现象。这原本很常见，缺少诗意，但是诗人静心聆听，触目成画，触耳成乐，觉得美妙。傍晚村庄深巷传来的声音反衬出乡村的宁静与和谐、祥和与自由，这是诗人非常喜爱乡村的重要原因。

问题（4），归去如何？诗歌写道："户庭无尘杂，虚室有余闲""久在樊笼里，复得返自然"。前面两个句子互文，字面意思是说屋里屋外，庭院窗户，打扫得干干净净，纤尘不染，堆放物件也是少之又少，整整齐齐，给人一种清爽、整洁、疏朗、敞亮的感觉。其实，这暗示诗人回归田园之后内心的空旷疏朗，宽敞明亮。一个心灵洁净、精神明亮的人，一定是超越物质、淡泊名利、情趣高雅的人，陶渊明就是这样的人。后面两个句子流露出诗人挣脱官场枷锁，回到田园，获得自由的快乐与兴奋。一个"久"字，暗示诗人陷身官场太久，极度厌恶官场风气。

总而言之，全诗围绕一个"归"字，逐层深入地展开描写，内容丰富，异象纷呈，情意饱满，语言简净，形象鲜明。吟诵、品味，陶渊明逍遥山水，躬耕田园，淡泊名利，厌恶官场，坚守本真，崇尚自由的个性栩栩如生地浮现在字里行间，也浮现在我们眼前。一首诗描述一段生活，流露一份心情，也折射出一种生活态度。走进《归园田居》，不但走进了诗人的田园，更走进了诗人的内心世界。我们发现，心灵的丰盈，精神的高贵，散发出迷人的光芒。

斟词酌句析诗意
——《蜀道难》教学漫谈

    教学《蜀道难》，感受李白诗歌的个性，结合情境内容问答诗词名句导入新课。说说诗歌之最。最长的瀑布——飞流直下三千尺，疑是银河落九天；最深挚的友谊——桃花潭水深千尺，不及汪伦送我情；最长的头发——白发三千丈，缘愁似个长；最遥远的邻居——海内存知己，天涯若比邻；最高的楼阁——危楼高百尺，手可摘星辰；最重的愁苦——只恐双溪舴艋舟，载不动，许多愁；最短暂的人生——高堂明镜悲白发，朝如青丝暮成雪；最快的小船——两岸猿声啼不住，轻舟已过万重山；最多的愁苦——问君能有几多愁，恰似一江春水向东流；最憔悴的人——衣带渐宽终不悔，为伊消得人憔悴；最华贵的宴席——金樽清酒斗十千，玉盘珍羞直万钱；最难攀登的道路——蜀道之难，难于上青天；最辽阔的视野——会当凌绝顶，一览众山小；最孤独的人——相看两不厌，只有敬亭山；最自信的人——天生我材必有用，千金散尽还复来；最乐观的人生态度——仰天大笑出门去，我辈岂是蓬蒿人；最差的眼力——众里寻他千百度，蓦然回首，那人却在灯火阑珊处。

    诗词名句问答结束，自然而然过渡到李白的诗歌《蜀道难》。何为蜀道？难在何处？教师出示幻灯片，形象展示蜀道概貌以及艰难险峻状况，让学生未走进文本，先对蜀道有一个形象感知。然后回到标题"蜀道难"，顾名思义，诗歌咏叹蜀道艰难，该句在文章中出现了几次，分别在哪些位置出现？意义是否相同，作用又是什么？从文本中看出，诗句"蜀道之难，难于上青天"出现三次，分别出现在段首、段中、段末。蜀道如何难行、难攀登？李白形容为比登天还难，这就是李白的个性表达、风格表达、性情表达。换作"蜀道之难，难于上泰山（月亮或高楼）"，如何？请比较表达效果。"蜀道之难，难于上泰山"，比较写实，极言其难，激情不足，气势不够。"蜀道之难，难于上月亮"，容易让人联想到嫦娥奔月的传说故事，多少有些浪漫飘逸的色彩，也符合李白的喜好，李白诗歌中大约有400首写到月亮，多是借月抒情，表达自己丰富复杂的人生感受。但是，"难于上月亮"的表达显得比较轻盈柔美、空灵飘逸，少了一份磅礴壮观的气势。相对而言，"难于上青天"则传达出一种宏大壮观、气势非凡的感觉，"青天"高远、辽阔、湛蓝、深邃、无边无际、无穷无尽，展现了一种阔大胸襟与辽远视野。李白即便表达一种无法攀登的艰难困窘，也要表达得不同凡响，震撼人心。"蜀道之难，难于上青天"是全诗的"诗眼"，揭示了主要内容，凝聚情思意蕴，提纲挈领，统摄全诗。何谓"诗眼"？有一句话说"眼睛是心灵的窗户"，看一个人的眼睛，就可以了解他的内心世界。同样，看一篇诗歌的诗眼句，就可以了解作者的思想感情。诗眼句"蜀道之难，难于上青天"暗示我们，这首诗歌主要是咏叹蜀道的艰难险阻、奇伟瑰怪。

该句在诗中依次出现了三次。第一次出现在段首，既统率全诗，又概括首段主要内容，同时也为全诗奠定了一种惊叹、感慨、雄奇的基调。该句第一次出现之前是一连串的惊叹"噫吁嚱，危乎高哉"，一连运用五个语气词加强感叹色彩，表达意外、震惊、神奇、感叹的语气。那可否换作"嗟乎"，为什么？可以让学生比较《师说》中的句子"嗟乎！师道之不传也久矣"中的"嗟乎"与"噫吁嚱，危乎高哉！"中的"噫吁嚱"可否互换？学生认为不可以，"嗟乎"表示痛心、惋惜的语气，说明后面所述内容让人惋惜、痛心。师道不传，欲人无惑，众人"耻学于师"，士大夫之族"群聚笑之"，种种现象让作者感到痛心。当然，也不可以改为"噫吁嚱"。同样，《蜀道难》开篇也不可以改作"嗟乎"，因为它表达的不是这种痛心、惋惜的语气。

教学《蜀道难》第二课时的定位是抓住"难"字作探讨，让学生在朗读课文、熟悉内容的基础上，捕捉关键词语，寻找重要细节，品味蜀道之"难"。学生可以自由言说，不拘格套，只要紧扣住遣词用语即可。

诗歌第一节着眼一个"难"字，师生可抓住细节和关键意象来品味，理解难在何处，如何表现难，如此表现又折射出诗人怎样的感情。一是神话传说增添神奇色彩。五丁开山，蜀道打通，非人力，凭天意，借神力。山高入云，六龙回日，无比神奇。二是侧面描写。"黄鹤之飞尚不得过，猿猱欲度愁攀援"，千里善飞的黄鹤不能飞过，矫健敏捷的猿猴无法攀援，反衬人不能过，只能望山兴叹，徒呼奈何。"西当太白有鸟道，可以横绝峨眉巅"，太白阻拦，鸟儿可飞，人不可过。也是衬托。三是历史叙述，突出蜀道神奇。"蚕丛及鱼凫，开国何茫然！尔来四万八千岁，不与秦塞通人烟"，时空久远，大山阻隔，两地不通，岁月沧桑。四是细节描写。"扪参历井仰胁息，以手抚膺坐长叹"，手可以摸到星辰，人从星星之间穿过，捂住胸口，屏住呼吸，徒呼无奈，唏嘘叹惋。全段文字从四个方面极写蜀道艰险，高危不通。

应注意对几个意象的理解。一是"黄鹤"，它具有神奇色彩，崔颢诗云"昔人已乘黄鹤去，此地空余黄鹤楼。黄鹤一去不复返，白云千载空悠悠"；李白诗云"故人西辞黄鹤楼，烟花三月下扬州。孤帆远影碧空尽，唯见长江天际流"。二是"猿猱"，李白诗云"两岸猿声啼不住，轻舟已过万重山"，乐府民歌又云"巴东三峡巫峡长，猿鸣三声泪沾裳"。三是"四万八千岁"，夸张、想象，极言历史悠久，无比神奇。李白喜欢使用天文数字，"白发三千丈，缘愁似个长""桃花潭水深千尺，不及汪伦送我情""飞流直下三千尺，疑是银河落九天""烹羊宰牛且为乐，会须一饮三百杯""金樽清酒斗十千，玉盘珍羞直万钱""五花马，千金裘，呼儿将出换美酒，与尔同销万古愁"，无一不是夸张奇想、激情喷发。

第二节文字侧重从"听"的角度描述蜀道深山之中的几种声音，渲染环境的阴森恐怖，危险吓人。一是悲鸟嚎叫，乱飞乱窜，其声悲凄尖利，其态凶猛莽撞，让人毛骨悚然，心惊肉跳。二是子规悲啼，回荡空山。子规，又名杜鹃，相传为蜀国望帝魂魄所化，暮春鸣叫，通宵达旦，以至口中吐血，场景凄惨，声音哀怨。古代诗词，大凡写到子规，多是渲染凄清、哀怨、感伤、痛苦的氛围。李白《闻王昌龄左迁龙标，遥有此寄》云："杨花落尽子规啼，闻道龙标过五溪。我寄愁心与明月，随风直到夜郎西。"以子规啼叫烘托诗人的离别悲伤之情。要是换作"喜鹊"，显然不妥。同样，元代诗人刘因诗歌《山家》如此写道："马蹄踏水乱明霞，醉袖迎风受落花。怪见溪童出门望，鹊声先我到山家。"借喜鹊喳喳报喜，渲染一种热闹、欢快的氛围。"鹊声"当然不能换作"子规"。此外，杜甫的诗歌《羌村》写道"柴门鸟雀噪，归客千里至"，也是借鸟雀叽叽喳喳的叫声来渲染热闹、喜乐的气氛，似乎在欢迎千里归客。

另外，杜鹃鸟又名子规鸟，叫声谐音"不如归去，不如归去"，容易触动羁旅游子的思乡怀远之情。古时候有位财主用重金购得一把古扇，珍爱有加，但他觉得美中不足的是扇面有画无诗，就请当地一位名士写了一首词题在扇面上。这位名士略一沉吟，提笔写道："东边一棵柳树"，财主看了觉得太俗，隐忍着看他再往下写："西边一棵柳树"，就有点沉不住气了，再看他继续往下写："南边一棵柳树，北边一棵柳树"，不禁勃然大怒道："你这算什么词，岂不糟蹋了我的古扇？"但名士仍不动声色地继续往下写："不管你南北东西，千丝万缕，怎挂得郎舟住，这边鸣鹧鸪，那边唤杜宇，一声声，行不得也哥哥，一声声，不如归去。"宋代诗人梅尧臣《杜鹃》诗云："蜀帝何年魄，千春化杜鹃。不如归去语，亦自古来传。"还有一种说法，杜鹃鸟为望帝魂魄所化，暮春啼叫，口中流血，染红花朵，此花名曰杜鹃花。知道这个典故，读到杜鹃花诗句，可能会产生哀痛悲凄之感。

三是飞湍瀑流、砯崖转石之声，声震山谷，雷霆万钧，让人心惊肉跳，魂飞魄散。三种声音写出深山老林环境阴森恐怖、险恶吓人的特点，烘托出诗人紧张、恐怖、害怕的心理，特别是文中感叹"蜀道之难，难于上青天，使人听此凋朱颜"，道出了听者大惊失色、惊魂未定的心理。"凋朱颜"三个字用得特别好，意味深长，用之于美女，则浓妆艳抹，脂粉满面，闻之惊吓，花容失色；用之于男子，则红润转铁青，铁青变苍白，失魂落魄，一脸惨白。段中有一个细节，"连峰去天不盈尺，枯松倒挂倚绝壁"，前一句写山高，高入云天；后一句写崖陡，壁立千仞。"枯松"可否换作"青松"，为什么？不可以，"青松"坚劲挺拔，生机旺盛，生气勃勃；"枯松"干枯残败，老朽坏死，死气沉沉，烘托出荒凉凄寒的氛围，与全段情意协调。陈毅诗《青松》云："大雪压青松，青松挺且直。要知松高洁，待到雪化时。"表面写青松不畏严寒，顽强抗争，实际上是赞美人坚韧不屈、百折不弯的风骨，诗中"青松"自然不能换作"枯松"。

"其险也如此，嗟尔远道之人胡为乎来哉！"置于段末，总结全段，感叹蜀道险恶。句中"也"表示句中停顿，突出危险；"嗟尔""哉"相呼应，传达强烈的感叹语气；"嗟尔"表示叹息、惋惜之意。词句以蜀人的口吻劝说"西游"之人，千万不要到蜀地来，因为这儿太危险。朗读这个句子，要注意停顿和重音，突出感叹语气。

与第二节侧重描写自然之险相比，诗歌第三节侧重表现人事之险。要注意理解"所守或匪亲，化为狼与豺。朝避猛虎，夕避长蛇，磨牙吮血，杀人如麻"，句中"豺狼猛兽"喻指占山为寨、占地为王的叛乱者，他们野心膨胀，犯上作乱，荼毒生灵，祸乱国家，罪大恶极，天怒人怨。诗人指出这一点，实际上是暗示大唐统治者应当对此保持高度警惕，谨防坏人叛乱，表现诗人对时局的关切与忧虑。"朝避猛虎，夕避长蛇"，互文见义，险象环生，凶多吉少。"磨牙吮血"，言其张开血盆大口，露出青面獠牙，杀气腾腾，咄咄逼人。"杀人如麻"，极言伤亡之多，祸乱之惨，类似学过的课文《过秦论》中的句子"伏尸百万，流血漂橹"。还要注意理解"锦城"一词，它为成都的别称，顾名思义，成都出产锦缎和精美秀丽的丝织品，类似绸缎之类，朝廷设官衙于成都，组织生产、征收，故称其为锦城或锦官城。杜甫《春夜喜雨》云"晓看红湿处，花重锦官城"，"重"字读音两可，或者沉甸甸、水淋淋一片花海，或者重重叠叠，鲜艳绽放。杜甫绝句"黄四娘家花满蹊，千朵万朵压枝低"，极言花重，繁花似锦，浓艳生辉。

一 "泪" 关千愁

——《秋兴八首》（其一）教读

文有文心，诗有诗眼。教学杜甫的诗歌《秋兴八首》（其一）时，可引导学生抓住关键词语"泪"，多角度、多层面、全方位品味诗人的思想感情与人生感慨，让学生反复朗读诗歌，抓住词句品味诗歌，自由讨论。学生思维活跃，气氛热烈，师生互动频繁，整体效果不错。从全诗来看，四联八句五十六个字，字字是愁，句句含泪，景景物物，沾染愁绪。

泪水为诗人故园而流。诗句"丛菊两开他日泪，孤舟一系故园心"，描述诗人流离天涯、有家难归的艰难困窘。"丛菊两开"表面上说，菊花已经两度开放，暗示时间已经过去两年，诗人离开成都，寄居夔州，不知不觉过去了两年，不能回家，不能与亲人团聚，倍感愁苦。再加上诗人写作此诗时已经 54 岁，可谓人生之秋。俗话说，树高千丈，叶落归根，诗人越是暮年，越是强烈希望能够回到家乡。贺知章写过"少小离家老大回，乡音无改鬓毛衰"，人不管是飞黄腾达还是落魄潦倒，都是乡音难改，要回到家乡，即便客死异乡，也要魂归故里。杜甫歌咏王昭君"一去紫台连朔漠，独留青冢向黄昏""画图省识春风面，环佩空归夜月魂"，即使去世之后，王昭君也要坟向故国，心系故园；也要一路风沙，不辞万里，魂归大汉。更何况 54 岁的杜甫呢？人到暮年，乡情更重。"他日泪"，说明诗人曾经流下的泪水，暗示这种辗转漂泊、颠沛流离的状况已非一日，而是由来已久，诗人已经习以为常。"孤舟"一词表面描述舟行江上，与水沉浮，实际上暗示诗人辗转漂泊、无所依靠的生存状态以及孤独寂寞、哀怨凄清的内心感受。"故园心"显然直接揭示诗人浪迹天涯、思亲怀远的强烈感情。杜甫创作此诗之时，当是安史之乱结束后的公元766年，时局动荡，干戈不息，国运衰微，前景黯淡。诗人远离家乡，久别亲人，山川阻隔，音信杳无，格外思念故园和亲人。

泪水为时局而流。诗人尽管自身潦倒，颠沛流离，苦难重重，人生失意，但是一刻也没有放弃对国家的关切，对时局的忧虑，对百姓的牵挂。诗歌第二联"江间波浪兼天涌，塞上风云接地阴"，表面上描述江浪滔天、风云激荡的自然环境，实际渲染出一种山雨欲来、黑云压城的紧张气氛，有力烘托出诗人内心的起伏激荡，读之令人心潮翻滚如江间波浪，心情沉重如满天黑云。其实，这种环境描写更暗示了大唐王朝经历安史之乱之后，时局动荡、国势衰微、民生凋敝、百业废弛的局面，折射出诗人忧国忧民的高尚情怀。较之其《茅屋为秋风所破歌》中的"安得广厦千万间，大庇天下寒士俱欢颜"，"江间波浪兼天涌，塞上风云接地阴"则是借景抒情，含蓄蕴藉，而前者是直抒胸臆，直白、显豁。风高浪险，黑云垂地，让人感到沉重、压抑，也暗示出诗人所处环境的艰难险恶，可谓江湖多风波，人生路难行。李白曾经感叹，"行路难！行路难！多歧路，今安在？"与此相比，杜甫诗歌的叹惋比较隐晦、含蓄，其遣词造句也值得玩味。"兼"字说明江间波浪与云天相连，是夸张写法，波浪汹涌，涛声如雷，场面壮观，气势磅礴；"接"字说明塞上风云激荡，乌云滚滚，垂空而下，似乎与大地相接，也是夸张，显现天地相接、黑云压头的阴森恐怖场面，令人感到憋闷、窒息；"涌"字写江浪滔天，澎湃有声；"阴"字写风云，如墨如烟，沉甸甸，阴森森。吟咏诗句，悬想画面，感受气氛，自然能够激发读者对家国命运和人生遭际的深沉感慨。

泪水为苍生而流。诗歌尾联"寒衣处处催刀尺，白帝城高急暮砧"，描写诗人黄昏所见所闻所思所感，一天秋寒笼罩天地，万千感慨蕴含其中。于诗人而言，耳闻捣衣之声，目睹漆漆夜色，身感寒凉，心生怅惘，时局动荡，干戈不息。自己也是游子，长年累月漂泊异乡，久别故园，无人帮

"我"赶制寒衣,无人寄赠相思文字。捣衣声声,不像敲在砧石之上,更像敲在诗人的心头。秋风瑟瑟,不像吹在诗人脸上,更像吹在诗人的心里。于百姓而言,白帝城中,山上山下,千家万户赶制寒衣,千家万户寄赠思念,多少儿郎抛家别子从军征战,多少女子独守空房度日如年,多少家庭离散天涯相聚无缘。何时干戈止息,天下太平?何时亲人相守,不离不散?秋声秋风之中,久久回荡着诗人的凄苦诉求。这可让人联想到李白的《子夜吴歌·秋歌》:"长安一片月,万户捣衣声。秋风吹不尽,总是玉关情。何日平胡虏,良人罢远征。"和杜甫一样,李白借助诗歌表达了苍生黎民对战争的厌恶及对和平生活的向往。于国家而言,结合诗歌首联、颈联来看,巫山巫峡一带,白帝城中亦然,局势险恶,社会动荡,前景黯淡。"处处"表明无处不有,到处皆然,暗示统治者穷兵黩武,征战不休,百姓妻离子散,怨声载道。诗歌的环境描写,折射出诗人对国家危乱、百姓遭殃的忧虑与关切。

泪水为美丽而流。从全诗来看,尽管阴云密布,冷气逼人,但还是点缀了几抹亮色、几许温婉。说"玉露"而不说"白露",自然是写露珠如玉,晶莹洁白,玲珑剔透,闪闪发光,也有冷清如冰、寒凉似水的意味。说"枫树",原本"停车坐爱枫林晚,霜叶红于二月花",或者"看万山红遍,层林尽染",火红灿烂,生机旺盛,可是由于严寒拷打,秋霜侵蚀,枫叶纷纷凋零、衰残,失去了红艳和生机,变得一派萧索、凄惨。再说"丛菊",逢秋绽放,金黄一片,浓艳生辉,可是秋天一过,风雨摧残,花瓣凋零,狼藉满地,诚如李清照词作所云"满地黄花堆积,憔悴损,如今有谁堪摘?""知否?知否?应是绿肥红瘦"。美丽的花儿凋谢,总是触动文人善感的心灵,引发他们丰富而深沉的人生感慨。草木如此,人又如何?人生之中,许多最美丽的东西,比如青春年华、才华理想、珍贵生命、美好爱情等,无一不是人生之花朵,无一不让人悄然动容,神思千里,感叹唏嘘。

泪水为秋天而流。文人悲秋,自古皆然。屈子诗曰"袅袅兮秋风,洞庭波兮木叶下",宋玉诗曰"悲哉,秋之为气也,萧瑟兮草木摇落而变衰",刘禹锡诗曰"自古逢秋悲寂寥",欧阳修《秋声赋》云"盖夫秋之为状也:其色惨淡,烟霏云敛;其容清明,天高日晶;其气栗冽,砭人肌骨;其意萧条，山川寂寥。故其为声也，凄凄切切，呼号愤发"，陆机《文赋》云"遵四时以叹逝，瞻万物而思纷，悲落叶于劲秋，喜柔条于芳春"……杜甫诗歌《秋兴八首》自然也是睹物生情，情景交融：秋霜普降，天地寒凉；秋风瑟瑟，凛冽凄清；秋叶凋零，纷纷扬扬；秋江汹涌，大浪滔天；秋云笼罩，垂空而下。凡此种种，秋意浓浓，惨淡萧索，给人悲愁、伤心之感。多愁善感的杜甫很容易从秋天的萧索惨淡之中触发人生隐痛和家国忧思。杜甫诗歌《登高》写作时间与《秋兴八首》相同，诗中的"万里悲秋常作客，百年多病独登台"，直接悲秋，感慨万千。而贯穿《秋兴八首》的"泪"，必定与"秋"密切相关。

一词一语总关情

——《琵琶行》教学漫谈

    教学《琵琶行》，讲到琵琶女的出场，"千呼万唤始出来，犹抱琵琶半半遮面"，突然想起，可不可以以此为基点、为抓手、为纲领，牵扯出全诗的教学。我认为，可以从两个方面展开教学：一是作者的角度，二是琵琶女的角度。

    从诗人的角度提出问题，诗人和客人为什么要"千呼万唤"琵琶女？到底是琵琶女的什么深深吸引了他们？当然是音乐，有诗为证，"忽闻水上琵琶声，主人忘归客不发"，还有后文的"满座重闻皆掩泣""座中泣下谁最多？江州司马青衫湿"。"千呼万唤"体现了诗人和客人急切、强烈、渴慕、钦羡的心情，大有非见不可、不见不散的态势。换作"三呼两唤"，则心意平淡、浅薄，可见可不见，远远没有"千呼万唤"来得热烈、执着、持久。那么，我们不禁要问，琵琶女的琵琶弹奏得怎样？诗歌是如何描写的？且看文章第二自然段。音乐唤起了白居易广泛而生动的生活联想，让他体验到音乐旋律跌宕起伏的变化。可让学生朗读第二段描写音乐的内容，从"大弦嘈嘈如急雨"至"唯见江心秋月白"。音乐本来无形无状，无色无味，不可捉摸，不可展玩，但是在白居易的笔下，声音幻化为一幅幅画面，一段段人生。"如急雨""如私欲""如珠落玉盘""如花底莺语"，时而粗重急骤，时而轻细委婉，时而清脆圆润，时而婉转流利。"如泉流冰下"，阻塞、压抑、低沉、凝滞；"如银瓶乍破""如水浆迸射"，奔涌、激越、尖利、刺耳；"如铁骑突奔""如刀枪轰鸣"，高亢、雄壮、浑厚、磅礴；"如裂帛"，尖利刺耳，戛然而止。曲曲演奏，极尽变化，声情并茂，多姿多彩，可见音乐的魅力。即便是演奏之前的调弦正音阶段，也是"未成曲调先有情""似诉平生不得志""说尽心中无限事"，声中含情，情在音内。

从琵琶女的角度，不妨这样提问：为何是"千呼万唤始出来"，为何又要"半遮面"？请学生从文中找出答案。学生朗读第三自然段，琵琶女自诉身世遭遇，人生起落。文中"夜深忽梦少年事，梦啼妆泪红阑干"一段叙说了"少年事"和"老大事"，对比揭示人生命运。少年时，"十三学得琵琶成，名属教坊第一部""曲罢曾教善才服，妆成每被秋娘妒""五陵年少争缠头，一曲红绡不知数""钿头银篦击节碎，血色罗裙翻酒污"，大红大紫，风光无限，何等富贵豪华，疯狂得意，可谓人生得意之巅峰。品味细节"击节碎""翻酒污"，琵琶女载歌载舞，承欢卖笑，情至高涨，竟然拔下头上的银质梳子，敲打节拍，手舞足蹈，如痴如狂。桌上的酒杯被打翻，美酒飞溅，弄湿了她红艳的罗裙。注意"碎"字，银质的梳子应该是比较坚硬的，竟然也被敲碎，可见琵琶女歌舞之时何等疯狂，何等欢悦。"血色"二字修饰"罗裙"，仿佛让人看到一位歌女翩翩起舞、熠熠生辉的形象，它暗示了青春风流，光华四射；暗示了未来人生失意，处境凄凉；也暗示了激情飞扬，歌舞欢畅。

"老大事"是指，家人离散，年长色衰，人老珠黄，门庭冷落，委身商人，漂泊流离，独守空船，何等潦倒、狼狈。这是人生失意之低谷。琵琶女由巅峰跌至低谷，大起大落，人生无常，命运悲惨。"琵琶声停欲语迟""千呼万唤始出来，犹抱琵琶半遮面"，说明琵琶女内心充满无限苦楚，不想见、不能见诗人一行。具体来说，原因可能是：萍水相逢，他乡之客，素昧平生；男女有别，孤身一人，恪守妇道；人生失落，内心苦楚，愁情满怀；流离江湖，诸事不顺，自卑、羞愧。种种原因，不一而足。反正，"千呼万唤""半遮面"充分揭示出人物敏感而复杂的内心情感。要是换作"三呼两唤就出来，怀抱琵琶笑盈盈"，则大为逊色，背离人物际遇与内心情感，后者看出琵琶女的开朗、干脆、多情与世故。这与琵琶女的心境不吻合。

诗歌主旨句是"同是天涯沦落人，相逢何必曾相识"，表达了诗人白居易与江湖歌女邂逅、相知、共鸣的心理感觉。结合全诗来看，两个相遇江湖的人势必有一些类似的人生经历，才可能产生心灵共鸣。诗歌三、四两节分别描述了两个人的人生起伏，大致类似。第三节是琵琶女演奏完成之后自诉身世，诗云"夜深忽梦少年事，梦啼妆泪红阑干"，可让学生结合该节内容说说琵琶女何以流泪？原因是人生大起大落，命运无常，反差巨大，琵琶女不堪承受。可以引导学生抓住此段的"少年事"与"老大事"来理解。"少年事"具体指哪些内容，可以看出青春时代的琵琶女怎样的生活状态（大红大紫，风流快意，富贵奢华）；"老大事"具体指哪些事情，又可以看出琵琶女怎样的人生境遇（漂泊憔悴、委身商人，独守空船）。两者形成对比，令琵琶女感叹唏嘘，伤心坠泪。诗歌第四节叙述诗人的宦海沉浮，也是对比，京城为官，才华横溢，名动天下，风光无比；及至今日，贬官江州，戴罪之身，投闲置散，落魄潦倒；由盛而衰，天差地别，感慨万千，不胜唏嘘。三、四两节分别叙说两人的人生起落，惊人相似，这是琵琶女与白居易能够产生共鸣的重要原因之一。

此外，两人均有共同的音乐爱好。琵琶女谈得一手好琵琶，旋律起伏，声情并茂，诉说心事，曲曲含情。白居易欣赏音乐，听音知心，赏曲见意，妙用文字，表情达意。琵琶演奏，"如急雨，如私语，如珠玉，如莺语"，旋律欢快、明朗、清脆、悦耳，暗示琵琶女少年得意，风光无比，对应诗歌文句"曲罢曾教善才服，妆成每被秋娘妒""五陵年少争缠头，一曲红绡不知数""钿头银篦击节碎，血色罗裙翻酒污"。"如冰泉，如呜咽，如凝绝"，旋律冷涩、忧愁、压抑、沉重，暗示琵琶女年长色衰，门庭冷落，委身商贾，沦落江湖。对应诗歌文句"弟走从军阿姨死，暮去朝来颜色故""门前冷落车马稀，老大嫁作商人妇""商人重利轻离别""前月江口守空船"。"如银瓶乍破，如刀枪轰鸣，如铁骑突出，如水浆迸射，如裂丝帛"，旋律刚劲、急促、高亢、激越，暗示琵琶女痛不欲生，悔恨交加，不满现实，愤怒控诉，对应词句"商人重利轻别离，前月浮梁买茶去""去来江口守空船，绕船月明江水寒""夜深忽梦少年事，梦啼妆泪红阑干"。琵琶女的演奏融汇了自身的苦难经历，白居易的描述看出了诗人的敏锐感受和深刻理解。音乐和音乐里面的人生将两个人聚拢在一起，抹去了身份差别，忽略了世俗眼光，心与心彼此信任，情与情彼此交流，互相理解，互相尊重，于是才有高山流水互诉衷肠的江湖相遇，也才有这段精彩动人的琵琶歌吟。

比较对读滋味长

——《望海潮》教学片段

　　研读"羌管弄晴，菱歌泛夜"两句，重点引导学生品味动词"弄""泛"的妙用，既要引导学生体会动词的美妙生动，意味深长，又要教给学生如何品味动词的思维方法，将内容与方法有机结合起来。先要明白词语的本源意义。"弄"是戏弄、玩弄、逗弄之类的意思，比如"我逗弄小孩玩耍"，暗示逗弄者轻松、愉快、好玩的意思。然后，将词语放到具体的语境中去理解。句中到底说的是什么逗弄什么呢？主语"羌管"代指羌笛吹奏出来的婉转悠扬、悦耳动听的音乐，宾语"晴"指晴天，暗示天气晴朗，风日明媚。全句意思是，婉转悠扬的笛音久久飘荡在晴朗的天空，吹者欢悦，听者畅快。作者将此意说成"羌管弄晴"，乐音如人，晴天如娃，歌声飞扬天空，犹如大人逗弄儿娃，快乐、有趣，幸福无比。再看"泛"字，本义是漂浮，类似吴均《与朱元思书》中的语句"从流飘荡，任意东西"的意思，传达行舟者轻快自由、无拘无束的感受。回到词句"菱歌泛夜"，意思是采菱女子的歌声久久回荡在夜空，回荡在波光粼粼的西子湖上。歌者荡舟，歌者欢唱，何等愉悦，何等自由。还要特别注意，这两个句子是互文，交互成文，综合理解，不可拆分坐实理解，翻译过来应该是：笛声歌声昼夜不停，在晴空中飘扬，在月夜下荡漾。

　　研读"有三秋桂子，十里荷花"，先要弄懂词语的含义与韵味。"三秋"

指孟秋、仲秋、季秋，不说秋天、金秋，而说"三秋"，极言时间之长，暗示花香馥郁，令人陶醉。成语"一日不见，如隔三秋"中的"三秋"也是暗示隔离时间之长，更能凸显思念之强烈，同样不可以改成"一日不见，如隔秋天"。"桂子"当然是指桂花，但是"桂子"和"桂花"两种说法的意味不一样。说"桂花"比较通俗、平淡，少了一点味道；说"桂子"暗含奇趣，暗用典故，白居易词云"山寺月中寻桂子，郡亭枕上看潮头"。古代神话中有月中桂树的传说，《南部新书》载："杭州灵隐寺多桂，寺僧曰：'此月中种也。'至今中秋望夜，往往子堕，寺僧亦尝拾得。"可见，寺中月桂的说法，不过是寺僧自神其说而已。但是，生活真实不等于艺术真实，作品运用这一传说，意在表达杭州的非同凡俗。同时，"山寺月中寻桂子"也表现了诗人浪漫的想象，读者眼前仿佛现出怒放的丹桂，闻到了桂子浓郁的芳香。"三秋桂子"侧重从花期之长的角度描写桂花飘香，令人神往。"十里荷花"侧重从空间广阔的角度描写荷花绽放，壮丽无比，令人想起杨万里的名句"接天莲叶无穷碧，映日荷花别样红"。"三秋桂子""十里荷花"，以点带面，以少胜多，极言杭州西湖一年四季风光不同，缤纷多彩，增添了西湖迷人的魅力。

研读"烟柳画桥，风帘翠幕"，言柳如烟雾，桥如画图，风吹帘动，勾勒出杭州城市风光，一桥一柳见雅致，一帘一幕见风情，风光旖旎，风情迷人。可以比较"风帘翠幕"与"珠帘翠幕"，前者言"风"，清风拂过，帘幕飘动，别具诗意；后者言"珠"，珠玉为帘，闪闪发光，凸显富豪气象，少了风雅格调。"怒涛卷霜雪"，一个"怒"字言涛声如雷，震天动地，给人感觉大发雷霆，怒不可遏，赋予钱塘江潮以生命、以脾气、以灵性；一个"卷"字言江潮汹涌，大浪滔天，宛见铺天盖地、排山倒海之势；"霜雪"比喻浪花如霜如雪，煞是壮观。"怒涛卷霜雪"从声态、形态与色泽三个角度描写钱塘江潮，勾勒出杭州的壮美风光。"市列珠玑，户盈罗绮，竞豪奢"，一个"列"字言珍珠宝玉排列得整整齐齐，熠熠生辉；一个"盈"字言绫罗绸缎堆满人家，光彩夺目；一个"竞"字言市民比富赛财，互不相让，三个词语揭示出杭州经济繁荣、生活富裕的特点。"异日图将好景，归去凤池夸"，交代词人写作《望海潮》的目的，夸赞杭州，夸赞贵为杭州父母官的朋友孙何，也祝愿朋友仕途得意，飞黄腾达。特别要注意"凤池"一词，为凤凰池的简称，中书省的美称，也是一个极富诗意、风雅美好的称呼。中书省是权力机关，在此供职的人最有机会接近皇上。词人点出"凤池"，实际上暗赞朋友有朝一日会升官发达，大放光芒。如果换作"朝廷"，则平淡浅俗，毫无美感，更无诗意。

天涯离恨几多愁

——《雨铃霖》语言教学

　　学习句子"寒蝉凄切"，提问"寒蝉"是否可以理解为秋冬之时瑟瑟发抖、浑身发冷的蝉？此问故意望文生义，曲解"寒蝉"，引发学生于无疑处生疑、于平淡处多思的兴趣。有人回答可以，有人看书上注解说不可以，当然以书上为准。"寒蝉"是蝉的一种，不可以拆开来理解。蔡邕《月令章句》曰："寒蝉应阴而鸣，鸣则天凉，故谓之寒蝉也。"成语"噤若寒蝉"，形容不敢作声。回到词作，"寒蝉凄切"是说深秋时节，寒蝉低鸣，有气无力，哀哀无告，渲染一种凄清冷寂的氛围，为一对情人即将分手创设典型环境。此外，"寒蝉"一词虽然不可以拆解，但是从文字表面来看，这个词语还是给人一种凄寒冷森之感，与深秋节令的特点和送别难舍之情相吻合。要是换作"喜鹊欢叫"，显然不妥，喜鹊传达了一种热闹喜庆的气氛，暗示好运将至。唐代诗人杜甫诗曰"柴门鸟雀噪，归客千里至"，即是以喜鹊叽叽喳喳鸣叫来烘托客人到来的喜悦心情。

　　学习句子"都门帐饮无绪，留恋处，兰舟催发"，要研究一对矛盾，即"恋"与"催"的矛盾，前者是说一对恋人相依相恋，难舍难分，情意绵绵，后者是说船夫声声催促，时间已到，出发在即，两个字写出恋人离别的万分痛苦与无限惆怅。"无绪"是说乱七八糟，毫无头绪，如词句"剪不断，理还乱，是离愁，别是一番滋味在心头"（李煜词），心乱如麻，理不胜理，甚至根本不想去理。柳永词句的意思是，离别在即，纵然美酒佳肴，也无心品尝，不过是"土气息，泥滋味"而已。

"执手相看泪眼，竟无语凝噎"与"流泪眼看流泪眼，断肠人对断肠人"比较，两句均是言说离别难舍，痛断肝肠。前句写动作"执手"，类似"举手长劳劳，二情同依依"，手握着手，心连着心。写神态"相看泪眼"，宛见泪雨婆娑、无可奈何之态；写表情"无语凝噎"，极度伤悲，哽咽无语，或者千言万语，无从说起，又或者话到喉咙，跌落回去。一个"竟"字，暗示了一段欲说难说、欲别不能的过程，其间煎熬、挣扎、痛楚、无奈，非当事者不能体会。这个虚词至关重要。类似还有"对长亭晚"的"对"字，一对情人，伫立于古道的长亭边，面对暮霭沉沉，长天辽阔，何等伤神，何等惆怅，又是何等无奈。一个"对"字，表示朝向，更勾勒出一幅面对长天暮霭，久久伤感、无言无语的神态。

"念去去，千里烟波，暮霭沉沉楚天阔"写词人的想象，前路茫茫，心绪茫茫。"去去"就是离开的意思，两字叠用，走了又走，越来越远，心情也就越来越沉重，越来越迷茫，不愿意离开，却又不得不离开，何等残酷。换作"念离开"，则少了路途修远、隔天隔地的意味。此句的景物描写，勾勒出一幅山长水远、前路茫茫、楚天辽阔、孤舟漂泊的图景，烘托了词人孤寂、冷清、落寞、痛楚的心情。当然，也融汇了词人仕途失意、潦倒江湖的艰难困苦。

"今宵酒醒何处？杨柳岸，晓风残月。"注意理解三个意象："酒""柳""月"，它们均是古典诗词的常见意象，蕴含丰富的文化内涵。先说"酒"，李白诗云"抽刀断水水更流，举杯浇愁愁更愁"，杜甫诗云"艰难苦恨繁霜鬓，潦倒新停浊酒杯"，范仲淹词云"浊酒一杯家万里，燕然未勒归无计"，李清照词云"东篱把酒黄昏后，有暗香盈袖。莫道不销魂，帘卷西风，人比黄花瘦"（《醉花阴》），酒入诗词，添愁惹恨，情意郁结，肝肠痛断。柳永言"酒"，非李清照"三杯两盏淡酒"，非李太白"会须一饮三百杯"，非杜子美"隔篱呼取尽余杯"，而是离别情人，借酒浇愁，一杯一杯，烂醉如泥，借酒延宕离别的步履，借酒宣泄离别的愁闷，借酒麻醉痛苦的神经。词人倒在船上，随水漂泊，浪迹江湖，及至第二天早上，酒醒梦也醒，恍恍惚惚，迷迷离离，不知靠岸何处。这个"酒"醉得很深、很浓，词人的心也很沉、很苦。

再说"柳"，"柳"字谐音"留"，透露伤离惜别、依依难舍之情。古人有折柳赠别的习俗，表达对对方的留别与别后的思念，也有祝愿离人一路顺风、吉祥好运的意思。古人还有乐曲《折杨柳》，抒发哀怨凄婉的离别愁绪。李白诗句"此夜曲中闻折柳，何人不起故园情"即是例证。最古老的《诗经》咏唱"昔我往矣，杨柳依依；今我来思，雨雪霏霏"，借杨柳依依诉说离别相思，凄切肝肠，揪人心怀。柳永词中说"杨柳岸"，自然含有对情人的依恋与思念，脑海中浮现昨晚离别的场景，情意凄凄，意态低迷。

最后说"月"，残月在天，冷风凄凄，离人泊岸，远别情人，内心自然无比孤独、寂寞、痛楚，真是月残人离，冷月无情。苏子有词"人有悲欢离合，月有阴晴圆缺，此事古难全。但愿人长久，千里共婵娟"，借月亮残缺、冷清烘托词人内心的失落与孤寂，越是如此，越是思念远方的情人。

第二辑

古 文 漫 溯

咬文嚼字品情思

——《烛之武退秦师》教学漫谈

我有一个观点，越是古老的文字越能焕发生机，越是经典篇章越能经久耐嚼，关键是教师教学这些经典篇目的时候，要能够深入思考，细细揣摩，涵咏咀嚼，努力发现细微之处的奇妙、浅易之处的深刻。我教读经典，不管是文言文还是现代文，不管是中国文学还是外国文学，一字一词不懈怠，一句一语总关情，注重在字词运用上下功夫，在言语表达上费思量，在句式语气上多体会，让学生在理解文本思想情感的同时，加强对言语运用的体会与感知，培养良好的语言素养，不断增强语言的感受能力与运用能力。教学传统篇目《烛之武退秦师》时，除了引导学生体会古代叙事散文的结构布局、表达方式、艺术剪裁、人物形象与思想价值外，我还狠抓语言的品味与咀嚼，多角度、多侧面、多方位揣摩语言，让学生感到学习文言文，就是学文学言，就是文言并重，言以载文，文以言传，言之无文，行而不远，文之无言，一切皆空。

一、品实词，知言会意，把握纲目

题解《烛之武退秦师》，可抓住三个词语引导学生深入思考。首先是"退"字，引导学生思考该字有何意思和作用。"退"的本义是退却、撤退、后退，此处属于使动用法，翻译为"使……退却"，标题完整的意思为：烛之武凭借一己之力使秦军撤退。这个标题，《左传》本无，是编者加上去的，交代了人物、事件，暗示了冲突双方的力量对比悬殊。从结构上看，"退"字引人深思，耐人寻味：（1）烛之武为什么要"退"秦师？（2）烛之武怎样"退"秦师？（3）烛之武"退"秦师，最后结果如何？这三个问题正好是课文情节展开的主要内容。"退"提纲挈领，关联全篇。

从内容上说，"退"秦师是核心事件，也是事件的结果，交代了事件的冲突双方，一方是烛之武一人之力，另一方是秦师虎狼之师，对比悬殊，惊心动魄，考验烛之武，考验英雄心。俗话说，烈火焚烧方显英雄本色，沧海横流才见铁血意志。烛之武正是在这种血与火的考验之中凸显英雄本色的。此外，烛之武凭借一己之力如何"退"秦，"退"之过程又有哪些不确定因素，烛之武如何处理，秦穆公如何反应等问题，均蕴含在"退"字当中，留下悬念，扣人心弦，促人深思。同样，选自《战国策》的课文《荆轲刺秦王》，标题中的"刺"字也是关键：为何要"刺"，如何"刺"，"刺"的过程如何，结果又怎样，诸多问题蕴含在"刺"中，引发读者思考，可谓片言居要，一字笼篇。

其次，"晋侯、秦伯围郑"一句中的"围"字，看似简单，其实蕴含深意。可引导学生比较"围""伐""袭""破""攻"等词语，尽量援引文言例句，既帮助学生理解近义词的细微差别，又加深学生对《烛之武退秦师》文意的理解。"十年春，齐师发伐我"（《曹刿论战》），"伐"是讨伐、进攻，大张旗鼓，兴师动众，表明齐国军队来势汹涌，力量强大。"李朔雪夜袭蔡州"，"袭"是袭击、偷袭，隐蔽行踪、悄无声息地进攻，这是一种掩护自己、麻痹敌方的军事策略。"旦日飨士卒，为吾击破沛公军"（《鸿门宴》），这是项羽得知沛公"欲王关中"的野心之后大发雷霆之语，恨不得即刻行动，彻底消灭沛公的力量。句中"击破"并用，不但是主动进攻，而且还要一举歼灭，不给对方任何喘息的机会，更不会让对方死里逃生、卷土重来，除敌务尽，毫不手软。相对而言，《烛之武退秦师》用"围"，是包围、包抄、围攻的意思，交代秦晋两个大国联手包围小国郑国，郑国形势岌岌可危。秦晋两国，南北驻军，联合夹击，"围"而不攻，包而相逼，威慑郑国，想让郑国乖乖投降，进而瓜分郑国版图，杀气腾腾，野心嚣张。"围"是策略，历史上有"围魏救赵"的战术，可以佐证课文中"围"字的深意。

"晋侯、秦伯围郑，以其无礼于晋，且贰于楚也"句中的"贰"字，是"二"的大写，表示数量两个，后面带了介词结构，用作动词，引申为"两次做……"，其中"做"的意思随语境而定。句意是说，郑国先是与晋国交好，后来又与楚国交好，用心不专，也就是对晋国不专一、不忠诚。"贰"字翻译为两属于，又归附于，又与……交好。"贰于楚"翻译为，又与楚国交好，言外之意就是背叛了晋国，所以晋国要对它动武。要注意，对这个词语，不少同学理解为背叛、有二心。如此理解，"贰于楚"岂不就翻译为"背叛楚国"或"对楚国有二心"？意思不符合逻辑，与原文相反。试想，背叛楚国，或者说对楚国有二心，就意味着结交晋国，忠于晋国，这是晋国希望看到的好事，晋国怎么会进攻一个主动归附自己的小国呢？其实，理解这个"贰"字，理解"贰于楚"这个句子，也可以换用一种方法。教师可以这样提问：秦晋围攻郑国，原因之一是郑国国君背叛了晋国，那么课文句子"贰于楚"改为"贰于晋"如何？引导学生将历史事实与关键词语结合起来理解。

"公从之""（武）许之"，前一个句子写郑伯听从佚之狐的话，决定请烛之武出山，使秦救郑。"从"是答应、认同、听从的意思，表明郑伯干脆果断，从谏如流，同时也暗示郑国危险，刻不容缓、不能拖泥带水、犹豫不决，不能深思细想、费尽周折。后一个句子写烛之武听了郑伯的一番家国存亡的道理之后的反应，改变了态度，决定出使秦师。"许"是答应、应允的意思，表明烛之武在个人恩怨与国家大义面前，能够作出正确的选择，顾全大局，深明大义，是一个有抱负、敢作为的志士。一个"从"，一个"许"，刻画出两个人物的不同性格。

最后，"夜缒而出，见秦伯"，该句描写烛之武肩负使命，冒着危险出城去拜见秦伯的情景。"缒"字最关键，最能看出人物的精神，本义是用绳子拴着人（或物）从上往下送，句中点出烛之武出城的方式非常奇特、神秘。

为何烛之武不走正门？不带一个随从、一件兵器（比如短剑、匕首之类）？为何没有一个人为烛之武送行？（比较《荆轲刺秦王》中荆轲出使秦国，众人送行，举行仪式，祭祖取道，悲歌易水，慷慨离别。）郑国都城被围，秦师兵临城下，严加管控，正门白天黑夜都有重兵把守，烛之武肯定不能从此出城，动静太大，目标太大，容易暴露。不带一个随从，没有一人送别，均是出于安全、保密的考虑。出城需要绝对安全，绝对隐蔽，不让敌军知晓。不带一件兵器，暗示烛之武此行不是图谋行刺秦伯，不是要与对方较量武力，也不是贪图自身安全，而是想凭自己的智慧谋略，制胜秦师，退却秦师。在多种可能的出城方式中，或许"缒"字最合适。当然，一个人从高高的城墙之上被慢慢放下去，也是很危险的，也有各种不测之祸，比如，秦军发现目标，绳子断裂，动作不慎等，很是危险。可是，烛之武面临种种危险，并不畏惧，更不退缩，这就看出他临危不乱、敢于担当、义无反顾的大无畏精神。为了救国于危亡，他挺身而出，沉着勇敢，视死如归，是为大勇大义、大志大情之人。

二、品虚词，见情见态，声情并茂

佚之狐举荐烛之武，文章只用了一个句子："国危矣，若使烛之武见秦君，师必退。"一个"必"字，干脆果决，自信满满。于佚之狐而言，是直接正面的描写，荐举人才，知人善任，为君分忧，救国危难，是为义举。别人不能推荐合适人选，他却知人识人，及时举荐，识见深远，谋略在胸，自信满怀，不同凡响。于烛之武而言，是间接侧面的描写，足智多谋，成竹在胸，能力高强，克敌制胜。教师可以相机诱导，将问题引向深层，既然佚之狐如此沉稳老成、深谋远虑、知人善荐，洞达秦郑双方军情，可见也是一位高人，为何他不毛遂自荐，挺身而出，却要推荐烛之武出使秦师？一番义正词严的荐举后隐含着贪生怕死、远祸全身的奸滑和狡诈。人如其名，言为心声。"佚"同"逸"，逃跑、逃逸的意思，"狐"就是狐狸，两个字合起来似乎暗示，佚之狐就是一只临阵逃脱、远祸全身、老奸巨猾的狐狸。

与佚之狐相反，烛之武最后答应出使秦师，他为何不畏生死，勇赴国难？原因可能有三：一是郑伯动之以情（赔礼道歉，情真意切），晓之以理（国破家亡，人无幸免），烛之武顾全大局，义不容辞。二是烛之武一生沉沦，不遂心志，终于迎来报国机会，想大干一场，扬名立万。在此，教师可以补充《东周列国志》中描写烛之武的两句话："考城人也，姓烛名武，年过七十，事郑国为圉正，三世不迁官。""见其须眉尽白，伛偻其身，蹒跚其步，左右无不含笑。"三是烛之武能力高强，沉着冷静，机智善辩，具备完成重大使命的素质。这个任务只能交给烛之武，不能交给一般人。同样，烛之武之名，给人一种微妙的联想，洞幽烛微，料事如神，无畏生死，勇赴国难。教师可引导学生思考"烛""武"的含义。烛，本义是蜡烛，稍微引申一下，蜡烛燃烧带来光明，驱散黑暗，让人看清楚前方，所以"烛"又有洞察秋毫、眼光敏锐的意思。成语"洞烛其奸"就是看透对方的阴谋诡计的意思。"武"自然含有不惧生死、勇敢顽强之类的意思。可见，烛之武就是一位眼光犀利、足智多谋、英勇无畏的勇士。当然，望"名"思"义"，拆字悬想，未必可靠，但是从这篇文章的实际内容来看，佚之狐、烛之武的名字还真有点意思。

　　"臣之壮也，犹不如人；今老矣，无能为也已。"这是烛之武拒绝郑伯的话，多用语气词，表达复杂的感情。教师可将前一句改为"臣壮，不如人"，让学生比较两种表达的语气和情意的不同。显然，改句生硬、直接，只是平实地表达了一个事实，"我年轻力壮的时候不如别人"，不带任何感情色彩。原句多了三个虚词，作用不同。"之"字用在主谓之间，连接主谓，不让其独立，让其作为一个整体充当整个句子的主语。朗读的时候，语气比较连贯、舒缓。句中"也"表示停顿，相当于一个逗号，后面又用逗号隔开，这就意味着朗读句子的时候要注意连贯和停顿。"犹"是尚且，表示递进，与后一句相关联，后一句的语气比前一句更进一层，也更强烈。

　　同时，从内容上看，这个"犹"字还有言外之意，"我年轻力壮的时候，风华正茂，意气飞扬，正想大展宏图，大干一场，但是没有得到重用，没有得到合适的机会，几乎留下一生遗憾，我心有不甘啊"。"犹"字透露出不平、不满、不快，遗憾、悔恨、埋怨。自谦是表面，怨愤是实质。

教师将后一个句子改为"今老，无能为"，让学生比较与原文在表达和效果上的不同。可以看出，改句语气生硬，表达直接，"现在，我老了，无能为力"，客观表达，不带感情。原句四个语气词，赋予句子复杂的情意和韵味。"今老矣"的"矣"字相当于现代汉语的"了"，暗含烛之武的感慨，年老体迈，时光不多，机会渺茫，心志沦空，哀哀无奈，尽在其中。"也"字表示句末停顿，有完结、终了的意味，暗示烛之武认为自己无能为力，一事无成，人生失败。"已"同"矣"，相当于"了"，句末感叹，加强叹惋意味。整个句子通过多个语气词的组合连接，巧妙地传达丰富的意味、复杂的情感。对这些虚词的运用也不可忽视。教师在引导学生理解、体味的同时，一定要加强朗读指导，通过朗读、比较来体会句子的表达效果。

"使杞子、逢孙、杨孙戍之，乃还"中的"乃"字是副词还是连词，如何翻译？当副词用，翻译为"才"；当连词用，翻译为"于是""就"，表示先后相承。这里到底如何理解呢？"才"表示条件关系，前面一个分句表条件，后面一个分句是结果，没有前面的条件，就没有后面的结果。在秦伯看来，只有派遣三员大将协防郑国，才会放心撤军。如果理解为"于是"，仅仅是强调前后两件事情相继发生，不太吻合秦伯的心理。

"吾其还也"中的"其"字是语气副词，到底传达什么语气呢？可以表示商量或期望的语气，翻译为"还是"；可以理解为命令语气，翻译为"一定"。文中是晋文公对将子犯说的话，子犯主张立马行动，痛击秦军，表现得比较冲动、莽撞，缺乏冷静的头脑；而晋文公则冷静分析，阻止击秦，并说明理由，有根有据，是一个沉稳、理智、以理服人、决断谨慎的人，绝非武断行事的国君。因此，"其"字翻译为"还是"比较合适，带有一种与子犯将军商量的口气。如果翻译为"必须""一定"，则是武断生硬，不容商量的语气，与晋文公的性格心理不吻合。

三、品谦敬，切合语境，妙传情韵

郑伯采纳了佚之狐的意见，召见烛之武，但是遭到拒绝，他说了两句话："吾不能早用子，今急而求子，是寡人之过也。然郑亡，子亦有不利焉。"这是贵为国君的郑伯在向自己的大臣道歉，字字句句，客气、诚恳、坦承肺腑，动之以情，晓之以义，打动烛之武，促成烛之武态度的转变。三次用"子"，至真至诚，客气至极。"子"是尊称，相当于"您"或"先生"的意思，面对面地称呼对方，显得客气、礼貌。第一次用"子"，表达后悔、自责的意味，自己没有及时发现烛之武，没有早日重用烛之武，对不起烛之武，耽误了烛之武的大好人生。第二次用"子"表达不安、无奈的困境，自己紧急之时求助于烛之武，属于临时抱佛脚，对人不够尊重，请求谅解。同时，也是无可奈何，还需理解。第三次用"子"表达一种冷静的劝喻和警戒，您与郑国的关系是一荣俱荣，一衰俱衰，生死同存，荣辱与共。句中的一个"亦"字，则将郑伯个人的命运与烛之武的命运联系起来，说白了，大家都是同一条船上的蚂蚱，同病相怜，存亡相依，您可得要好好掂量掂量。

三个"子"字不同于《荆轲刺秦王》中"今日往而不返者，竖子也"一句中的"竖子"，"竖子"是骂人的话，相当于"窝囊废""无用的小子"。此外，《鸿门宴》中的句子"竖子不足与谋"，"竖子"也是小子的意思，表示蔑称。

郑伯自称"寡人"，亦有自谦的意味。寡人，即寡德之人，意为"在道德方面做得不足的人"，是古代君主、诸侯王对自己的谦称。中国古代讲究"以德治国""以德配天"，就是说君主、诸侯王的权位是上天赋予的，但上天只会把天下给有德的人，君主、诸侯王如果失德，就会失去尊贵的权位，所以君主、诸侯王就谦称自己是"寡人"。

短短两句话，大量运用敬词和谦词，公开承认自己的过错，表达自己的后悔、自责、愧疚之情，既动之以情，又晓之以义，结果必然是打动烛之武，改变烛之武的态度。

"若亡郑而有益于君，敢以烦执事"，前一个分句称呼秦伯为"君"（您），又是假设语气（若），已经够客气了；后一个分句称呼秦伯为"执事"，放低自己的姿态，极尽谦卑，抬高对方的尊位。执事，原指办事的官吏，这里代指秦伯。烛之武不直接称呼秦伯，而是通过称呼其属下官吏来婉转称呼对方，以卑呼高，以属呼主，极尽恭敬，莫敢仰视，秦伯居高临下，心安理得。足下、阁下、殿下、麾下等词语，均是类似用法。句中"敢"表示反问语气，相当于"岂敢"或者"斗胆""冒昧"之类的意思，整个句子翻译过来就是：如果消灭郑国对您有利的话，那么我怎么敢拿这件事情来麻烦您呢？（或者：那么，我就斗胆地拿这件事情来麻烦您吧。）言外之意就是，这件事情不劳您动手，您只要吩咐一下手下的人出面即可，郑国已是束手就擒，坐以待毙。这分明是暗示、提醒秦伯，您得掂量掂量，消灭郑国到底对您有利还是有害，绝对不可以轻举妄动。烛之武自甘示弱，以退为进，稳住秦伯，为后面的阐述利害奠定基础。后文叙述烛之武阐述亡郑的利害，收尾的一句话是"阙秦以利晋，唯君图之"，希望您仔细考虑这件事。一个"唯"字表达了希望、唯愿之类的意思。"君"自然是尊称对方。一段游说致辞，既理充词沛，利害分明，又谦卑恭敬，礼貌有加，说到了秦王的心坎上，赢得了秦伯的理解与信任，以致决定改变主意。

四、品语序，洞察逻辑，明了情意

文章许多语句表达，十分讲究语序，调换一种语序，句子的含义和韵味也许就截然不同。比如，研习文章第一自然段："晋侯、秦伯围郑，以其无礼于晋，且贰于楚也。晋军函陵，秦军氾南。"可以分解开来，研究三个小问题。

（1）"晋侯、秦伯围郑"可否改为"秦伯、晋侯围郑"，为什么？不可以，原因有二：一是历史上秦晋两个诸侯国是世代交好，政治联姻，有成语"秦晋和好""秦晋之好"可以为证；二是围攻郑国这件事与秦国没有关系，晋国只是因为与郑国结怨才鼓动秦国参与围攻行动，因而晋国是主导，秦国是随从，语序应该是主前从后。当然，需要说明的是，秦王为何答应晋国的要求呢？除了盟友关系之外，还有与晋国一道瓜分郑国、扩大版图的考虑。

（2）"以其无礼于晋，且贰于楚也"可否改为"以其贰于楚，且无礼于晋"？为什么？不可以，前后两个分句是递进关系，用连词"且"（并且，而且）来连接。两个分句，前一个是说历史，重耳早年流亡在外，途经郑国，郑国国君没有给予他应有的礼遇；后一个分句是说现实，郑国先是与晋国交好，后又与楚国结盟，用心不专，背叛了晋国，晋国当然不能原谅。两个理由相比，从性质上看，后一个理由更关键、更严重，它们是递进关系。

（3）"晋军函陵，秦军氾南"这句话描述了两国驻军围攻郑国都城的战略布局，可否改为"晋军氾南，秦军函陵"？为什么？不可以，从地理形势上看，晋国在郑国的北边，秦国在晋国的西边，郑国距离晋国近便，距离秦国遥远，秦国要进攻郑国，必须越过晋国，可谓劳师袭远，不便多多。函陵和氾南都属于郑国的版图，函陵在北边，距离晋国近便，晋国驻军在此，既有利于军需供给，又方便南下进攻郑国，而且一旦消灭郑国，也方便接管、控制郑国的版图。氾南在氾水之南，也在郑国都城新郑的东南方，距离秦国较远，秦军驻扎在此，距离遥远，供给不便，行军疲惫，战斗乏力，弊病多多，就是灭亡了郑国以后，瓜分一块土地，也不便管理。此次行动是晋国主谋，秦国从属，晋国当然不会让秦军占据有利位置。同时，文章第一自然段交代两军驻扎的地理位置还有一层意思，南北相距一定的距离，两军沟通、交流不方便，这就为下文烛之武"夜缒而出"，谒见秦伯，游说秦伯留下了空间。

再如，文中第二自然段中的"秦、晋围郑，郑既知亡矣"，这是烛之武对秦伯说的话，可否调整为"晋、秦围郑"？为什么？不可以，烛之武游说秦伯，当然要将秦伯放在首位，晋侯放在二位，改变之后，意思就变成了烛之武对晋侯说话，显然不妥。

又如，文章最后一段晋文公阻止子犯进军秦师说的话："因人之力而敝之，不仁；失其所与，不知；以乱易整，不武。"三个分句可否随意调整顺序？为什么？设计此问在于引导学生理解每一个分句的意思，理解三个分句之间的逻辑关系，进而判断语序是否可以调整。如果是并列关系，一般可以调整语序；如果是递进关系，则不可以调整语序。第一个分句的意思是，"我原来依靠别人的力量而登上君位，如果回过头去损害别人，这是不仁道的做法"。这句话追忆过去，属于个人品质层面的内容。第二个分句是说，

"如果我们出师攻秦，失去原来的盟友，而且还是一个和晋国一样比较强大的盟友，这是不明智的做法"。这是着眼现实，谈到了国家之间的关系。第三个分句是说，"如果秦晋两国用混乱攻伐、自相残杀来代替联合一致，团结一心，这是不符合武德的做法"。言下之意是说，晋文公从长远的战略利益考虑，还是不愿意因为讨伐郑国这件事而与秦国翻脸，毕竟两国世代结盟、政治联姻，都是大国、强国，以后与另外一个大国、强国楚国争夺中原霸权时还可以互相援助。第三个分句着眼于长远的战略考量。三个分句之间是递进关系，当然不可以随意调换语序。

《烛之武退秦师》一文人物鲜明，内容丰富，情节简单，脉络清晰，语言典范。教学文本时，可以通过咀嚼言语，体会人物的声态口吻、语气情味，进而把握人物性格和思想内容。品味实词，结合语境理解实词的字面意思和深层意思，特别是暗示意义与联想意义；品味虚词，朗读文句，揣摩语气，体会情味，加深对人物复杂情感的理解；品味谦词、敬词，探究深层原因，把握人物性格；品味句子，调整语序，与原句比较，深入理解不同语序的不同表达效果，进而把握作品内容。从四个方面品味词句，发掘言语表达所承载的情思意蕴，揭示人物丰富复杂的性格特征，还原历史活动的现场情境。这样的教学，既加深了学生对言语的感受与体悟，又增进了他们对作品内容的理解。文、言结合，因言会意，扎扎实实品味言语，切境切文感受情思，品出言语滋味，品出人物情态，品出内容意韵，这是一条教学文言文的有效法则。

比较拓展读人物

——《荆轲刺秦王》片段教学漫谈

如何教文言文？各种专业性的教学类刊物发表了海量讨论文章，一线教师也有千千万万种体会和经验，我不想去争论什么，也不想简单地接受或迷信某一种观点，我有一个直接的感觉，那就是学生跟着教师学习文言文，热情高涨，干劲十足，思维活跃，深度参与，学有所得，思有所悟，既感受到文言文的博大精深，又深深爱上文言文，不管教师采用怎样的教学方法、策略，只要学生喜欢，并且对他们有益，这就是最合适的教学，最能激发学生的潜能与活力。我教文言文，喜欢设问生疑，咬文嚼字，改换比较，挖掘底蕴，手舞足蹈，声情并茂，抑扬顿挫，跌宕起伏。一节课下来，也许师生合作学习不了多少文段内容，但是思维的深度、广度，激情的调动、投入，兴趣的激发、诱引，理解的丰富、多元，肯定是课堂的亮点与特色。教学《荆轲刺秦王》时，我大胆取舍教材文本，仅挑出三、四两个自然段来教学，引发学生深入思考，多维思索，比较思考，联系学习，充分调动学生的积极性，激活课堂氛围，课上得扎实有效、生动有趣、深刻有料。

文段一：荆轲知太子不忍，乃遂私见樊於期，曰："秦之遇将军，可谓深矣。父母宗族，皆为戮没。今闻购将军之首，金千斤，邑万家，将奈何？"樊将军仰天太息流涕曰："吾每念，常痛于骨髓，顾计不知所出耳!"轲曰:"今有一言,可以解燕国之患,而报将军之仇者,何如?"樊於期乃前曰:"为之奈何?"荆轲曰:"愿得将军之首以献秦,秦王必喜而善见臣。臣左手把其袖,而右手揕其胸,然则将军之仇报,而燕国见陵之耻除矣。将军岂有意乎?"樊於期偏袒扼腕而进曰:"此臣日夜切齿拊心也,乃今得闻教!"遂自刭。

这段文字描写荆轲先斩后奏、智取首级的过程,具体细致,生动鲜明,有姿有态,有情有义,绘声绘色,声情并茂。我的处理方法是:从语言入手引导学生品味情节、人物、精神;从朗读入手引导学生品味语气、声态、滋味;从文化素养入手引导学生积累字词、句式、故事。在品味语言方面,设计了两个主干问题。

(1) 荆轲仅凭三五句话就征服了人心,让樊将军心甘情愿地献出自己的首级,他采用了哪些方法来达成目标?请用几个简洁的四字词语来概括。

师生讨论后明确如下词语。第一招,动之以情。"秦之遇将军,可谓深矣。父母宗族,皆为戮没。今闻购将军之首,金千斤,邑万家,将奈何?"荆轲先总言秦王对待将军刻毒至极,无以复加,再分述血腥而残酷的两件事情:一是秦王将樊将军父母双亲杀害,将樊将军同族的人杀害的杀害,收编为奴的收编为奴,可谓杀亲之仇,不共戴天;二是秦王高格悬赏,通缉天下,征购将军首级,可谓置之死地而后快,出手狠毒,杀机四伏。最后问将军"将奈何",明知故问,激怒将军。整句话中,荆轲故意激起樊将军对秦王的深仇大恨和报仇雪恨的强烈愿望,也暗示他应深入思考报仇对策。这给人的感觉是,樊将军几乎成了一个随时可能爆炸的火药桶,荆轲的言语差不多就是引爆火药桶的导火线。爆炸是早晚的事,只是需要等待时机。

分析这些内容的同时,一定不可忽略几个关键词语:遇、深、为、戮没。其中,"深"不是感情深厚,而是待人恶毒、刻毒、苛酷,心狠手辣,毫不留情,大有斩尽杀绝、不留后患之意。这个词写出了秦王对樊将军的仇恨与恶毒。教师可以追问,秦王为何如此痛恨樊於期?为何高格悬赏征购他的首级?樊於期原是秦国将领,率兵攻打赵国,吃了败仗,按照秦国的军法,败军之将要被处以极刑,樊於期迫于压力,图谋生存,一时冲动逃到了燕国。秦国为了严肃军纪，惩治叛将，于是诛杀了樊於期全家及九族，悬赏天下，征购樊於期的首级。荆轲出使秦国，要找机会接近秦王，当然要想方设法满足秦王的心愿。

还要注意一个句子"今闻购将军之首，金千斤，邑万家"，这是什么句式？"金千斤，邑万家"分别是什么意思？与常规表达有什么不同？这是一个省略句，也是一个倒装句，或者说介词结构后置句，还原为常规语序是"今闻（秦王）（以）千斤金、万家邑购将军之首"。万家邑，就是指掌管万户人家的封邑，属于高官厚禄。毛泽东的词《沁园春·长沙》中的"粪土当年万户侯"，其中"万户侯"就相当于"万户邑"；"粪土"是意动用法，翻译为"把……当作粪土，一钱不值"，该词表明青年毛泽东志存高远，立志救国，鄙弃功名利禄、升官发财，思想境界不同凡俗。"千斤金"指一千斤金，极言钱多。古代的"金"，泛指充当交易的金属货币，可能是金子，可能是铜，也可能是银，课文中特指铜，纯度高，光泽好，质地均匀，切割方便，也便于携带。若以实而论，古代一斤相当于现在的 16 两，成语"半斤八两"即由此而来。一千斤金相当于 16000 两，也就是现在的 1600 斤。这么多的铜质货币，应该是一个天文数字了。所以，文中"千斤金"极言重金悬赏，不一定要翻译为一个准确的数字。

另外，人们常说的"千金"，从何而来，意义何在？教师可以给学生讲两个故事，增强课堂的趣味性。故事一：南朝梁司徒谢朏幼聪慧，特受父亲谢庄喜爱，常把他带在身边。他也非常争气，10 岁时便能写出很不错的文章。后随父亲游土山，受命作游记，援笔便成，文不加点。宰相王景文对谢庄夸他："贤子足称神童，复为后来特达。"谢庄也手扶儿子的背说："真是我家千金啊。""千金"一词，由来已久，但用来指人，还是第一次。从谢朏被称为"千金"开始，历史上很长一段时间都用它比喻出类拔萃的少年男子。

故事二：公元前 522 年，伍子胥父兄被楚平王杀害。伍子胥逃离楚国，投奔吴国。途中他饥困交加，见一位浣纱姑娘竹筐里有饭，于是上前求乞。姑娘顿生恻隐之心，慨然相赠。伍子胥饱餐之后，出于安全原因，要求对方为他的行为保密。但姑娘猛然想起，男女接触为礼教和舆论所不容，随即抱起一石，投水而死。伍子胥见状，伤感不已。他咬破手指，在石上血书："尔浣纱，我行乞；我腹饱，尔身溺。十年之后，千金报德！"后来，伍子胥在吴国当了国相，吴王调遣劲旅攻入楚国。公元前506年，伍子胥"掘楚平王墓，其尸鞭之三百"。他报了大仇之后，又想到要报恩，但苦于不知姑娘家地址，于是就把千金投入她当时跳水的地方。这就是"千金小姐"的由来。

教师还需要启发学生思考，古人为何要用倒装句。主要在于强调后面的内容，即"金千斤"和"邑万家"。同时，"金千斤"和"邑万家"分别倒装，又是为了突出"千斤"和"万家"，极言数量之多，价钱之贵，俸禄之高，进而突出樊於期将军对秦王的重要性。

第二招，晓之以理。荆轲说："今有一言，可以解燕国之患，而报将军之仇。"又说如何如何做，"然则将军之仇报，而燕国见陵之耻除矣"。这两个句子均是说明，"我"有一计，近身秦王，趁机行刺，一来可以给将军报仇雪恨，二来可以消除燕国被欺凌的耻辱。这是荆轲坦言行刺秦王的直接好处，以此赢得将军的理解与认同。其实，如此做法，一箭双雕，说到了将军的心坎上，他前面不是痛心疾首，复仇无计吗？现在，荆轲献出妙计，正好满足了他长久以来的心愿。荆轲相信，将军会答应他的要求。词语方面，注意提示学生理解"可以"古今意义的不同，以及"见陵"包含的通假与被动两种语言现象。

第三招，告之以术。"愿得将军之首以献秦，秦王必喜而善见臣。臣左手把其袖，而右手揕其胸。"荆轲告诉樊於期将军行刺秦王的办法，进一步取信将军，而且后面还有一句"将军岂有意乎"，表面上是试探他的想法，其实是在暗示他，这样做很好，请您趁早作出抉择。将军听闻荆轲的一番言说之后，觉得有理有据，有利有义，当机立断，果敢自刎，献出了首级。荆轲游说，大功告成。三招充分表现出荆轲巧舌如簧、能说会道的出色口才，尚未使秦，锋芒已现。

（2）荆轲的一番言语之后，樊於期将军先后有怎样的表情、神态、动作的变化？为何会有这样的变化？这些细节描写可否调换顺序？为什么？

该段文字描写樊於期将军的神情变化共有三次。第一次是"樊将军仰天太息流涕"，仰天长叹，痛哭流涕，内心极度痛苦、悲伤，之所以如此，原因有三：一是失亲之痛（父母宗族，皆为戮没），二是追杀之狠（高格悬赏，置之死地），三是报仇无计（顾计不知所出耳）。教师要注意引导学生将表情神态描写与前后语境内容结合起来理解问题。前面写荆轲故意挑起樊於期将军与秦王的血海深仇，后面是樊将军痛心疾首、报仇无奈的叹息，中间穿插人物神态描写，勾前连后，如此自然反映出人物的内心情感。注意"仰天太息"，暗含求天不应、喊地不答之意。"痛于骨髓"换成"痛彻心肺"，可否？不行，前者说恨之入骨，刻骨铭心；后者说撕心裂肺，万箭穿心。前者侧重于恨之难忘，后者侧重于痛之深重，文中重在强调樊将军不忘仇恨，誓言报复，大有刻骨铭心、永世不忘之意，用"痛于骨髓"更贴近文意。

第二次是"樊於期乃前曰"，樊将军是在听了荆轲一番怎样的话语之后才作此反应？为何要"前曰"？改为"后曰"可以吗？荆轲告诉樊将军，"今有一言，可以解燕国之患，而报将军之仇者，何如？"说有一计，既可报仇雪恨，又可解救燕国，但是何计又没有说出来，充分吊起将军的胃口，使他急于知道。所以，一个"前"字揭示了将军好奇、激动、急切的心理，后面紧接着就是"为之奈何""怎么办，你快点告诉我呀"。"后曰"一般是听闻某人言语之后，内心惶恐、惊讶，受到刺激，本能后退，不吻合樊将军的心理。此外，教师要注意讲解"可以"一词，不同于现代汉语的"可以"，是"可以（之）"的省略，翻译为"可以用（这条计谋）"，"以"是介词。

第三次是"樊於期偏袒扼腕而进"，为何"偏袒扼腕"？为何又要"进"？前面荆轲言说了报仇之策，具体细致，切实可行，一下子说到了樊将军的心坎上。长久以来，朝思暮想，无计可施，现在终于找到了好办法，可以报仇雪恨，所以樊将军非常兴奋、激动，情绪高昂，义愤填膺。"偏袒""扼腕"的动作就是将军亢奋心理的写照。"进"字写动作，表明樊将军较之前的"前"更向前，更前进一步，暗示内心更加激愤、激动。他说了一句话："此臣日夜切齿拊心也，乃今得闻教!"这是"我"咬牙切齿、捶胸顿足、痛心不已的事情，逃亡以来，日日夜夜，朝朝暮暮，没有哪一天不是这样，可是没有办法，现在终于聆听到先生您的教诲，报仇有望，来得及时啊。一番言辞足以证明"进"字暗含的情意。最后写樊於期"遂自刎"，改为"顷之，自刎"，如何?不可。"遂"是于是、就的意思，表明樊於期毫不犹豫，果敢爽朗，大义凛然，视死如归。换作"顷之"，过了一会儿，表明人物犹豫、顾虑、疑惑、迟缓的心理，与将军的心理和性格不吻合。"自刎"这个动作很传神，刻画出樊将军杀身成"义"、粗豪勇猛的性格特点。

文段二：太子及宾客知其事者，皆白衣冠以送之。至易水上，既祖，取道。高渐离击筑，荆轲和而歌，为变徵之声，士皆垂泪涕泣。又前而为歌曰："风萧萧兮易水寒，壮士一去兮不复还!"复为慷慨羽声，士皆瞋目，发尽上指冠。于是荆轲遂就车而去，终已不顾。

这段文字描写易水诀别的悲壮场景，多角度，巧用词，重渲染，凸显人物精神，具有震撼人心的艺术效果。教学这段文字，我想引导学生品味语言、细节，感受气氛，走进人物内心，了解人物性格。荆轲当然是主人公，送别的人都是陪衬，为了烘托主角。我要求学生思考一个问题：这段文字从哪些方面来渲染诀别的悲壮气氛?如果学生一时无所适从，可以将问题分解成几个小问题：（1）送别的人有哪些?他们的穿戴如何?神情如何?（2）荆轲上路与一般人出门远行有何不同?（3）荆轲诀别众人，主要活动是唱歌明心，体会荆轲歌声之外的心情。师生研讨、议论。

关于问题（1），文中写了两类人，一是群体"燕太子丹与众宾客"，二是个体"高渐离"。"太子及宾客知其事者，皆白衣冠以送之。"就这个句子可讨论两点，一点是前一个句子是什么特殊句式，为何要用这样的句式，改为常式句如何?前一个句子是定语后置句，改为常式句是"太子及知其事之宾客"。原来的定语后置句将定语"知其事"后置，强调定语，突出只有部分知道这件事情的宾客才可以前往送行，不知情的人则不能来，这事要保密，不能泄露出去。另一点是"白衣冠"，名词活用作动词，翻译为"戴上白帽子，穿上白衣服"，可提问学生：请你们从红、绿、紫、黄、黑几种色彩中选择一种来代替文中的"白"色，为什么？选黑色，因为黑色和白色都是冷色调，显得庄严肃穆，渲染悲凉气氛，是生离死别之色，是披麻戴孝之服，是沉重悲凉之调。红色代表喜庆吉祥，生活红火；绿色代表生机活力，无限希望，也代表安宁和平、相安无事；紫色代表高贵，高高在上，敬仰有加；黄色代表金光灿灿，至尊无上。显然，不同色彩，文化内涵不同。这几种色调均不符合诀别的情境。高渐离击筑为荆轲壮行，先为变徵之声，悲凉凄厉，后为慷慨羽声，激昂义愤。声音的改变与情绪、心理的变化相一致。以声抒情，以调言志，目的只有一个，营造气氛，激励荆轲，蹈死不顾，大义凛然。

教师有必要简单介绍一下高渐离其人其事，以强化学生对荆轲性格的理解。高渐离，战国末燕（今河北省定兴县高里村）人，荆轲的好友，擅长击筑（古代的一种击弦乐器，颈细肩圆，中空，十三弦），与荆轲关系很好。荆轲刺秦王临行时，高渐离与太子丹送之于易水河畔，高渐离击筑，荆轲和而高歌"风萧萧兮易水寒，壮士一去兮不复还"。后秦灭六国后，秦王因为高渐离善击筑，就请他来王宫为自己击筑，可是高渐离是荆轲的好友，秦王也就有所防备，事先命人弄瞎高渐离的眼睛，以为这样高渐离就没法刺杀他了。但高渐离往筑里灌铅，趁秦王听曲正入迷时，使劲砸向秦王，想杀死他，很遗憾失败了，最后被杀。

"士人"也是送别队伍之一，他们的神态表情变化先是聆听高渐离击筑，荆轲和唱，变徵之调，"士皆垂泪涕泣"，离别在即，悲伤不已；后是荆轲高歌，慷慨羽声，"士皆瞋目，发尽上指冠"。怒目圆睁，怒发冲冠，义愤填膺，慷慨激昂，既是深受荆轲刚烈义勇精神的感染，又是激励荆轲一往无前，万死不辞。成语"怒发冲冠"由此而来。岳飞的词《满江红》开篇就是一腔冲天怒火："怒发冲冠，凭栏处、潇潇雨歇。"《鸿门宴》描写樊哙闯帐，也是怒火中烧，忍无可忍："哙遂入，披帷西向立，瞋目视项王，头发上指，目眦尽裂。"文中"瞋目""冲冠"两个细节，均刻画出士人义愤、激昂的神态。

关于问题（2），荆轲出使秦国，祭祖，取道，歌而别，易水秋风，高天凄冷，无不烘托出一种凄清悲凉而又悲壮激昂的氛围。特别要注意"祭祖"这个细节，祭祀路神，祈求神灵保佑平安顺利，增加离别之时庄严肃穆的气氛。改为"饯行"如何？当然不行，设宴饯别和一般意义上的送别没有什么区别，也没有那份庄严神圣的色彩，更不能突出荆轲此行的重大意义。稍微引申一点，古人做事，特别讲究心意的虔诚，态度的恭敬，不可等闲视之。比如读书或弹琴，要沐浴更衣，焚香祷告，营造一种清新宁静的环境，表达一份由衷的敬畏与庄重。读书人就是要专注、敬畏。凡事如此，心存一份恭敬，就会收获一份福报；心存十份恭敬，就会收获十份福报。

关于问题（3），荆轲先后两次唱歌，一次是和筑而歌，为变徵之声，感动士人，歌声应该是悲凉凄切的，流露出生死未卜、凶多吉少的担忧与疑惑。这次描写，只有歌调，没有歌词。另外一次歌唱则是有调有词、有景有情、有义有勇，"风萧萧兮易水寒，壮士一去兮不复还"，慷慨激昂，大义凛然，久久回荡在易水之畔，萦绕在人们心间。秋风瑟瑟，秋水寒凉，烘托出悲壮气氛。壮士远去，义无反顾，壮怀激烈，气贯长天。浩然之气，威武之概，震撼人心，千古流芳。

为了将讨论引向深入，教师可以要求学生比较思考问题：将文中的"慷慨羽声"改为电视连续剧《水浒传》的主题曲《好汉歌》或者《西游记》的主题曲《敢问路在何方》，可不可以，为什么？不可以，原作高渐离击筑，奏出慷慨激昂、铿锵有力的音调，意在烘托、激励荆轲激昂大义、蹈死不顾的壮举，可以想见，荆轲聆听此曲，一定热血沸腾，气贯长虹，恨不得快马加鞭，驰奔秦国，快点践行神圣使命。慷慨羽声既显得激越亢奋，又有点悲壮苍凉，感情比较复杂。《好汉歌》则是鼓舞江湖好汉除暴安良，济困扶危，行侠仗义，替天行道。曲调高昂，大义凛然，只有激越，没有悲壮，更无悲凉，与荆轲情感大不相同。《敢问路在何方》则是张扬英雄跋山涉水，除妖降魔，铲除人间祸害，还社会太平的义勇精神。教师还可以在课堂播放电视连续剧《荆轲刺秦王》"易水诀别"的片段、《水浒传》主题曲《好汉歌》

和《西游记》主题曲《敢问路在何方》，让学生谈三首歌曲情调的异同，再联系荆轲的性格心理来判断此处"慷慨羽声"为何不可以改为另外两首歌曲。设计此问题，一是激发学生的阅读兴趣；二是拓展学生的知识面，训练学生的比较思维；三是加深学生对荆轲性格思想的理解。可谓"一箭三雕，用心良苦"。

需要补充一点，文段末尾描写荆轲歌咏之后的一个动作，"于是荆轲遂就车而去，终已不顾"，遣词用语很有意思。"于是"一词可以两解：一是连词，表承接，相当于现代汉语的"于是"，表明荆轲歌咏完毕，立即上车，利索果决，毫不犹豫；二是副词，表伴随状态，说明荆轲歌以言志，咏以抒情，正是在这种歌声回荡、秋风烈烈、易水荡漾的情境之中离别众人，驶向远方。"终已不顾"，说明置生死于度外，毅然决然，万死不辞，永不回头。一个英雄，在秋风瑟瑟之中绝尘而去，给我们留下坚毅而勇敢的背影。

前一段文字侧重刻画荆轲循循善诱、折服人心的出色口才，后一段文字侧重刻画荆轲刚烈勇敢、大义凛然的精神，两段文字均是描写荆轲出使秦国之前给我们留下的精彩表现。给人的印象是，尚未与秦王正面交锋，不管是斗智还是斗勇，不管是斗力还是斗气，荆轲都已经表现出超凡的能耐和刚烈的意志，我们有理由坚信，他后面的斗争一定很精彩，值得期待。其实，后文写荆轲与秦王斗智斗勇，的确惊心动魄，扣人心弦。

设疑置问议人物

——《鸿门宴》教学漫谈

　　教学《鸿门宴》时，我不预设，不限制，让学生提问、畅谈，字词句篇、情节起伏、矛盾冲突、人物性格等问题均有涉猎。教师的任务在于参与、引导、释疑、点拨，将学生的思考与理解引向深入，或者利用恰当的时机抛出关键问题，"吹皱一池春水"，荡漾课堂涟漪。在导入文本环节上，不刻意设计抓心动情、夺目悦耳的导入语，只是开门见山，直奔文题。

　　教师可先这样问："这个课时，我们来学习选自司马迁史学名著《史记》中的名篇《鸿门宴》，谁能告诉大家，这个标题是什么意思？"学生很容易回答。鸿门宴就是当年项羽和刘邦在新丰鸿门（今西安市临潼区一个叫鸿门的村子）举行的一场宴会。教师追问：这场宴会由谁主导？目的何在？结果怎样？这也是在检查学生是否熟悉课文内容，能否复述《鸿门宴》的主要情节。项羽方面主导，范增出谋划策，想利用喝酒的机会除掉刘邦。但是，由于多方面的原因，刘邦巧妙地离开了酒席，逃回了驻地，躲过一劫，保全了性命。从此内容可以看出，"鸿门宴"这个故事内含一种意思，即表面对人非常热情、客气，骨子里总是使绊子，想方设法除掉对方，用两个成语来概括，大概就是笑里藏刀、口蜜腹剑。发展到今天，"鸿门宴"已经成为一个具有相对固定意义的成语，比喻说话或行动表面上虽有正当好听的名目，实际上却别有用心地将矛头指向某人或某事。

教师再追问：类似这样的来自文学作品的词语，可以是人名，也可以是物名或者是地名、活动名，你们能举出一些吗？学生想到，比如人名有来自鲁迅小说《孔乙己》中的"孔乙己"，现在指的是为人迂腐、处境落魄的人；来自鲁迅小说《阿Q正传》中的"阿Q"，现在指具有精神胜利法思想观念的人，还有"变色龙""范进""祥林嫂""葛朗台"等。又如，地名有来自陶渊明的散文《桃花源记》中的"桃花源"，现在指一种令人向往的和谐、幸福、自由、平等的精神乐园；来自沈从文中篇小说《边城》里的"边城"，现在指远离喧嚣、僻静安宁、生活美好有序、民风淳朴自然的地方。总之，文学作品中的特定称谓，因其自身的意义及影响，历经岁月变迁和读者的阅读检验，演变为一个个意义相对固定的词语，被赋予了特定时代、特定社会的文化意义。

第一自然段项伯告密，张良献策，这是矛盾冲突的发生，教学时主要引导学生体会、理解两个小问题：（1）项羽为何大怒，为何快速决策大举发兵进攻刘邦？由此看出人物怎样的性格？（2）范增如何劝说项羽"急击勿失"？由此可见他怎样的性格心理？

这时研讨要明确。（1）项羽大怒，快速决策，原因有二：一是沛公"欲王关中"，胆大包天，敢与自己争夺天下，严重触犯了项王的核心利益；二是沛公自不量力，公然挑战项王的权威，没有对项王保持足够的尊重与迎合。巨鹿之战，项羽以少胜多大败秦军主力，扬名天下，威震诸侯，众人慑服，匍匐向前，莫敢仰视。项王后来坑杀章邯将士20万人，心狠手辣，残暴至极，也是天下畏服。文本所写，沛公军力10万，项王军力40万，众寡悬殊，强弱分明，刘邦根本不是项王的对手，现在竟然公开挑战项王的权威，这令项羽无法忍受。项羽听闻曹无伤言语之后，勃然大怒，速下命令，旦日攻刘。注意项羽的话："旦日飨士卒，为击破沛公军！""旦日"点明时间，暗示事不宜迟，火速行动。"飨士卒"，大摆酒宴，犒劳将士，鼓舞士气，激扬义愤，兴师动众，务必全歼沛公军队。"击破"，程度严重，说明大军出动，必将沛公军打得落花流水，溃不成军。"击破"就是将一件东西打得稀烂、粉碎、残缺不全、七零八乱。用之言军队，意思是项王誓言要将沛公军打得片甲不留，残破不堪。几个词语组合，不但让我们看到了项王的急躁火爆、简单任性，仿佛也看见了项王咬牙切齿、怒目圆睁、忍无可忍、即将爆发的神情姿态。一个"大怒"，一句号令，足见项王的性格心理：遇事不够冷静，不会征求别人的意见，自作主张，贸然决策，脾气暴躁，性情率真，心无城府，言语痛快，是一个典型的力量强大、头脑简单的武将。

（2）范增是项羽的亚父、军师，得知刘邦"欲王关中"的野心和项羽大怒誓言击破沛公军的消息，及时进言项王："沛公居山东时，贪于财货，好美姬。今入关，财物无所取，妇女无所幸，此其志不在小。吾令人望其气，皆为龙虎，成五采，此天子气也。急击勿失！"一观人事，沛公今昔大变，证明野心不小。从外而内，识破心机，足见范增洞烛其奸，眼力过人。二观天象，成龙成虎，五彩斑斓，证明要出真龙天子。范增由此两观得出结论，沛公要称王称霸天下，建议项王火速进攻，勿失良机。一番言语分析，层次清晰，有理有据，思虑深刻，识见准确，时机敏感，督促有力，无异于给项王火上浇油，让人感到刘、项双方之间的矛盾冲突万分严峻，一触即发。文章开头由曹无伤告密引出刘、项的矛盾冲突，而且这种冲突异常紧张、激烈，对刘邦阵营而言，这是一场严峻的挑战和考验。刘邦如何破解危局？下文谁出场使得矛盾冲突得以暂时缓解？第一自然段的内容为后文情节的发展创设了铺垫。

教师可以深度追问：这一段使用多寡不同的文字来描写项羽与范增的言语表情，体现出两个人物的不同个性，从二人性格心理的不同，你们还读懂了什么？学生会发现，文段暗示主将和谋士虽然表面看起来关系密切（项羽称呼范增为亚父，范增又是项羽的谋士），但是二人性格不同，一个粗暴率性，心无算计，一个深谋远虑，料事如神，合作起来势必有冲突、有不快。第一段实际上也多少暗示了两个人性格、思想、行事作风上的矛盾冲突，为下文鸿门宴上两个人直接而明显的冲突作了铺垫。

教师还可以引导学生比较两句话的表达效果。一句是范增说的，"今入关，财物无所取，妇女无所幸，此其志不在小"；另一句是后文刘邦对项伯说的，"吾入关，秋毫不敢有所近，籍吏民，封府库，而待将军"。同样一件事情，范增用词是"财物"，泛指钱财物资，金银财宝；刘邦用词是"秋毫"，超前缩小，一丝一毫，意谓自己就连一星半点、一鳞半爪的财物都不敢拿，都无心去占有，情意诚恳，态度殷切。范增用词"无所取"，刘邦用词"不敢有所近"，前者指一无所取，一无所据，不贪不取，严格律己，将以有为；后者言说后退一大步，不但"无所取"，就是心里想都害怕、惶恐、紧张，连接近都不敢，足见刘邦的恭敬、谨慎、胆怯。当然，这是虚情假意，一派胡言。但是这样的话，项伯识别不了，项羽更识别不了其间心机。

入关的目的，两个人的说法也不同。范增说刘邦入关是志不在小，野心很大，比较直接、鲜明，目的是要告诉项羽，此人不能留下，必欲除之而后快。刘邦说的是"而待将军"，假心假意，投人所好，掩饰野心，蒙骗项伯。而对这一句"而待将军"，也可以引导学生体会其中"而"字的作用和效果。原句是："吾入关，秋毫不敢有所近，籍吏民，封府库，而待将军。""而"字是连词，连接前面的四个分句与后面的一个分句，加强前后分句之间的联系。从结构上看，可以起到放慢节奏、舒缓语气的作用。朗读的时候，"而"字要重音突出，予以强调，既显得缓慢又刻意强调，强调的内容当然是后一个分句。从逻辑上看，前面三个分句与后面一个分句之间具有目的关系，也就是说，"我"进入函谷关以来，不敢沾染一丝一毫财物，给官员百姓造册登记，统一管理，将官府仓库封存严实，这样做的目的就是为了等待将军您的到来。全句意思的重心在最后一个分句，用"而"字连接，暗含"我"苦心等待，诚心等待，盼星星，盼月亮，就是为了盼望将军您的早日到来这层意思，显然，感情意味比较强烈。可以比较，去掉"而"字，无损文意的表达，但是却少了丰富而强烈的意味。

学习文章第二自然段。该段写项伯夜访张良，张良出谋划策，是故事情节的发展阶段，矛盾冲突因为项伯的出场而变得相对缓和，主要人物是刘邦。描写项王的文字很少，但是也可看出项王性格的某一个侧面，可以和刘邦作一比较。教师可引导学生研讨三个问题：（1）找出刘邦的四次提问，思考各是在怎样的情境之下提问的，表现出刘邦彼时彼刻怎样的心理与性格？（2）品味刘邦托项伯转达给项王的一段话，说说刘邦的性格特征。（3）该段直接描写项王的文字只有一句"项王许诺",可以看出人物怎样的性格心理?

组织师生研讨:

(1)本段描写刘邦提问、请教谋士张良一共四次,分别是"为之奈何""且为之奈何""君安与项伯有故""孰与君少长"。第一次是在"良乃入,具告沛公""沛公大惊"的情况下发问的。换言之,张良连夜将项伯的话转告沛公,可能包含三个方面的意思:一是项王已经大怒,决定旦日发兵击破沛公军;二是范增进言项王,火上浇油,说沛公"欲王关中",赶快出兵,勿失良机;三是项伯连夜私见张良,目的是想在危急之时救张良一命。前面两个意思让沛公大为震惊,措手不及,一时紧张、焦急、担忧、困惑、无奈,因此他急于想知道如何破解危局,"为之奈何",语速较快,情意急切,透露出沛公内心的惶恐不安、心急如焚。当然,第三个意思又让沛公意识到项伯其人知恩图报,重情重义,似乎可以利用。但是,这一认识并不能够缓解沛公心头的焦虑与紧迫。

第二个问题是在张良让他估计一下兵力是否可以抵挡项王的兵力的情况下提出的,较之第一次提问,更进一步,所以加了一个"且"(将)字,"且为之奈何",沛公知道自己的力量与项羽的力量相比,悬殊巨大,不堪一击,必败无疑;也知道听取诹生建议,派兵据守函谷关,不是正确的防备之策。但是,他还是想不出有效御敌之策。"沛公默然",暗示他在思考、研判、自省,想寻找方法解决问题,不像第一次提问时那么慌乱仓促,多了一点反省与思考、沉稳与冷静。

第三个问题是在张良提出建议请刘邦允许自己前往会见项伯,申说沛公不敢背叛项王的情况之下提出来的。"君安与项伯有故",表明刘邦在思考两个小问题,一是想了解张良与项伯有什么旧交情,关系如何;二是考虑是否可以利用这层关系来化解危难。

第四次提问是在张良告知沛公自己与项伯的关系之后。"孰与君少长",刘邦已经知道项伯这个人可以利用,似乎也对如何利用项伯心中有数,准备接见项伯。当然,接见之前,还须问项伯与张良谁年长一些,谁年少一些,以便好打交道。一旦得知项伯长于张良，他就立马拿出自己的主意，"君为我呼入，吾得兄事之"。

刘邦的四次提问，情况各不相同，表明此人一是谦恭下问，虚怀若谷，从谏如流，度量阔大，能够容纳不同意见；二是头脑冷静，思虑周密，多谋善断，老谋深算，处事谨慎，和项王的热血冲动、头脑简单、性情率直形成鲜明的对比。当然，需要说明一点，刘邦的四次提问都是在谋士张良的循循善诱之下展开的，他处于被动思考、回答的境地，张良则是主动提问，将问题引向深入。君臣问答，默契配合，关系融洽，上下一心，确保了"鸿门宴"外交斗争的最后胜利。

（2）刘邦接见项伯，拉拢项伯，奉酒祝寿，约为婚姻，说了一番话，最能看出他的老奸巨猾，心怀鬼胎。"吾入关，秋毫不敢有所近，籍吏民，封府库，而待将军。所以遣将守关者，备他盗之出入与非常也。日夜望将军至，岂敢反乎！愿伯具言臣之不敢倍德也。"一共说了四层意思。第一层意思是，自己约法三章、接管关中的目的不是想称王称霸，而是想等待将军您的到来；第二层意思是，自己调兵遣将把守函谷关，不是防备将军，而是防备其他盗贼入侵和突发事件；第三层意思是，自己朝思暮想，盼望将军到来，不敢、不存半点儿反叛之心；第四层意思是，要拜托项伯到项王面前转告自己的诚挚心意。四层意思，字字是情，句句在理，听起来是甜言蜜语，项伯喜欢听，项王喜欢听，我们也喜欢听，因为听起来顺耳顺心。但是，恭敬、虔诚之下，殷勤、恳切之外，全是谎言、伪善、虚假、骗人的鬼话和阴谋诡计。遗憾在于，项伯竟然听不出来，项伯将这一番假情假意、寡廉鲜耻的话转告给项王时，项王竟然毫无怀疑之心，完全认同，足见两个人都是愚不可及。四层意思，一派谎言，说明刘邦能言会道，诡计多端，老奸巨猾，多谋善断，城府很深。

（3）这段文字写项王的只有两个情节，一个是项伯连夜回到项王军中，禀报沛公对项王说的一番话。按理说，这应该引起项王的怀疑与警惕，你怎么深更半夜向"我"报告这些话，你是从哪儿来的，为何要到刘邦的军营去，其间到底发生了什么事情，你是不是出卖了我军情报，等等问题理应引起项王的怀疑。可是，我们看到，司马迁对此不写一个字，惜墨如金，全是留白。什么意思？是在暗示我们，项王麻痹大意，毫不怀疑，他自己不搞阴谋诡计，也不相信别人会玩阴谋诡计，相信自己的能力足以对付一切花招。他想得简单，不会像刘邦那样接二连三地追问"为之奈何"，没有深思细想的习惯。他的这种习惯与性格，注定了他的终极悲剧命运。

另外一个情节是项伯站在刘邦的立场上，帮助刘邦说话，也说得貌似有理有义："沛公不先破关中，公岂敢入乎？今人有大功而击之，不义也。不如因善遇之。"项伯说了三层意思：一是沛公先破关中，为您入关扫清障碍；二是沛公劳苦功高，击之不义；三是建议趁机好好礼遇沛公。表面看来，非常在理，名正言顺，名副其实，和刘邦的话一脉相承，可是项羽听不懂，听不出言外之意，听不出话语背后的险恶用心。他的反应是"许诺"两个字。没有思考，没有追问，没有讨论，没有质疑，没有犹豫，一切都没有，就是一个果决的应答，同意了项伯的意见，就等于认同了刘邦的假言假语，可见他的头脑简单。当然，从另外一个方面看，这又未尝不是他性格中可爱可敬的一面。他心思简单，所以看社会也很简单；不怀疑别人会耍他，所以也不喜欢耍别人。明人不做暗事，为人处世心怀坦荡，光明磊落，这是他的宝贵品格。这一品质用来对付老谋深算的刘邦，当然不堪一击。

关于这段文字，学生提出的一个问题值得思考："鲰生说我曰：'距关，毋内诸侯，秦地可尽王也。'故听之。"这是张良问沛公"谁为大王为此计者"时沛公的回答，是否真实可靠？为什么？说说你们的理解。课堂上有两种意见。一种认为刘邦在撒谎，欺骗张良，也欺骗自己，自欺欺人，理屈词穷。本来据守函谷关，拒绝诸侯入内，想称霸关中，这是刘邦的野心，现在他不好意思当面向张良承认，所以推脱到鲰生头上。张良的问话中实际上含有否定、批评的意味，刘邦不敢接受，不敢承认是自己的责任，所以撒谎，推脱责任，栽赃鲰生。另一种意见认为，这句话是事实，刘邦的确在情况紧急之时听信了一个浅陋无知的小人的意见，这是权宜之计，也是愚蠢之计，但是没有办法，一个人在情况紧急之时作出愚蠢的决策也是正常的。至于鲰生是谁，史书上有何介绍，流传至今还有他的哪些资料，也就不得而知了。

正如《荆轲刺秦王》中写到的荆轲要等待的远方的那个高人到底是谁，我们一无所知，而且找不到任何线索去推测他的行踪去向和能力本领。《鸿门宴》当中安排这样一个人物，这样一句话语，给读者以多种悬想与理解，实际上也增强了作品的趣味性与吸引力。这是用文学的笔调来写历史惯用的技巧。

学习文章第三自然段，项庄舞剑，意在沛公，这是故事情节的进一步发展，矛盾冲突形成一个阶段性高潮。教师可引导学生研讨三个问题：（1）对比品味刘邦与项羽的语言，说说两人思想性格方面的不同之处。（2）如何理解鸿门宴上的座次安排，由此反映出怎样的人物性格、心理？（3）鸿门宴上，范增一再出招想置沛公于死地，项羽是如何反应的，由此看出二人怎样的君臣关系？

师生研讨，自由发言。关于问题（1），刘邦向项王赔礼道歉，说了一番话："臣与将军戮力而攻秦，将军战河北，臣战河南，然不自意能先入关破秦，得复见将军于此。今者有小人之言，令将军与臣有郤。"注意理解关键词语传达的特定情意。刘邦称自己为"臣"，称项王为"将军"，贬低自己，抬高项王，表达臣服对方、无比恭敬之意。本来刘邦、项羽同属诸侯，皆为反秦将领，地位平等，但是刘邦要刻意迎合、吹嘘、麻醉项羽。"戮力攻秦"暗示两人同心协力，联合行动，心往一处想，力往一处使，对付共同的敌人——秦军，可谓"同心同德，同仇敌忾"。言外之意是，我们之间没有什么矛盾，也不应该有什么矛盾，是同舟共济一条心。"将军战河北，臣战河南"暗示两人出生入死，浴血奋战，共同对付强秦，是目标一致的战友，有鲜血凝成的感情，不能也不会自相残杀，消耗力量。前面说的一大通是感情造势，为后面的文句作铺垫；后面用"然"字一转，才说出语意重点。"不自意"是说自己没有料想到能够先入关破秦，言外之意是，按照实力和威望，将军您的大队人马理当先入关破秦，但是您忙于在主战场同秦军主力战斗，可能顾及不过来这边，这不是您的迟缓，而是您的英明伟大之处。此话一出，自然会博得项王好感。"得复见将军于此"，不可忽略这个"得"字，是能够、可以的意思，暗示自己要见到将军不是一件容易的事情，不是说想见就可以轻易见到的，也不是说谁想见就可以见的，自己能够在这里见到将军是幸运的，是因为有福分。

最后，刘邦特别补充一句"今者有小人之言，令将军与臣有郤"，进一步消除项王可能存在的对他的嫌疑和猜忌。意思是说，我们两人之间的矛盾是小人挑起的，不是我刘邦挑起的，将责任和过错推得一干二净；而且，请注意"小人"这个词语，轻轻带过，并未说出"小人"的名字，当然，他也可能不知道到底是谁泄的密。这就表明刘邦心思细密，思虑谨慎，不轻易透露秘密。但是，项羽不一样，他说"此左司马曹无伤言之"，脱口而出，轻易暴露对他来讲非常重要的人物的名字。同样一件事情，刘邦、项羽说出来的口吻、声情完全不一样。刘邦机智、谨慎，思虑周密；项羽直率、坦荡，毫无心机。再看一个词语"小郤"，本指小小的缝隙，引申为小小的矛盾冲突。刘邦对项羽说，我们之间产生了一点小小的误会，小小的矛盾，完全是小人挑起的，不是我们两个引起。实际上，刘邦与项羽争夺关中，欲王天下，是两虎相斗必有一伤，有我无你，有你无我，水火不容，矛盾巨大，冲突激烈，岂是一个"小郤"所能掩饰的？刘邦故意这样说，化大为小，举重若轻，虚情假意，讨好项羽，麻痹项羽，进而求得项羽的谅解。刘邦一番道歉之语，表面上诚心诚意，甜言蜜语，实际上一派谎言，别有用心，足见此人狡诈多端，城府很深。

关于问题（2），文中这样写道："项王、项伯东向坐；亚父南向坐，——亚父者，范增也；沛公北向坐；张良东向侍。"后来，刘邦的武士樊哙闯帐是"披帷西向立"。按照古代坐席的礼仪规矩，君臣之间，帝王面南，臣下面北；宾主之间，宾面东，主面西；长幼之间，长者东向，幼者西向。宾主之间的宴席，东向最尊，次为南向，再次为北向，西向为侍人的座位。鸿门宴上，刘邦一行是宾客，刘邦与项羽平级，同属反秦诸侯；项羽一行是主，理当主人敬重宾客，让宾客坐尊位，可是座位安排恰恰相反。项羽坐尊位，东向坐；项伯是他的叔父，并排东向坐。范增是亚父、军师，坐次尊位，南向坐；刘邦是客人，坐次位，北向坐；张良是客人的军师、随从，西向陪坐。樊哙闯帐，西向站立，没有资格入座。如此座位安排，反映出项王唯我独尊，自高自大，目空一切，根本不把刘邦一行放在眼里。当然，支撑他如此安排座位的是强大的实力。谁坐头把交椅，由实力和战绩说了算。项伯是项羽的叔父，范增是亚父兼军师，理应受到敬重，与项羽并排东向坐，但是却被安排南向坐，这表明项羽任人唯亲，与范增关系微妙，多少有些不和与矛盾。刘邦北向坐，被歧视，被怠慢，但是实力不够强大，也只能顾全大局，忍气吞声。鸿门宴座次的安排，反映了双方实力的悬殊与地位的尊卑，透露出人物的思想性格。

关于问题（3），宴会进行到一定时候，范增两次设计谋害刘邦，但是均因项王的默然不配合而错过时机，留下遗憾。先是举所佩玉玦再三示意，项王默然不应。注意三个细节：一是举起"玉玦"，谐音"玉决"，"决"是决断、决策，与之断绝关系，暗示项王下令动手，除掉刘邦；二是"三"，表示虚数，多次，意思是说范增多次暗示项王，项王迟迟不下令；三是项王"默然不应"，"默然"表示思考、静默，不作表态，不露出特别的表情，而"不应"表示不应答，不应允，不同意。这四个字揭示了项王对范增的不满与不理。为何如此？先有项伯半夜进言，替沛公说话，言沛公破关攻秦，劳苦功高，击之不义，建议"因善遇之"，项王认可；后又沛公当面致歉项王，花言巧语，假情假意，打动项王，消除两人之间的猜疑与隔阂。再加上项羽为人处世光明磊落、直率坦荡的性格因素，都促使项王举棋不定，迟疑不决，没有积极回应范增的暗示，让沛公得以躲过一劫。

一计不成，又生一计；一波未平，一波又起。范增出招项庄，授计项庄，告知项庄拔剑起舞，刺杀沛公。项庄依计而行，项王只是简简单单的一个"诺"字。他也许认为项庄所言有理，军中宴饮，舞剑助兴，娱人娱己，自古皆然，对此不会怀疑什么。他不能识别范增的秘计，也看不出项伯亦拔剑起舞的意图所在，只是觉得，一人舞剑还不够热闹，两人对舞更见精彩，更添酒兴。项王的简单就在这里，可悲也在这里。

整个宴会之上，刀光剑影，杀气腾腾，觥筹交错，口蜜腹剑，只有项王没意识到，其他人都感受到了危机爆发的紧张与危险。项王的不忍之心、天真简单、云里雾里、舒心满意全在寥寥数语之中。相对而言，范增的老谋深算，刘邦的险象环生，张良的见机行事，项庄的醉翁之意，项伯的伪装糊弄，全都反衬出项王的简单性格。

品读词句悟情思

——《赤壁赋》教学漫谈

教学《赤壁赋》第二自然段，可以从两个角度切入：一是朗读、体会文中悲、乐的情感；二是品读关键词句，体会深层含义，把握艺术特色。指导诵读，需要把握该节情感基调。本节分为两个层次，苏子歌唱为第一层，感情基调是乐中含愁，乐主悲辅；客人吹箫为第二层，感情基调是悲声大作，悲悲切切。还要注意，苏子歌中的四个"兮"字情感不同，前面两个"兮"字包含轻快、愉悦的意味，后面两个"兮"字暗含离愁苦忧的意味。客人吹箫一节四字句较多，要读出声音复杂多变的情感和悲惨凄切的味道。

品读关键词句，第一层可以抓住"于是""美人""渺渺兮予怀"三处。"于是"有两种理解：一种是一个词，表承接关系，表示两件事情先后相继发生，相当于现代汉语的"于是"；另一种是两个词，相当于"在这个时候"或者"与此同时"，表示伴随状态。教师可以提醒同学结合上下文语境来理解"于是饮酒乐甚"中的"于是"属于哪一种用法？为什么？显然，属于后一种，这里不是强调两件事情先后发生，不是说先泛舟江面、临风赏月，对酒当歌，然后才想到扣舷而歌，快慰人心，而是说沉醉风月，流连诗酒，不知不觉间手舞足蹈，吟咏歌唱，许多行为相伴发生，密切牵连。因此，"于是"理解为"与此同时"或"在这个时刻"比较切合语境与人物的情意。

"美人"虚实兼备，字面意思指美丽的女子，深层意思比喻作者向往的美好理想。这可以引导学生从三个角度去理解。一是紧扣语境。第一段已经出现了"歌窈窕之章"一句，此句来自《诗经》，指美丽女子，苏子此处引用暗喻美好的理想。后文出现的"美人"当然与前文保持含义上的一致性，全文也不是抒发作者对某位女子的思慕之情，从文章和作者的创作背景中是找不到依据的。二是紧扣背景。本文写于"乌台诗案"之后，苏轼被贬黄州，担任团练副史，畅游赤壁，有感而发。当然，此次贬谪，可谓其人生巨大打击，宣告苏轼美好的政治理想无法实现。但是，他又心有不甘，念念不忘，愤愤不平，所以通过思慕美人而不得来表达自己理想落空的郁闷与痛苦、思慕与忧愁。三是从诗词传统来看。《诗经》伊始，楚辞继后，香花、美草、美人被赋予了美好的象征意义，或者比喻美好的道德情操，或者比喻明君贤臣，或者比喻美好的政治理想，或者比喻美好的君子人格。《赤壁赋》中第一、二两段中出现的美人，其实都是比喻苏轼美好的政治理想或者贤明的君王。

　　分析"渺渺兮予怀"这个句子，可先讲清楚表达形式上的特点，再指导学生朗读。就表达而言，这是一个主谓倒装句，突出谓语"渺渺"（深沉悠远），还原为现代汉语的表达则是"余怀渺渺"，平易平缓，波澜不惊，感情淡薄。"渺渺"是叠音词，不管是声音还是情意上均给人以绵绵不断、悠远悠长之感。加上一个"兮"字，自然增加了感叹与抒情的意味。整体来看，这个句子传达了一种思慕美人而不能相聚的忧愁与哀怨。这种意味要通过倒装、叠音、感叹等方式体现出来。就朗读而言，要注意：加重"渺渺"二字的语气，拖长音调；"兮"字响亮，感叹深长；"余怀"低沉，悠悠不尽。将改句置于全诗之中，整体朗诵，读出或乐或悲、乐重悲轻的意味。可以请两三位同学朗诵，仔细体会其中的情味，尤其是苏轼的"悲"在于理想的疏远与落空，欢乐的短暂与浮浅，这种悲乐交织的意味要体现出来并不容易。

　　品读第二层关键词句，可抓住"如怨如慕，如泣如诉"与"舞幽壑之潜蛟，泣孤舟之嫠妇"两个句子。本段前面四个比喻句，生动表现出客人洞箫之声的细腻、丰富与变化，既是声音的魅力，更是情感的折射，属于直接、正面地描写音乐。同时也说明，客人听懂了前面苏子的歌唱，体会到了其中蕴含的悲愁，所以洞箫之声是"倚歌而和"，悲声大作。

"舞幽壑之潜蛟"一句，极尽想象、夸张，多角度描写蛟龙听闻洞箫之后的感受，以此突出箫声的悲凄。可以从以下几处着手分析，一是"潜蛟"，潜藏深水的蛟龙，注意不是游弋浅水的蛟龙，相对而言，潜藏深水，更难感受水面声音的刺激与情感的冲击，现在蛟龙竟然听见了、舞动了。二是"幽壑"，幽深的山谷，代指深渊、深潭，在"潜"的基础之上继续加深程度，凸显蛟龙所居位置的幽深难测，从侧面突出箫声的穿透力与情感的冲击力。三是"舞"字，舞动起来，说明蛟龙大受刺激，仓促舞动，不是"翩翩起舞"、自由轻快，而是惊慌失措、惊魂失魄，由此可见箫声何等悲凄，何等悲惨。唐代诗人李贺在诗歌《李凭箜篌引》中描写箜篌之音时也写到了蛟龙："梦入神山教神妪，老鱼跳波瘦蛟舞。"生活在水里的老鱼与瘦蛟原本衰弱无力，游动艰难，现在听到传入水中的箜篌之声，竟然跳动、舞蹈，足以见得李凭的箜篌之声具有何等强烈的感染力与冲击力。此处也是侧面虚写。

"泣孤舟之嫠妇"一句，也是想象、夸张与虚构，侧面烘托箫声的悲凉、凄惨，是多角度描写。"嫠妇"说明女子失去爱侣，失去依靠，孤苦伶仃，无依无靠，可怜兮兮，愁惨至极。换作"少年"或"鳏夫"，虽然也惨，但是比不上"嫠妇"那么悲切、凄惨。"舟"字交代女子的所在，不是衣食无忧、亲人陪伴的家里，而是与水沉浮、漂泊无依的船上，一个"舟"字暗示了女子漂泊流离、孤独无依的处境。"孤"字更是加重了女子的可怜处境，没有朋友陪伴，没有亲人同行，没有同行相聚，一个人，一叶舟，飘荡在宽阔而空荡的江面上，何等冷清，何等孤寂。正如白居易的《琵琶行》所写，"商人重利轻别离，前月浮梁买茶去。去来江口守空船，绕船月明江水寒"。"泣"字，有形有态，有声有情，凸显女子黯然神伤、潸然泪下的情态，层层叠加不幸，层层烘托悲情，巧妙地表现出箫声的悲凄与哀怨。两个句子，多方渲染，突出箫声的悲凄与寒心。如此描写，表明苏轼具有极强的音乐感受力和丰富的想象力。

教学文章第三自然段，可以引导学生研读文本，理解客人箫声悲切的原因，其中几个问题的设计和挖掘比较有趣味、有新意。

句子"何为其然也"，是倒装句，宾语前置，还原为现代汉语的顺序是"为何其然也"，比较一下两种句式表达效果的不同。可以看出，现代汉语的表达比较平淡，仅仅是一般疑问语气。古代汉语的表达突出宾语"何"，突出苏子质疑不解的状态，同时也引发读者一道思考客人的洞箫之声到底为什么这样悲切。句子结尾"也"字起什么作用，去掉如何？"也"字是句末语气词，表示疑问语气，类似于"耶"字，不可以去掉。去掉以后，弱化了疑问语气，也使得全句表达不顺畅、不完整，语气不流利、不酣畅。可以朗读"何为其然也"与"何为其然"，比较两种表达在语气和情意上的差别。

句子"'月明星稀，乌鹊南飞'，此非曹孟德之诗乎？"引用了曹操诗歌《短歌行》中的句子。为何要引用这两句，改为其他句子，比如"譬如朝露，去日苦多"，或者"何以解忧，唯有杜康"，可以吗？为什么？不可以，这两句诗与当时苏子和客人泛舟赤壁所见到的景色非常吻合。一个"月"字关联全篇，开头是"诵明月之诗，歌窈窕之章"，然后是"月出于东山之上，徘徊于斗牛之间"，再就是"白露横江，水光接天"，最后是"纵一苇之所如，凌万顷之茫然"，月光朗照，天地空明，万物生辉。文章第二自然段也写到了月光，"桂棹兮兰桨，击空明兮溯流光"，月映清波，水天一色，泛舟江面，扣舷而歌；文章第三自然段结尾写道："挟飞仙以遨游，抱明月而长终"，携手神仙，遨游太空，怀抱明月，万世不灭；文章第四自然段更是由眼前的江水与明月出发，引出一通人生感慨。全文来看，"月"几乎成了一条行文的线索，串联文段内容。所以，第三自然段客人由夜游赤壁，举目望明月，自然而然想起指挥赤壁之战的曹操，想起曹操的旷世杰作《短歌行》，当然要引用与"月"有关的诗句。另外，这两句诗描述的是天下英才东奔西跑、无所依傍的情境，间接表达曹操的焦急、思虑以及对人才的渴慕，对远大抱负的追求。这里也体现了曹操的政治抱负，是一世之雄的表现。"譬如朝露，去日苦多"更多的是感慨时光易逝，人生苦短，难以看出曹操的政治抱负。

"固一世之雄也，而今安在哉"，对这个句子的品读可从两个方面进行，一是字词品味，二是朗读体会。先说字词。两个分句之间是转折关系，前一个分句承认曹操是一世英雄，抬高他，仰望他；后一个分句则是强调英雄成空，风光不再，气势不存，一切消逝得无影无踪。前面的扬起是为了后面的压抑，欲抑先扬，引人深思。"固"是本来、当然的意思，表示承认某一个事实，而且这个事实是理所当然、众人皆知的。这个"固"字蕴含强烈的肯定语气，可以比较去掉"固"和加上"固"句子的表达语气大有不同。结尾"也"字表示句末停顿，又可以起到舒缓语气的作用。这一停顿是为了提示、引出并强调后面的反问。"一世之雄"四字结构，语气连贯，突出一个"雄"字，换作"一世英雄"则是平常表达，不足以突出"雄"字。后面一个分句中"而"字管全句，表转折，表强调，同时也舒缓语气，说明整个复句表意重点在后面一个反问句上。句末语气词"哉"表示反问语气，与"安"构成凝固结构。"安在"是宾语前置，突出"安"（哪里），暗示这样叱咤风云、不可一世的英雄豪杰如今不见，遍地无踪。要是表述成"在安"则是一般疑问，不能强调"安"字。诵读时，重音在"固""雄""安""哉"，"也"字要读出舒缓语气，"而"字要读出强调语气，"哉"字则读出反问语气，"固""而"后稍微停顿。前一个分句语调要上扬，后一个分句语调要下压。

"一叶之扁舟"，比喻船小如叶，轻盈飘逸，同时突出乘舟之人轻松愉快的心情。前文表达同样意思，使用的词句是"纵一苇之所如"。"一苇"与"一叶"的表达意味或效果有何区别？一是含义不同，"一叶"的意义比"一苇"要宽泛、丰富，"一苇"比较具体；二是来历不同，"一苇"源自《诗经·卫风·河广》中的"谁谓河广，一苇杭（航）之"，古老悠远，听起来显得有历史、有文化，"一叶"则是平常表达，一如荷花，虽有其他名称，如芙蓉、莲花、芙蕖、菡萏等，其中"菡萏"来自《诗经》《楚辞》，自然带着一种远古的高贵与典雅、神圣与美好。

"挟飞仙以遨游，抱明月而长终"，该句与前文"浩浩乎如冯虚御风，而不知其所止；飘飘乎如遗世独立，羽化而登仙"一句呼应，表达两层意思，一是对超然独立、自由自在的理想境界的向往；二是流露出因为现实碰壁而求仙访道、逍遥遗世的隐逸思想。同时，神仙可以长生不老，万世不灭，明月可以万古长存，不增不减，而人生则短如蜉蝣，渺如粟米，局限时空，不得自由，因而这两个句子也流露出作者对神仙、对自然的羡慕与向往。后面的句子"知不可乎骤得"暗示这种理想不可突然实现，也就是说，前面的理想与现实产生了矛盾，理想不可以实现，所以客人要在悲凉的秋风中吹奏洞箫，传达失望、悲凄之情。"挟飞仙以遨游，抱明月而长终。知不可乎骤得，托遗响于悲风"，实际上是一个因果关系的句子，因为"知（挟飞仙以遨游，抱明月而长终）不可乎骤得，（故）托遗响于悲风"，文中"长终"后面的句号要改为逗号。

学习文章第四自然段，要注意对几个关键句子的理解。"自其不变者而观之，则物与我皆无尽也，又何羡乎"，说世间万物无穷无尽好理解，说"我（人类）"无穷无尽如何理解？可以从两个角度来看，一是从个体与群体来看，个体生命当然是有生有死，时限有尽，但是群体生命却可以代代繁衍生息、传承，无穷无尽，正如《愚公移山》所言"子又生孙，孙又生子，子又有子，子又有孙；子子孙孙无穷匮也"，唐代诗人张若虚的《春江花月夜》亦云"人生代代无穷已，江月年年只相似"，唐代诗人刘希夷也有诗句"年年岁岁花相似，岁岁年年人不同"，这些诗文均表达了人类不断繁衍、无穷无尽地传承的特点。二是从苏轼的思想来看，他不仅受到儒、道、佛三家思想的影响，还受到庄子思想的影响，庄子的生死观必然影响到苏轼对生命的看法。庄子认为，生死同一，气聚则生，气散则尽，一气贯之，永存天地。既然生命可以和世间万物一样循环往复，无穷无尽，那就没有必要羡慕明月长终，江水永恒，不要自寻烦恼、哀叹连连了。苏轼借如此通达、洒脱的认识，将自己从有限而苦恼的人生之中解脱出来。

"且夫天地之间，物各有主，苟非吾之所有，虽一毫而莫取"，这个句子强调天地万物，各有归宿，不能越界，不能非分，取舍有道，安于秩序。从自然而言，万物有别，各有所长，各有千秋，春花不羡慕冬雪的飘逸，冬梅不羡慕夏荷的灿烂，秋阳不羡慕春日的温暖，夏竹不羡慕春花的芬芳。有诗为证，"梅须逊雪三分白，雪却输梅一段香"，各有所长，各有所短。从人生实际看，君子爱财，取之有道。不少贪官利欲熏心，铤而走险，不择手段，中饱私囊，最后东窗事发，锒铛入狱，这是反面的教训。苏子此话其实也是启迪人生。从苏轼的创作背景来看，他贬官降职，流放黄冈，看透了官场，淡漠了功名，疏远了纷争，名利功名、权位官位统统不是"我"的，不贪不恋，避而远之，自有一份超脱、豁达、淡定的情怀充溢其间。

此句从"没有"落笔，下一句则从"有"着眼，阐明我们应该持有的人生态度。"惟江上之清风，与山间之明月，耳得之而为声，目遇之而成色，取之无禁，用之不竭，是造物者之无尽藏也，而吾与子之所共适。"对于这个句子，要从表达形式与思想内容上来理解。从形式上看，本来句子应该是"江上之清风"之后接"耳得之而为声"，"山间之明月"之后接"目遇之而成色"，可是文章却作了调整，目的是保持语句表达的整齐对称，也是为了朗诵的和谐顺耳。从全句而言，八组对句，形式工整，表达匀称，极富声韵美和形式美。从内容上看，苏子认为张耳可闻徐徐清风，这是世间最美音乐；开眼可见皓皓朗月，这是世间最美色彩；清风朗月，自然宝藏，取之不尽，用之不竭，任我享受，任我逍遥，何等自由，何等超脱。这是真我的风采，高雅的情趣，也是旷达的情怀。相对人世间那些"非我所有"的东西，如功名权位、荣华富贵、人事纷争、世俗短长，这些山风江月才是我们所应该拥有的。"挟飞仙以遨游，抱明月而长终"，虽然不能得道成仙，不能飘飘飞举，但是纵情自然，逍遥山水，享受风月，也是大快人心的。如此想来，人生诸多烦恼与挫折又算得了什么呢？比如，仕途坎坷，人生短暂，生命渺小，功业无成，统统不要理会，更不要沉浸其中，怨天尤人；而要寄情山水，放空尘念，自由自在，无拘无束，从现实的困惑之中解脱出来，享受心灵的自由。苏轼通过遨游、感悟山水获得心灵的突围，也通过明月之思获得人生的突围。这种生活智慧与人生态度，值得每一个人学习。

注意一个词语"取之无禁"，不是"取之无尽"，二者意义有所不同，前者侧重"无禁"，你尽管选取、享用，需要多少取用多少，何时需要何时取用，没有人来阻止，更没有什么力量来牵制，你是自由的；后者侧重"无尽"，取用不完，大自然这个天然富矿蕴含的资源实在是太丰富、太神奇了，无穷无尽。相比而言，没有突出人为的干扰与阻拦。所以，苏轼使用"取无不禁"，除了承认大自然无比丰富、享用不尽之外，更突出作者投身自然的自由自在。

还要注意一个对句"是造物者之无尽藏也，而吾与子之所共适"，去掉主语"是"和虚词"而""也"，前后字数相等，节奏一致，形式整齐，声韵和谐。可是，这些虚词辅助表达特殊语气，不可以去掉。"也"字表示停顿和判断，起到舒缓语气、提示下文的作用。"而"字是连词，连接前后两个分句，表示并列关系。两个分句的主语均是"是（这）"，后一个分句的主语承接前句而省略。两个分句的顺序是否可以颠倒呢？不可以，理由有二：一是前一个分句承接前文内容，是对前文内容的一个总结，"是"是"这"的意思，说明"这"所指代的内容出现在前文；二是后一个分句中的"而"字，既是舒缓语气，又是表示语意重点，也就是说，后面一个分句才是作者特别需要强调给客人听的。你不是悲叹人生短暂吗？你不是羡慕自然永恒吗？你不是感叹人生渺小吗？你看，风月无边，自然丰富，是我们共同拥有的宝藏，我们可以和万物一样无穷无尽，应该尽情尽兴享用无穷无尽的清风明月。果然，客人一听，心里释然，"客喜而笑"，摆脱了心理重负，走出了人生低谷。

"逝者如斯，而未尝往也；盈虚者如彼，而卒莫消长也"，是此段中关于水月变化的句子，主要意思是：江月变化不居，瞬息万变，但是不增不减，不消不长，江水还是那条江水，月亮还是那个月亮，本质未变，万古永恒。正如西哲所言，人不能两次踏进同一条河流；又如东哲所言，世界上没有两片完全相同的树叶。河流也好，树叶也罢，变化和差异是随时存在的，但是河流永远是河流，树叶永远是树叶，本质不变，万古同一。这句话实际上蕴含了苏子看世界、看万物的辩证观，体现了变与不变的辩证统一的哲学思想。

切"题"顺"路"析主旨

——《游褒禅山记》教学漫谈

　　教学王安石的《游褒禅山记》前，李南同学作了课前演讲，花了六七分钟的时间给同学们介绍抑郁症的表现以及抑郁症的防治办法，呼吁同学们要有爱心，常怀善意，尊敬、关心、理解身边的每一个朋友、同学，让他们感受到集体的温暖。我接过话题说，谢谢李南同学关于抑郁症话题的演讲，的确每个人的生活都不可能十全十美、一帆风顺，更多的时候充满挫折、失败，我们要坚强、乐观，不要久久沉浸在忧郁、悲观之中，无法自拔。我们前面学习了一些课文，《兰亭集序》的作者王羲之没有抑郁症，他的人生态度比较积极乐观，主张经世致用，有所作为；《赤壁赋》的作者苏轼没有抑郁症，他面临人生巨大打击，仕途陷入困境，也没有一蹶不振、自暴自弃，而是徜徉山水，寄情自然，超脱现实，以积极乐观、豁达潇洒的态度来面对人生的磨难。与苏轼同时代的另一位文学家，性格更是刚毅倔强，也没有抑郁症，求真务实，格物致知，探究务理，实事求是，他就是大名鼎鼎的政治家、思想家和文学家王安石。本课时我们来学习他的散文《游褒禅山记》。全班响起了热烈的掌声。

　　学习课文的第二个环节是紧扣文本，解读文题。我提出问题：课文的标题是"游褒禅山记"，它告诉了我们哪些信息？学生了解到，文章的体裁是"游记"，我进而引导学生回忆初中学过那些"记"文。比如《岳阳楼记》

《小石潭记》《桃花源记》《核舟记》《醉翁亭记》等，这些文章的重点都不是写景状物、搜奇览胜，也不是追索历史、了解名胜，而是通过记游，表达人生感悟，寄寓情思意韵。《岳阳楼记》固然也描写了登楼远眺、天地壮观的景象，但是其重点在于表现范仲淹的忧乐观——"先天下之忧而忧，后天下之乐而乐"，表现范仲淹的人生态度——"不以物喜，不以己悲"；《小石潭记》重在抒写作者参与变法运动失败以后内心的凄凉冷落；《桃花源记》重在抒写作者的政治理想；《核舟记》重在赞扬民间匠人出神入化、高深莫测的智慧与技艺；《醉翁亭记》重在表现作者为官一方，造福于民、与民同乐的执政理念。那么，这篇《游褒禅山记》通过游览褒禅山，表达了作者怎样的感慨或是阐明了怎样的心得体会呢？

标题中一个"游"字固然交代了记游一事，但是谁游褒禅山，一共有几个人游褒禅山，何时游褒禅山，请从文本中找出相关句段来回答这个问题。学生可以很快找到一个句子"余与四人拥火以入"、一个文段（第五自然段），两处文句均说明此次游览共有五人。关于句子，要讲清楚一个"以"字，作连词，可以表承接，表示两件事情先后相随，接连发生；也可以表示修饰、伴随状态，强调五个人怎样进入山洞。这里显然是修饰关系。如果理解为承接，那就意味着作者特别强调先做什么，后做什么，即先准备火把，再进山洞，但作者并没有强调两件事的先后关系。关于最后一段，教师可提醒学生注意两个方面的文化常识。一是古人交代人名，有籍贯，有姓、名、字、号，有特别称呼（"父"通"甫"）；二是古代纪时可以使用皇帝的年号，也可以使用天干地支配对。以上两处句段分析表明，同游褒禅山的一共有五人。

第三个环节是梳理课文思路。师生探讨文章第五自然段是否可以去掉。按照表达方式，结合内容理解，很容易梳理出全文的结构思路。第一、二自然段记叙游山经过，第三、四自然段议论游山心得，第五自然段补叙游览的人员和时间。从结构思路来看，第五自然段并不影响全文的完整性，也不影响全文的说理达意，是可以去掉的。但是，作者为何要补叙这么一段，而且交代得比较庄重？有同学说，这是写作记游文章的惯例格式，需要交代；有人说，这是对同行者的尊重，不能漏掉；有人说这是呼应第二自然段"余与四人拥火以入"，前呼后应，结构完整；有的说是为了增加记游的真实性，写了何人何时何事，强调这次游览真真切切，清清楚楚，体现了王安石做事为文求真务实、一丝不苟的精神。比较起来，最后一种是最佳理解。教师可以抛出一个问题：文章第二自然段两次写到"怠而欲出者"，结尾一段并没有交代这个人的姓名，为何？如果交代清楚，是否可以？学生显然意识到不可以，因为那样写，不够尊重同游者，不够宽容他的不是。

教学的第四个环节是研习文章第一和第四自然段。关于第一段，围绕核心问题展开研讨。问题是：阅读文段，找出作者游览褒禅山的行踪和景点，并说说作者描写这些内容与一般游记有什么不同。可以先找出来几个关键的字词，重点提示一下，比如"舍""名""东""阳"，还有几个判断句。全段描述作者游山，景点依次是（褒禅）山、（慧空禅）院、（华山）洞、碑、文，写山着重说明山的别名和山的由来，即此山为何叫褒禅山；写院着重说明此院为何叫慧空禅院；写洞着重说明为何叫华阳洞，写碑着重介绍碑上面的文字；写文字着重辨认"花山"二字，细加思考，从而得出结论：人们弄错了褒禅山的名字与读音。由此可见，王安石游览褒禅山，不是欣赏奇丽壮美的风光，不是好奇生动曲折的传说故事，不是探访古老的民俗风情，而是考证山名、人名、院名、洞名和碑文，体现求真务实、一丝不苟的探索精神。如此记叙，为文章第四自然段的议论作铺垫。那么，第四自然段又是怎样议论的，或者说通过第一自然段的游山记叙，作者又产生了怎样的感悟？第四自然段"古书之不存"照应第一自然段"其文漫灭"，"后世之谬其传而莫能名者"照应第一自然段的最后一句话。作者由人们读错、写错"华山"的名字，以讹传讹，流传久远，得出一个结论："此所以学者不可以不深思而慎取之也"，换句话说就是，做学问要深入、细致地思考，谨慎地选取，不能够盲目从众、草率相信。这是一种严谨求实的做学问的态度。第一自然段的记叙内容与第二自然段相呼应。

教学的第五个环节是研习文章二、三自然段。可以分两步走，先梳理记叙部分的思路与内容，再找出记叙部分与议论部分一一对应的具体内容，理解游记记叙为议论服务的构思特点。文章第二自然段描写前洞与后洞。前洞略写，突出四个特点：空间平旷，景色平淡，道路易行，记游者众；后洞也有四个特点：空间深远，景色奇特，道路难行，记游者少。两相对比，为后文的议论张本。作者特别补叙出洞后懊恼、后悔的心情，意在表明自己盲目从众，意志松懈，从而导致"不得极夫游之乐"，从而为后文议论"志"的重要作铺垫。作者的"悔"意主要体现在两个方面：一是点出"怠而欲出者"所言所语，点明自己与大家"与之俱出"，所见极少，是为"悔"；二是强调"方是时，余之力足以入，火尚足以明"，本可以深入一步，却半路而返，从而错失观赏奇景的机会，这也是"悔"。两次"悔"意，其实均在指出"我"和大家的意志薄弱，决心不够，也就是不能做到"尽吾志"，从而导致失败。这从反面告诉我们，做学问也好，做事情也罢，均要尽心尽力尽志，才可能取得成功。

第三自然段的议论与第二自然段一一对应。"于是余有叹焉"是过渡句，承上启下。"于是"，对于这件事情，承上；"叹"，感叹，启下。第三自然段中的"夫夷以近，则游者众；险以远，则至者少。而世之奇伟、瑰怪、非常之观，常在于险远，而人之所罕至焉"，对应第二自然段中的"其下平旷，有泉侧出，而记游者甚众""入之愈深，其进愈难，而其见愈奇。……盖其又深，则其至又加少矣"。第三自然段中的"力足以至焉，于人为可讥，而在己为有悔；尽吾志也而不能至者，可以无悔矣，其孰能讥之乎？"对应第二自然段中的"方是时，余之力尚足以入，火尚足以明也。既其出，则或咎其欲出者，而余亦悔其随之而不得极夫游之乐也"。由此可见，第二自然的记叙绝非搜奇览胜、写景状物，而是为第三自然段的议论说理服务。第三自然段的说理强调成就一件事情需要具备三个条件——"志""力""物"，其中重点强调"志"，结论是"要有志""尽吾志"。

注意思考一个拓展性问题：文章第二自然段两次提到"怠而欲出者"，有人指责他，作者后悔"与之俱出"，可是文章第三自然段的议论并没有将矛头指向他，而是从作者自己身上查找原因，如果在第三自然段的议论说理之中加上一条，不盲从别人，要坚持自我，是否可以，为什么？不可以。这说明作者严于律己，宽以待人；更说明作者深刻反思，严格剖析，承认自己的松懈、怠惰，意志不坚，决心不够，因而导致中途而出，无缘险远之观。一件事情成功与否，当然很多时候与别人有关系，但是更多地取决于自己。作者立足自身，查找原因，严格自律，格局阔大。如果将失败归咎于人，忽略或放松了对自我的要求与反思，格局就显得比较渺小。

学完全文之后，结合文章的结构思路来看不难发现，文章第一自然段记叙对应文章第四自然段议论，第二自然段记叙对应文章第三自然段议论，文段顺序好像不对，似乎应该将第三、四两个自然段调换一下顺序，使得一、二段与三、四段一一对应，这样思考是否正确？不正确。首先，从结构上看，第三自然段紧承第二自然段，第二自然段的记叙为第三自然段的议论服务，"于是余有叹焉"一句是过渡句，承上启下，紧密勾连二、三两段。从主题上看，第三自然段的说理是重点，详论；第四自然段的说理是辅助，略说。何故？第四自然段的结论"此所以学者不可以不深思而慎取之也"是从第一自然段的一个局部细节（今言"华"如"华实"之"华"者，盖音谬也）推导出来的。无论是记叙还是议论所用的笔墨都比较少。第二自然段详细记叙作者一行游览山洞的情况，处处对应第三自然段的说理，第三自然段的说理相对第四自然段，比较详细，突出做任何一件事情需要具备"志""力""物"三个条件，其中"志"最重要，要有志，要"尽吾志"。这段是文章的主题和重心所在，所以紧扣第二段，要置于第四段之前。其次，从词句关联来看，第四自然段的第一句话"余于仆碑，又以悲夫古书之不存"，句中一个"又"字、一个"悲"字，"悲"是感叹、感慨的意思，与第三自然段"于是余有叹焉"的"叹"意脉相续。前面第三自然段有了一次感叹，这里又来一次，所以要加上一个"又"字。这也表明，第四自然段的感叹是承接第三自然段而来的，不可以调整顺序。

文如其人，言为心声。透过王安石的《游褒禅山记》，不难理解作者的性格精神。第一自然段记游褒禅山，不看山水风光、高天流云、奇花异草、悬崖苍松、名胜古迹，专门去考证、求索、研究，带着如此好奇、探索的眼光游山，自然不是一般意义上的游山，更像是做学术研究，字里行间透露出一种求真务实、格物致知、追本溯源、一丝不苟的学问精神。这就是王安石不盲从、不迷信、不臆断、不马虎、事必躬亲、严谨求实的态度。

文章第二自然段记叙作者一行游览山洞的过程，不少字句表达精练，蕴含哲理。比如，"余与四人拥火以入，入之愈深，其进愈难，而其见愈奇"，字面意思是说进洞越深越难行走，越是寒冷，越是吓人，但是也越是能见到奇特景观；反过来说，你不敢进去，自然也就见不到奇异景观。这句话暗含下文所说的"世之奇伟、瑰怪、非常之观，常在于险远"的哲理；还启示人们，做事做学问，必须意志坚定，不屈不挠，克服重重困难，勇敢探索，才有可能获得成功。又如，文句"盖余所至，比好游者尚不能十一，然视其左右，来而记之者已少。盖其又深，则其至又加少矣"，揭示了人们普遍存在的趋易避难、意志不坚的心理，其实也从反面警示人们，做一件事情需要坚持不懈，克服困难，战胜自我。再如，文句"既其出，则或咎其欲出者，而余亦悔其随之而不得极夫游之乐也"，启示人们做一件事情必须尽心尽力，才能无怨无悔，也才可能尽情尽兴，享受过程，享受细节，享受特殊的体验。真心投入了心血、意志和情感，你会觉得过程很享受，结果成败可能没有特别重要了。一段记游文字，给人以丰富的联想和哲理，这是王安石作为一位思想家的行文特色。这样的文字值得反复品读、咀嚼，慢慢感悟其间的人生道理。

虚词不虚意味长

——《寡人之于国也》教学漫谈

教学孟子的《寡人之于国也》，理解孟子的王道思想与民本观念，当然要引导学生体会孟子理直气壮、雄辩滔滔的议论特色，但是文中一系列虚词的运用也别具特色，意味深长，值得反复朗读，细细品味。

一、"之"字取独，语意连贯

文句"寡人之于国也，尽心焉耳矣"中的"之"字是助词，用在主谓结构之间，取消句子的独立性，使"寡人之于国也"成为整个句子的主语部分，不可以独立成句。可以改换一下，去掉"之"字，朗读比较"寡人之于国也"与"寡人于国也"不难发现，前者连贯紧凑，文气贯注，后者平缓松散，文气不畅。将"寡人之于国也"置于整个句子来看，做主语，表示陈述对象（一件事情），后面的"尽心"做谓语，表示陈述的内容。什么"尽心"呢？不是"寡人"，也不是"国（治理国家）"，而是"寡人之于国（我治理国家）"这件事。从逻辑和语法上看，这件事包含一个小主语（寡人）和一个小谓语（治理国家），中间用"之"字连接。去掉这个"之"字，则"寡人于国也"独立为一个完整的句子，后面的"尽心焉耳矣"也是一个完整的句子，只不过承前省略了主语"寡人"。有"之"和无"之"

两种表达，文气不一样，语意的侧重点也不一样。用"之"则突出"寡人治理国家"这种行为，不用"之"则突出"寡人"这个对象。

此句中还要注意"焉耳矣"，三个语气词叠加表达强烈的感叹语气，突出梁惠王自足、自满、自炫、自豪的复杂心理。可以想象得到，梁惠王对孟子说治理国家的时候流露出一副得意洋洋、沾沾自喜的面孔，甚至还希望得到孟子的表扬、赞赏。不妨比较，随便去掉其中两个语气词，变成"尽心焉""尽心耳""尽心矣"。朗读体会一下，显然，使用一个句末语气词的句子，语气显然要轻淡、和缓得多。梁惠王在孟子面前何以如此强烈地表示自己治国尽心尽力，近乎完美呢？他说话的依据何在？原来是，一方面国内发生饥荒时，他采取了移民、移粟的措施，从某种程度上缓解了百姓灾情；另一方面，他将自己与邻国国君相比，认为邻国国君没有他"用心"。基于这两个方面的理由，他作出了"尽心焉耳矣"的炫耀。其实，他的所作所为不过是一国之君最起码、最基本的职责，谈不上功劳，更不值得炫耀、吹嘘，越是这样，越表明梁惠王的浅薄与愚昧、虚伪与自私。"尽心焉耳矣"，无疑突出了他的丑陋嘴脸。

李白诗歌《蜀道难》开篇感叹："噫吁嚱，危乎高哉！蜀道之难，难于上青天！"一连使用五个语气词，加强感叹语气。去掉"噫吁嚱"，留下"危乎高哉"，虽然还是感叹蜀道高峻，但是语气要淡薄得多，特别是"噫吁嚱"三个语气词叠加置于句首，给人以横空出世、突兀而来之感，仿佛可见诗人初见蜀道时表现出来的震惊、意外、兴奋、赞叹的复杂表情。翻译成现代汉语，大概就是"哎呀，好高好高啊！""哎哟哟，太高了！""哎呀，高得要我的命！"诗人妙用语气词叠加，开篇惊叹，先声夺人，使读者不见其山，先闻其声，身临其境，过耳惊心，过目不忘。

文中还有两个句子"察邻国之政，无如寡人之用心者""王如知此，则无望民之多于邻国也"，其中加点的两个"之"字的用法也是用在主谓之间，取消句子的独立性，不需要翻译。前一个句子中，"寡人之用心"这个主谓结构充当整个句子的谓语动词"无如"的宾语。后一个句子中，"民之多于邻国"这个主谓结构充当谓语动词"无望"的宾语。同时，两个"之"

字置于句中，读起来有一种舒缓语气，衔接前后词句的作用。前一个"之"字与句末的"者"字呼应，表示停顿，突出"用心"，也突出梁惠王的自鸣得意、自命不凡。后一个"之"字紧密联系"民"与"多于邻国"，突出"民之多于邻国"，暗示孟子对梁惠王的正告与警示。对于"之"字的取独作用，学生不太好理解，可以打个比方，就相当于维系两岸和平与统一的传统文化，不让句子的一个部分独立出去，而让它成为一个句子的部分结构。

二、"也"字停顿，意犹未尽

"也"字多用于句间、句末，表示不同的语气，传达不同的情态意韵。《寡人之于国也》中有很多"也"字，不但要掌握它们的语法意义，更重要的是结合具体语境体会、品味它们的情韵意义。

比如，"（五十步）直不百步耳，是亦走也""是使民养生丧死无憾也""养生丧死无憾，王道之始也""未之有也""非我也，岁也""非我也，兵也"，这些句子中的"也"都是句末语气词，表示判断语气，是说话主体对某种情况的一种或肯定或否定的判断，毋庸置疑，斩钉截铁，给人一种必然如此、绝对这样的感觉。句末用"也"字的判断句，观点鲜明，态度坚定，说一不二，干脆利索。翻译的时候，需要增加一个判断词"是"。"是亦走也"，明白告诉梁惠王，逃跑五十步与逃跑一百步本质相同，都是贪生怕死、溃不成军、奇耻大辱。更深一步说，梁惠王治国与邻国之君治国纯属施小恩小惠于民，骨子里还是不尽心、不尽职、不爱民，本质一致。如此表达观点，不容对方怀疑与辩驳，不给对方说话的机会，判断坚定，干脆果断。

"是使民养生丧死无憾也"，断然肯定前文两种情况——"谷与鱼鳖不可胜食，材木不可胜用"带来的实际效果，暗含说话人对这种美好前景的热切期待，当然这也是孟子对梁惠王的殷切期盼，期盼梁惠王能够做到"养生丧死无憾"。"养生丧死无憾，王道之始也"，"也"字强调"养生丧死无憾"是王道的起点，明白无误地告诉梁惠王，作为国君，治理国家，最起码、最基本的事情是要让老百姓生老病死无忧，生存得到保障。这是起点，也是底线，不可逾越，不可背离。"七十者衣帛食肉，黎民不饥不寒，然而不王者，未之有也"，从反面判断，"也"字加强否定判断语气，强调君王治国如果确保百姓丰衣足食，老有所养，居有所安，一定称王天下，所向无敌。"然而"是表示转折和强调，句末语气词"也"字呼应这种语意，整体突出孟子的思想：养民而存，保民而王，自古及今，概莫能外。"非我也，岁也""非我也，兵也"两个句子均是描述梁惠王的思想态度，肯定判断与否定判断对举，于梁惠王而言立场坚定，是非分明；于孟子而言，类比巧妙，击中要害，批驳君王，毫不留情。句中"也"字，无疑加强了肯定和否定的语气，让人感受到孟子的爱憎态度和思想锋芒。

文中排比句"不违农时，谷不可胜食也；数罟不入洿池，鱼鳖不可胜食也；斧斤以时入山林，材木不可胜用也"，三个"也"字表示肯定语气，形式并列，实则加强语气，形成排山倒海、铺天盖地之势，造成逐句语势加强、语气加重的态势，朗读起来给人以力量、鼓舞、希望。站在孟子的角度上理解，当然是给梁惠王勾画一幅蓝图，告诉他只要按照"我"的措施做，就可以让百姓吃用不愁、生活富足，说者兴奋、激动，听者感动、神往。要是将三个"也"字去掉，则句子意思不变，但是肯定的语气、强烈的语势不见了，句子表达显得和缓平淡，没有精气神，没有打动人心的力量。

句子"邻国之民不加少，寡人之民不加多，何也?""也"字置于句末，表示疑问语气，一者见出梁惠王的急切忧虑和困惑不解，二者见出梁惠王看重人口、急需扩张的心愿。这个"也"字不但意义丰富，而且引发读者思考。梁惠王在什么情况下提出这个问题的呢？一方面，移民移粟，缓解灾荒；另一方面，对照邻国，沾沾自喜。按照他的想法，他做得如此之好，就应该获得天下百姓的拥护和支持，就应该有大量百姓来归顺，但问题是，他的国家人口不见增多，邻国的人口不见减少，他感到困惑，亟须知道原因所在，增加国家人口，目的当然是满足"好战"拓土、称王称霸的野心。去掉这个"也"字，音节不和谐，重点不突出，语气不强烈，意味不丰足。

三、"矣"字已然，语尽情长

"矣"字作为语气词，用在句末，表示已然情况，前面文句陈述的事情已经完成，或者已经过去。文句"寡人之于国也，尽心焉耳矣"，句末一个"矣"字，其实就表明梁惠王治理国家已经尽心尽力了。他感到欣慰、释然，甚至自豪、自炫。"矣"和"耳"不同，"耳"表示截止语气，表示事情终止，带有不满、不屑、不悦之类的意味。比如，句子"不可，直不百步耳，是亦走也"，字面意思说逃跑五十步的人只不过没有逃跑到一百步罢了，两者实质都是逃跑，都是不光彩的行为。梁惠王这样说，表明他意识到逃跑的不光彩，对这种行为不屑、不满，自己更不会如此作为。而孟子讲这个笑话，正是要告诉他，实际上他和邻国国君的行为就是五十步与百步者一样的行为。"五亩之宅，树之以桑，五十者可以衣帛矣。鸡豚狗彘之畜，无失其时，七十者可以食肉矣。百亩之田，勿夺其时，数口之家，可以无饥矣；谨庠序之教，申之以孝悌之义，颁白者不负戴于道路矣"中的四个"矣"字，均是句末语气词，表示已然，即某种情况已经实现或某些目的已经达到。不存在疑问，不带有感叹意味，不带有截止语气，只是如实陈述一件事情已经完成。四个"矣"字句铺陈四种情况，表明君王治国如果多管齐下，养民教民，势必达到称王天下的目的。语意明了，语气强烈，全在四个"矣"字当中。

可以思考，将文章第五自然段排比句中的三个"也"字换作"矣"字，将第六自然段排比句中的四个"矣"字换作"也"字，是否可以？为什么？显然不行。"也"与"矣"表达的语气截然不同。比如，"不违农时，谷不可胜食也"中的"也"字表示肯定语气，如果不耽误农业生产的季节，粮食就吃不完。这是一种假设的情况，也是一种必然的情况，"也"字增强了这种肯定、必然的语气。换作"矣"字，则表示陈述语气，表示事情已经完成，显然不吻合句子的意思。再比如，"五亩之宅，树之以桑，五十者可以衣帛矣"，这也是一种假设，但是更有一种对于未来某种蓝图的展望与勾勒。

翻译过来就是：五亩大的宅院，周围种上桑树，那么五十岁的人就可以穿上丝织品的衣服了。显然，"五亩之宅，树之以桑"是假设条件，"五十者可以衣帛矣"是结果，是可以实现的蓝图。"矣"字含有感叹、向往的语气，"也"字不能传达这种语气。

阅读文言文，一定不可忽略虚词，类似"之""乎""也""矣"这些虚词，附着在句子之后，辅助实词表情达意，需要结合具体语境来细细分辨，通过朗读来品味语气、语态、语势，通过品味、咂摸来感知语词背后的情思意韵。虚词不虚，意味丰厚，回味不尽，值得高度重视。

厘清文路教《劝学》

　　教学荀子的散文《劝学》（节选），第一课时简单介绍荀子的思想，然后导入课文。对于题目"劝学"，从两个方面解读，一是从语录体散文发展的历史进程来看，较之孔子的《论语》、孟子的《孟子》，荀子的《荀子》篇幅更详尽，内容更充实，说理更完备，文章展开更有系统性与逻辑性，语言运用特色更为鲜明，擅长运用寓言故事说理，善于运用比喻、排比的修辞手段增强说理的生动性和鲜明性。文章标题比较独立而完整，不再像《论语》和《孟子》那样语段无标题或选取文段第一句话中部分词句作为标题；二是就"劝学"而言，标题相对独立，语意清楚，观点鲜明。从议论文拟题的角度来看，议论文的标题要简明扼要，言简意赅，观点明确，爱憎分明。"劝学"顾名思义就是劝勉人们勤奋学习，进德修业，持之以恒，不断改变自己，提升自己。要是换作"说学"或"谈学习"，显得宽泛笼统、观点模糊，没有"劝学"带给人的直截了当、清楚明了的印象。

　　既然文章主旨是劝勉人们努力学习，那么我们就要思考，为什么要努力学习？或者说，学习对于人们到底有什么帮助？有什么作用？这是一篇议论性的散文，必然具有中心论点，即最能概括作者主要思想的语句。可以请同学们找找看文章哪句话是中心论点。一般来说，中心论点出现的位置比较特殊，多半在开篇或结尾，这篇文章的中心论点就是第一自然中的"学不可以已"。对于这个句子，可以从四个角度去理解。

一是从议论文中心论点的表达角度来看，这句话翻译过来就是"学习不可以停止"，这是反面表达，换作正面表达就是"学习一定要持之以恒"或者"学贵有恒"，又或者"活到老学到老"。两种表达，哪一种表达效果更好一些？显然，原文的表达较好，双重否定表肯定，加重肯定语气，使得观点的表达直接、鲜明。

二是从中心论点出现的位置来看，开门见山，亮明观点，要言不烦，直奔主题。这种中心论点的呈现方式值得大家作文借鉴。另一篇议论文《过秦论》则是篇末点明中心论点，"仁义不施而攻守之势异也"，可谓卒章显志，画龙点睛，给读者留下深刻印象，让人无限回味。两种提出中心论点的方式，各有千秋，各有优长。

三是句中"君子曰"可否改为"小人曰"？不可以，君子指学问渊博、道德高尚的人，他们在社会上有声望，有口碑，有影响力，引用他们的话作为中心论点，增强权威性与说服力。

四是思考，如果你拿到这样一个观点"学习不可以停止"，要说服别人相信你的观点，将怎样展开行文层次思路？"学习不可以停止"，换句话说就是，学习一定要坚持不懈，或者学贵有恒。我们要问自己，为什么学习要坚持不懈？换句话说就是，学习对人来说到底有何意义？需要如何学习？讲清楚了这两个问题，观点也就成立了。当然，这两个问题是递进关系，先要讲学习的意义，然后再讲学习的方法和态度（怎样学习）。这是常人认识问题的思路与规律。荀子的《劝学》全文除了第一自然段之外，还有三个自然段，它们分别阐明了什么道理，请学生从每一段中找出关键句子（中心句），在此基础上划分层次。学生很快浏览全文，发现文段大量使用比喻句，除了比喻句之外，每个自然段均有一个句子阐明该段的中心意思。

第二自然段的中心句是"君子博学而日参省乎己，则知明而行无过矣"，是说君子广泛学习，严于反思，就能够变得聪明智慧，学问高深，品德良好，行为无过。注意两点：一是两个"而"字均为连词，表示递进关系，前一个说明君子不但要勤奋而广泛地学习，还要在此基础上严格反省自我，明辨是非，知晓得失；后一个说明学习之后带来的两种结果，先是广博，智慧明达，然后在此基础上变得品德高尚，行为正确。

二是荀子特别强调学习带来的效果不只是增长知识学问，更重要的是让人变得品行高尚，修养提升。显然，荀子更看重学习对于完善一个人的道德修养的重要作用。这个观点类似于我们今天学校教育反复强调的以德树人，可见荀子思想的先进与高明。

文章第三自然段的中心句是末尾的句子"君子生非异也，善假于物也"。君子与众人相比，天资禀赋差不多，不同之处在于，君子善于凭借外界条件来达成自己的目的，换句话说就是，君子善于学习，进而实现自己的理想。这一段与上一段都在说学习的意义与价值，即学习可以改变、提高自己，弥补不足，帮助人们达到目的。

文章第四自然段主要是说如何学习，即学习要积累、要坚持、要专心。这是谈学习的态度和方法，侧重告诉人们怎样学习。

综合来看，文章第二、三、四三个自然段，显然是按照"为什么""怎么样"的层次来展开行文的。可见，荀子的说理思路完全吻合我们对文章中心论点的猜读。同学们学习写作议论文也要向荀子学习，遵循认知规律，逐层展开说理，使文章层次清晰，条理分明，逻辑严谨，说理有力。

标题切入举纲目

——《过秦论》教学漫谈

教学《过秦论》，我从作者贾谊与长沙的因缘入题，开始师生对话。我先问学生，长沙有一条太平街，街上有一处历史名人故居叫"贾太傅祠"，有多少学生到那里参观、拜谒过，结果 30 多位学生举起手来。我让学生说说关于贾谊的故事，并追问一个问题，为何这间屋子叫"贾太傅祠"，学生没能说出来。我便说，"太傅"是辅佐太子或王子的官职，贾谊被贬官至长沙，曾任长沙王太傅，故称"贾太傅"，又称"贾长沙"。"祠"是为纪念伟人名士而修建的供舍（相当于纪念堂）。"贾太傅祠"是集宅院与祠堂为一体的建筑。

祠中有一道景观叫"碑廊"，镌刻了历代咏赞贾谊的诗歌 21 首。我给大家介绍两首，希望同学们有时间到那里参观、学习，更多更好地了解贾谊的思想与才华。两首诗中的一首是晚唐诗人李商隐的《贾生》："宣室求贤访逐臣，贾生才调更无伦。可怜夜半虚前席，不问苍生问鬼神。"既赞扬贾谊才华横溢、无与伦比的才调，又抒写贾谊怀才不遇、壮志难酬的苦闷，还讽刺了汉文帝不问苍生、醉心鬼神的昏庸、糊涂的嘴脸。注意理解诗中的几个词语——"贾生""无伦""可怜"。说"贾生"含有尊敬、爱戴之意，暗赞贾谊青年俊杰，才情非凡，更有后生可畏、前途无量的祝愿；"无伦"就是"无与伦比"，不能类比，非常优秀，非常出色，改换一些说法，就是"出类拔萃""鹤立鸡群""特立独行""独步天下"之类的意思;"可怜"不是可爱,值得怜悯、同情,是"可叹、可悲、可惜"之类的意思,表示诗意的转折,暗含作者对汉文帝的讽刺之意。

另外一首诗是毛泽东的《贾谊》:"贾生才调世无伦,哭泣情怀吊屈文。梁王坠马寻常事,何用哀伤付一生。"我请同学说说这首诗咏叹了贾谊人生中的哪两件重要事情。可以看得出来,一是贾谊贬谪长沙,凭吊屈原,写下了著名的《吊屈原赋》,抒发自己与屈原同病相怜、怀才不遇的悲哀和苦闷;二是贾谊被召回洛阳后,任梁王太傅,后来梁王坠马而死,贾谊深深自责、愧疚,郁郁而终。两首诗均赞扬贾谊才调无伦,那么他如何"才调无伦"呢?让我们来学习他的著名史论文《过秦论》。

标题"过秦论"是什么意思呢?指出秦的过失,"论"是议论文的标志词。换作今天的说法就是"论秦过",这里的"过"是名词,过失、过错、错误的意思,而"过秦论"中的"过"是动词,指出过失的意思。由标题可以看出,这篇议论文是探讨秦的过失的。

秦的过失是什么?我请大家快速阅读全文,找出直接揭示"秦的过失"的句子。学生很快找到文章末尾的句子"仁义不施而攻守之势异也",我请同学翻译句子,并注意两点,一是实词"异"翻译为"不同"还是"变化",结合秦发展、强盛的史实来看,翻译为"变化"较好;二是虚词"而"表示什么关系,要具体分析前后两个分句之间的关系,可以看出它们不是假设、因果、递进,而是并列。秦的过失就是四个字"不行仁义",换句话说就是实行暴政,崇尚武力,暴虐人民。

文章共五个自然段,哪些段落说"攻",哪些段落说"守",全文展开的思路如何?请同学们各用一个字来概括每个自然段的主要内容。第一自然段主要写秦国的崛起,可用"兴"字来概括;第二自然段主要写秦国的发展、壮大,可用"强"字来概括;第三自然段主要写秦国的鼎盛而衰,可用"盛"字来概括;第四自然段主要写秦朝的衰亡,可用"亡"字来概括。前面四段是叙事,为后面的议论提供史实支撑;文章最后一段是议论,分析秦灭亡的原因,是前面叙事内容的升华,可用一个"因"字来概括。叙事是议论的依据，议论是叙事的升华。叙述史实，以时序为经，以事迹为纬。先叙秦孝公时的"兴"，继而写"孝公既没，惠文、武、昭襄王"和"延及孝文王、庄襄王"时的"强"，接着写"及至始皇"时的"盛"，最后写"始皇既没"，陈涉首难，秦终败亡。作者概括了秦"百有余年"由兴而亡的全过程，即从"攻"势转为"守"势的两大阶段。议论时，以陈涉与强大的秦王朝比，与山东六国比，是非立分，结论自出，这样由事见意，由史出论。

特别需要指出的是，这篇史论文叙多议少，不符合我们平常所说的典型的议论文的文体要求。我们学过的王安石的游记散文《游褒禅山记》也是叙议结合，叙议各占一半篇幅，议论是重点，这篇文章可以说是议论性散文。要是我们写作文没有贾谊的才华，没有王安石的思想，也想把议论文写成叙多议少的文字，肯定不符合常规议论文的文体要求。因此，考试的时候，不提倡同学们写这样文体特点不是非常鲜明的文章。

精研深析探主旨

——《过秦论》教学漫谈

学习《过秦论》的第一自然段，主要通过朗读来体会人物的气魄和雄心，理解作者的才气与风神。指导朗读注意几点，一是排比句增强语气和语势，加快语速，加重语意，好比海潮汹涌，铺天盖地，排山倒海，又如大江大河，波飞浪涌，汹涌澎湃，不可遏制。写秦孝公"有席卷天下，包举宇内，囊括四海之意，并吞八方之心"，铺排四个动宾结构，重复一个意思，逐渐增强语气，给人以强烈的震撼，突出秦孝公的勃勃野心和逼人气势。同时，要注意一组同义词。"席卷""包举""囊括""并吞"，形象生动，极富表现力，翻译过来就是：像卷席子一样卷走（天下），像包包裹一样包走（天下），像装口袋一样装走（天下），像张开血盆大口一样吞下（天下）。四个词语各从一个角度生动形象地描述出秦孝公轻而易举夺取天下的气魄，语词夸张，气势磅礴，口气豪迈，声态活现。在秦孝公看来，天下如一件物品，取天下犹如探囊取物，易如反掌。若将此句改为"有席卷天下之意，并吞八方之心"，简则简矣，而韵味殆尽。语气弱化，语势不强，语速不快，语意不重，这是简笔。课文采用繁笔，更容易起到烘托、渲染作用。

二是注意几个词语之后的适当停顿。动词"据""拥""有"之后要有停顿；"当是时也，商君佐之，内立法度，务耕织，修守战之具，外连衡而斗诸侯"，"内""外"所统领的是后面的整个句子，不只是部分内容。

三是体会关键词句的表达效果，尽量通过朗读表现出特定语气。比如，"君臣固守以窥周室"中的"窥"字，是不能而欲之的状态，偷偷看，想打主意，这个词生动形象地写出了秦孝公觊觎天下的阴谋，要读出几分玩弄阴谋、偷偷摸摸的意味。又如，"拱手"形容轻而易举，毫不费力，要读出这种意味。此段开篇，着眼秦孝公，重在秦国崛起，为后文秦历代君王开疆拓土、建立功勋张本，也与后文秦王朝的盛极而衰、顷刻覆亡形成对比，引发读者的思考。

　　关于铺陈、排比的繁笔的运用，可以结合所学再补充几个例子。《木兰诗》中描写木兰替父从征、添置战具的情景："东市买骏马，西市买鞍鞯，南市买辔头，北市买长鞭。"东西南北四面铺排，突出木兰购买战具的紧张忙碌、井然有序。句中也用互文，句子与句子相互补充，相互生发，表达木兰跑遍城市各个市场，见到合适战具就买的情况。乐府民歌《江南》云："江南可采莲，莲叶何田田。鱼戏莲叶间，鱼戏莲叶东，鱼戏莲叶西，鱼戏莲叶南，鱼戏莲叶北。"也是东西南北铺排描述，突出鱼儿四面游动、自由嬉戏的场景，隐然可见岸边一对少男少女指指点点、惊讶不已的神情举止。鱼儿的嬉戏欢闹，烘托出少男少女的自由幸福。民歌咏叹采莲，多与男女相爱关联。梁元帝《采莲赋》写道："于是妖童媛女，荡舟心许；鹢首徐回，兼传羽杯；櫂将移而藻挂，船欲动而萍开。尔其纤腰束素，迁延顾步；夏始春余，叶嫩花初，恐沾裳而浅笑，畏倾船而敛裾。"写少男少女荡舟嬉游，羽杯传情；写采莲少女"迁延顾步"，浅笑盈盈：采莲之欢愉，人物体态之优美，小家碧玉与荷花之相映媲美，体现了江南特有的生活情调。乐府民歌《孔雀东南飞》写道："鸡鸣外欲曙，新妇起严妆。著我绣夹裙，事事四五通。足下蹑丝履，头上玳瑁光。腰若流纨素，耳著明月珰。指如削葱根，口如含朱丹。纤纤作细步，精妙世无双。"描写刘兰芝的梳妆打扮，从头到脚，全面铺排，突出她外表的美丽、沉静和内心的坚强、高贵。

　　研读文本第二自然段，理解内容，落实字词，掌握手法。先将文段分为两个层次的内容，一个层次叙说秦国历代君王的扩张与发展，另一个层次叙述九国之师的联合抗秦，请学生朗读文段。全班分为两个大组，或者男女分开各为一组，或者每四个小组为一大组，一大组朗读叙写秦国的文字，一大组朗读叙写九国的文字。教师不提示在哪里断开，学生自己思考读到哪里为止。读秦国文字的那组内容复杂一些，文段前后都有内容，中间还夹杂着关于九国的文字。要读几次才能梳理好。两个大组读完之后，教师略作评点。

提出问题，引导学生思考：请各用一个字来概括秦国和九国的力量特点。学生很快想到"强"字。教师追问：秦国强大是从哪里表现出来的，又是如何表现的，请读出表现秦国强大的句子，要有气势。表现之一是"孝公既没，惠文、武、昭襄蒙故业，因遗策，南取汉中，西举巴、蜀，东割膏腴之地，北收要害之郡"，妙用铺陈排比，极写秦国三代君王四面出击，开疆拓土，渲染威势凌厉，功业显赫。此处要读出志得意满、所向无敌的气概。句中"因"与"蒙"是同义词，为沿袭、因袭、继承的意思。这时教师可请学生说说含有"因"字的成语，并解释"因"字的意思，如因材施教、因地制宜、因人而异、因人成事、因小失大、陈陈相因、因噎废食等。

秦强表现之二是"秦有余力而制其弊，追亡逐北，伏尸百万，流血漂橹；因利乘便，宰割天下，分裂山河。强国请服，弱国入朝"。四字短语，语速加快，气势充沛；夸张手法，渲染造势，凸显威力。注意解释"亡""北""伏""漂""宰割""分裂"等词语。其中，"宰割天下"的表达给人一种"视天下为牛羊猪狗，任其砍杀割取，毫无还手之力，坐以待毙，狼狈不堪"的感觉。"分裂山河"的表达给人一种"山河犹如布帛，任人撕扯、分割，易如反掌，毫不费力"的感觉。九国之师，貌似强大，却一败涂地，血流成河，的确悲惨。

教师再提出问题：九国的强大表现在哪里，如何表现，请说说、读读，好好体会。一强人杰才多。有核心人物："当此之时，齐有孟尝，赵有平原，楚有春申，魏有信陵。"四个四字句铺排人物出场。"此四君者，皆明智而忠信，宽厚而爱人，尊贤而重士"，三个五字句铺排战国四君子的才能品德。两组排比句突出四君子的号召力和影响力，让人联想起拿破仑的名言："一头狮子率领的一群绵羊一定能够战胜一头绵羊率领的一群狮子。"战国四君子就是九国之师的首领，深得人心，广受拥戴，一定能够提振九国之师的士气，鼓舞九国之师的斗志。有各类俊杰，"于是六国之士，有宁越、徐尚、苏秦、杜赫之属为之谋，齐明、周最、陈轸、召滑、楼缓、翟景、苏厉、乐毅之徒通其意，吴起、孙膑、带佗、倪良、王廖、田忌、廉颇、赵奢之伦制其兵"，智囊高参，外交使节，杰出将领，风云际会，助力九国。一组排比句突出六国人才济济，大业可成。二强地广师众。朗读描述九国的文字，要注意读出排比句的气势与声威。

两强相比，谁更强？当然是九国更强。按照常理，九国之师必定大获全胜，秦国军队必定大败。但是，结果却出乎意料，九国惨败，秦国大胜，相对而言，可谓以弱胜强，以少胜多。可见，秦国力量比九国还要强大。贾谊铺陈夸张九国之师的强大，实际上是在反衬秦国的强大。补充追问一个小问题：九国之师如此强大，为何结果却是失败了？请从文本之中寻找答案。主要有两个原因：一是九国联军不团结，各怀打算。文中"逡巡而不敢进"暗示了这一点。二是秦国采取了连横策略，离间六国，瓦解联军。文中"于是从散约败，争割地而赂秦"，暗示了这一点。

学习《过秦论》第三自然段，主要引导学生理解秦始皇为政的特点，品味贾谊作文的风格。该段文字可以大致分为三个层次，秦始皇执政的前期、后期和设想。从开始至"士不敢弯弓而报怨"是第一层，从"于是废先王之道"至"以弱天下之民"是第二层，从"然后践华为城"至段末为第三层。

秦始皇为政的特点之一是威势凌厉，南取北却，所向披靡，大获全胜。贾谊遣词造句，生动形象，意味深长。"百越之君，俯首系颈，委命下吏"，昔日贵为君王，今日沦为罪囚；昔日高高在上，威风凛凛，今日点头哈腰，卑躬屈膝——两相对比，极尽反差，突出秦皇的声威与力量。"俯首系颈"让我们看到君王负荆请罪、拱手称臣的狼狈样子。"系颈"是绳索加身，五花大绑。"委命"是身不由己叹无奈，虎落平阳被犬欺。奇耻大辱，无地自容，这就是残酷的现实。

秦始皇为政的特点之二是崇尚暴力，苛酷百姓。"及至始皇，奋六世之余烈，振长策而御宇内，吞二周而亡诸侯，履至尊而制六合，执敲扑而鞭笞天下，威振四海。"铺陈排比，语势叠加，语气叠加，极言秦皇威加海内，登峰造极。治天下，犹如挥舞长鞭，驾驭骏马，所向无敌；统治百姓，严刑峻法，威猛粗暴，毫不留情。秦皇亡诸侯，夺天下，犹如张开血盆大口，一口吞下，轻而易举。秦皇登上皇位，控制天下，可谓"一步登天，睥睨天下"，何等威风，何等得意！"履"字用得很妙，给人一蹴而就、一步到位之感。秦皇如何对待百姓的？文中描述了种种举措，概括起来就是虐民、愚民、防民、弱民，视人民如仇敌、草芥，极尽刻毒残暴。

　　秦皇如此苛酷，如此残暴，目的何在？"然后践华为城，因河为池，据亿丈之城，临不测之渊，以为固。良将劲弩守要害之处，信臣精卒陈利兵而谁何。天下已定，始皇之心，自以为关中之固，金城千里，子孙帝王万世之业也。"稳固江山，守卫天下，称王称帝，传之万世，这就是始皇的梦想。注意理解"然后"，是翻译为现代汉语的"然后"，还是当作两个词翻译为"这以后"，可以引导学生思考上下文的关系，分析得出后者为佳。这组句子中，"践""因""城""池""固""金城千里"需要相机讲解，可以补充"金城汤池""铜墙铁壁""固若金汤"等词语。

　　教学《过秦论》第四自然段，让学生朗读、思考全段文字可以分为几个层次，有无标志词语。粗读难以发现，细读深思，就会发现，全段对比秦王朝与陈涉的力量，分为两个层次：以"然"为标志，第一句话为第一层，叙述秦王朝的强大；"然"后面的文字为第二层，叙述陈涉的力量。如果各用一个字来概括双方的力量特点，可以概括为"强"与"弱"，刚好相反。两个层次之间的关系是"然"，转折，对比，秦强仍国力强大，威震四海。

　　第二层说陈涉之弱，"弱"在何处？请学生自由说，要求紧紧抓住原文词句。兵力弱小，"疲弊之卒""数百之众""迁徙之徒"，游兵散勇，乌合之众；兵器简陋，"斩木为兵，揭竿为旗"，才能平庸，非贤非富，不及中人；出身低微，"瓮牖绳枢之子，氓隶之人，迁徙之徒"。强弱对比，天地悬殊，按照常理，强者必胜，弱者必败，结果陈涉发难，秦朝如何？天下响应，并起亡秦，结果出乎常理之外，可谓"成败异变"。

　　注意讲解"云集响应，赢粮而影从"，翻译为现代汉语则是：像云一样聚集，像回声一样应和，像影子一样随从。"云""响""影"，名词活用作状语。补充讲解"狼奔豕突""如影随形""形单影只"，讲清成语中的古汉语知识和成语的意义，造句让学生辨析成语的用法。如"我们如影随形跟着蔡老师走"，用词不对，成语只限于两人，不适用于集体。特别研究句子"山东豪俊遂并起而亡秦族矣"中"遂""并起"两个词语的含义。"遂"，连词，于是就，表示承接关系，说明山东豪俊很快响应陈涉，参与反秦行动，也说明"秦朝"灭亡很快。"并起"是否可以改为"联合"？不可以。"并起"说明山东豪俊一块儿起事，也说明暴秦早已离心离德，引发民怨，可谓"怨声载道，人神共愤"。本段对比秦王朝与陈涉的力量，突出陈涉的弱小，与结尾一句所写"山东豪俊遂并起而亡秦族矣"形成强烈反差，强者失败，弱者胜利，成败异变，原因何在，引人深思。

文章第五自然段分析了秦王朝灭亡的原因。提问学生：文章为了推导出中心论点"仁义不施而攻守之势异也"，主要运用了什么论证方法？对比论证。一是秦王朝与陈涉的对比。前者国力强大，地势险固。后者地位低贱，武器简陋，兵力乏弱，战术拙劣。文中用一组排句将陈涉与九国对比，极言陈涉之弱，让人感觉这支军队是乌合之众、游兵散勇，毫无战斗力，根本不是大秦王朝的对手。要去反秦，无异于以卵击石，自取灭亡，但结果却是"成败异变，功业相反"。"何也"，思路紧承上文第四自然段，引发读者深思。

二是陈涉与九国对比，前强后弱，陈涉地位非尊，武器非铦，兵力非抗，战术非及，各个方面都不是九国的对手。两者比权量力，度长絜大，不可同日而语，如此对比，意在突出陈涉之弱。

三是秦国与秦朝的对比，前者攻天下，发展壮大，所向无敌；后者一统天下，严防死守，顷刻覆灭。文中最后一个句段是"然秦以区区之地，致万乘之势，序八州而朝同列，百有余年矣；然后以六合为家，崤函为宫；一夫作难而七庙隳，身死人手，为天下笑者，何也？"从结构上看，该段与前面各段构成怎样的关系？分别呼应前面第一、二、三、四自然段。"区区之地"呼应第一自然段，"万乘之势……百有余年矣"呼应文章第二、三自然段，

"七庙隳，身死人手"呼应文章第四自然段。该句段是对全文内容的总结和概括。

　　研读这段文字需要注意引导学生理解两个句子。一是"然而成败异变，功业相反，何也"，句中的"然而"是连词，表转折关系，暗示前后两个层次意思相反。前一个层次对比秦朝与陈涉，突出陈涉之弱，隐藏的意思是陈涉必败，秦朝必胜；后一个层次的意思是成败异变，功业相反，秦朝灭亡，陈涉胜利。前后意思相反，突出后一层意思，突出后面的问题"何也"，引发读者思考造成这种结局的原因。另外，"成败异变"，谁成功，谁失败，谁的功业如何，怎么相反。这些问题都要深入理解。二是中心论点"仁义不施而攻守之势异也"，句中"而"字到底表示什么逻辑关系？要结合语境来具体分析。

聚焦词句理思路

——《师说》教学漫谈

如何体会《师说》这篇议论文的标题？在一般人看来，也许很容易，很肤浅，不就是"说说老师"的意思吗？学生一看就明白，还有什么可讲的，又能讲出什么新鲜滋味来？我研究、教读文言文，注重咬文嚼字，联系语境和文本内容来理解词句的含义，并关联作者的时代及思想来理解文本词句，总想在无疑处生疑，浅显处挖深，熟悉处延伸，将词句讲得有滋有味，有情有义。就拿"师说"二字来说，我引导学生由浅及深思考以下几个问题。

1. "说"是一种怎样的文体？我们学过哪些"说"文？引导学生温故知新，重温初中学过的"说"文，如《爱莲说》《马说》《少年中国说》《黄生借书说》《捕蛇者说》等，这些"说"文多是阐述作者对某一问题或现象的看法，以发表议论居多，当然也有以描写为主的"说"文，不过目的是为了阐明某一观点。"说"是议论文的标志，正如课文《过秦论》《六国论》中的"论"一样。

文言文中的"师"有哪些意思？这篇议论文标题"师说"中的"师"是什么意思？文言文中的"师"主要有以下几种意思：(1) 教师，师长；如"古之学者必有师""师者，所以传道授业解惑也"；(2) 某些具有一技之长的人，如"巫医乐师百工之人"、厨师、医师、钢琴师、技师；(3) 动词，学习，效法，如"师夷长技以制夷""不耻相师""吾师道也"；(4) 名词，军队，部队，如"十年春，齐师伐我""九国之师逡巡不敢进"。从全文内容来看，标题"师说"中的"师"应该是老师、师长的意思。梳理、积累实词"师"的含义及用法应注意两点，一是结合文本《师说》，二是结合所学旧文。

2. 结合文本说说标题中的"师"（教师）具体指什么人，他们与今天的老师意义有何不同？要求学生初读文本，找出阐释"老师"意义和特点的句子，进而综合理解。"师者，所以传道授业解惑也"，说明教师的职责是"传道授业解惑"。注意理解"道"的含义，普泛言之，指道理、知识、学问，实际上，结合韩愈的思想来理解，此处的"道"当是儒家思想。韩愈是唐代思想家、文学家，古文运动的倡导者，主张文以载道，文道统一，尊奉儒家思想，反对崇佛佞道，学习秦汉散文，应言之有物，言之有序，言贵创新，推崇实用文风，反对华丽颓靡的文风。"彼童子之师，授之书而习其句读者，非吾所谓传其道解其惑者也"，启蒙教师教孩子识字，学习句读之类的内容，不属于韩愈定义中的"师"。韩愈心中的"师"就是要传授、推广儒家思想、孔孟之道，宣传修齐治平、建功立业的思想，层次、境界显然远远高出"童子之师"。"位卑则足羞，官盛则近谀"，学生拜师，老师地位低，学生就感到羞愧；老师地位高，学生就谄媚、巴结。师生看重的是地位高低、身份贵贱，而不是一个人真正的学问知识与道德修养。这样的以官为师的"官师"，也不是韩愈心中的"师"。总而言之，标题中的"师"应该是"传儒家之道、授儒家之业、解儒家之惑的人"，既非"童子之师"，亦非官权之师。韩愈心中的"师"显然和今天的教师意思大不相同。符合韩愈的标准的"师"是哪些人呢？文中是否提及？一是孔子，万世师表，至圣先师；二是韩愈自己，和学生李蟠一样，不拘于时，犯颜为师。

句中"传道授业解惑"三个词组顺序可否调整，为什么？不可以，"传道""授业""解惑"三者之间是顺接关系。传授儒家之道是基础、根本、宗旨，传授学业，讲解经书，帮助学生理解儒家思想是教师的工作，必须立足于"传道"之上。解答学生习儒过程中的疑难困惑，消除学习中的障碍，则是有力的补充。三个词语环环相扣，层层紧跟，将"传道"置前，突出其重要，也突出韩愈倡导儒家之道，重视完善人生修养。好比今天我们的教育思想立德树人、德育为先一样，可见韩愈思想的勇敢与超前。

3. 梳理内容思路，聚焦关键词句。请学生找出每一个自然段中能够揭示作者观点（概括该段主要思想内容）的句子，并咀嚼、体味关键词句的含义。第一自然段的关键词是"古之学者必有师"，从四个角度理解。一是"学者"，不是今天的专家、教授，而是古代的读书人，学而优则仕的读书人。二是"必"，是一定、必需的意思，这是全句的关键，是最重要的一个词语，突出"师"的必要性和重要性。亦可推知，全文围绕这个"必"字做文章，论证教师的重要性与必要性，好比《过秦论》一文主要是在探讨一个"过"字。三是"古"字，限定"学者"，表彰古人，暗示作者的观点，号召后学要向古人学习，向孔子学习，向圣人学习。换作"今之学者"，可否？不行。因为"今之学者"耻学于师，耻于相师，看重权位，不重学问和道德，这是作者极力批判的现象。而从全文来看，唯有"古之学者必有师"方能概括其主要内容，"今之学者必有师"显然不能。四是"师"，指老师，传道授业解惑的人，并非一般意义上的老师。由此可见，中心论点的表述必须精准严谨，观点鲜明，要言不烦。

第二自然段的关键句是"师道之不传也久矣！"句中的"也"字表停顿，相当于一个逗号，类似的"也"字句有"生乎吾前，其闻道也固先乎吾""生乎吾后，其闻道也亦先乎吾""其出人也远矣""其下圣人也亦远矣""欲人之无惑也难矣"。句中的"之"字，用于主谓之间，取消句子的独立性，使前后结构成为整个句子的一个主语。"师道"指从师学习的风尚。词句提出一个问题，从师学习的风尚久不流传。读者会思考，何以如此？为何不传？下文就要解释不传的原因，指出世俗时弊所在。今之众人，"耻学于师""则耻师焉"；今之士人，聚群笑师，风气不正，师道荡然。

第三自然段的关键句是"圣人无常师"，改为"圣人无师"，意思大不相同，后者意思与文段内容刚好相反。"无常师"，意思是没有固定的老师，正面说圣人虚怀若谷，善于学习。该段以孔子为例，写其行，师从郯子、苌弘、师襄、老聃，可谓尊师重道，谦虚好学；写其言，"三人行，则必有我师"。言行一致，有力地证明了圣人多师，无常师，也呼应了文章第一自然段的关键句（中心论点）"古之学者必有师"。

由以上梳理关键词句可以看出全文的结构思路：先提出中心论点"古之学者必有师"，然后从三个方面论证中心论点，第一自然段从教师的职责（作用）、择师的标准阐述教师的意义，第二自然段通过三组对比突出教师的作用，联系现实，反面论证，第三自然段正面举例论证教师的作用。此外，全文的结构思路，特别是关键句的设置给我们的写作启示是：写议论文要善于设置分论点，写好关键句，精确严谨表达文章的主要观点。

聚焦标题解文意

——《廉颇蔺相如列传》教学漫谈

教学《廉颇蔺相如列传》，我紧紧抓住标题，引导学生思考、研读文本，纲举目张，条分缕析，逐层深入，井然有序，教学效果好，师生配合默契。

（1）课文标题中哪个词语表明了体裁？"列传"表明体裁是传记文。"列传"主要是各种不同类型、不同阶层人物的传记，是记载历史上重要人物的一种体裁。该篇"列传"选自司马迁的《史记》，这是中国第一部纪传体通史，体例严谨，脉络分明，全书五十二万六千多字，分为八书、十表、十二本纪、三十世家、七十列传。鲁迅评价这部书为"史家之绝唱，无韵之离骚"。这篇传记是为廉颇和蔺相如作传，是两人的合传，不同于《张衡传》《苏武传》，后者只给一个人作传。

（2）这篇传记主要叙述了哪几个故事？与此相关，流传后世的成语又有哪些？叙述了三个故事：完璧归赵，渑池之会，负荆请罪。"完璧归赵"的意思是将物品完好无损地归还原主，其中的"完"是使动用法，翻译为"使……完整、完全"。类似意思的词语有敬词"璧还""璧谢"，成语"物归原主""物归旧主"。"渑池之会"与"渑池相会"两个概括中，哪一个更好？前者好，无歧义；后者容易产生歧义，"相会"也可以指相恋相亲的两个人见面。"渑池之会"指一次危险的赴会，有点儿类似"鸿门宴"。"渑池之会"不是成语，"渑池之功"是成语，渑池，古城名，在今河南渑池县南，本指战国时赵国蔺相如在渑池会上不畏秦王，为赵国立下巨大功勋，后泛指为国立下巨大功勋。"负荆请罪"，背着荆条向对方请罪，表示诚恳地向对方认错赔罪。近义词有"引咎自责""肉袒负荆""登门谢罪""知错即改"，课文中还出现了"刎颈之交""布衣之交"两个成语。

（3）文章标题"廉颇蔺相如列传"可否改为"蔺相如廉颇列传"，为什么？不可以，原因有二：一是呼应文本内容，两位传主出场，先写廉颇后写蔺相如，文章第一、二自然段即是如此。而文章后面的故事"负荆请罪"衍生出了一个成语"将相和"或"将相和欢"，也是先言"将"（廉颇），后言"相"（蔺相如）。二是从文章第一、二两个自然段来看，交代两位传主的身份、地位，尊者贵者在先，卑者微者在后，这是传记的传统规矩。为了加深学生对文段内容的理解，可安排他们朗读一、二自然段，然后请他们说说两段内容如何对比两个人的身份与地位。廉颇身居高位，手握重权，战功显赫，威震诸侯，特别注意"伐""破""取"三个动词。蔺相如寄人篱下，沉沦下僚，默默无闻，普普通通，注意表达"蔺相如者，赵人也。为赵宦者令缪贤舍人"。判断句极言蔺相如的卑微、普通，毫不出众，泯然众人。后一个句子极言蔺相如地位低微卑贱。两人地位、身份、影响，对比强烈，反差巨大，为两人之间矛盾的产生埋下伏笔。

（4）"廉颇蔺相如"两人放在一起，暗示了什么关系，请结合文本情节内容说说。标题将"廉颇"与"蔺相如"并置一起，暗示两人之间的特殊关系，也就是矛盾冲突。结合全文三个故事来看，两者的矛盾有一个产生、发展、尖锐、化解的过程。第一、二自然段叙写两人的身份、地位之差别，暗示两人之间不可避免的矛盾冲突。"完璧归赵"之后，相如"使不辱于诸侯"，被拜为上大夫，暗示升官很快，职位很高，可能引起廉颇的不满与不平。"渑池之会"后，赵王"以相如功大，拜为上卿""位在廉颇之右"，蔺相如继续升迁，地位高于廉颇，暗示两人矛盾发展、加深。后来，发展到廉颇宣恶言羞辱相如，两人相遇，相如"引车避匿"，两人矛盾公开化、炽热化，构成矛盾冲突的高潮。"负荆请罪"之后，两人捐弃前嫌，团结御敌，共同保卫赵国的安全，矛盾冲突化解。总体来看，廉颇与蔺相如之间的矛盾从产生、发展、高潮到最后消解，整个过程主要由三件事构成。标题将两人并列，自然也暗示他们之间的矛盾冲突。司马迁正是通过矛盾冲突来塑造人物性格的。这是该篇传记的一个鲜明特色。

当然，两人合传，还是有主有次，文臣为主，武将为辅。三个故事的较多笔墨集中在蔺相如身上，对于廉颇则是惜墨如金，语焉寥寥。这是司马迁的偏心，以廉颇来陪衬主要人物蔺相如。这种人物关系与《鸿门宴》的人物关系不同。《鸿门宴》中刘项军事集团的人物总是成对出现，构成鲜明的对比，比如统帅刘邦之于项羽，谋士张良之于范增，武士樊哙之于项庄，内奸曹无伤之于项伯，双方人物平起平坐，无主无次。

无功无名最逍遥

——《逍遥游》教学漫谈

　　教学庄子的《逍遥游》分两个课时，第一个课时，我从一个严肃的话题引入，请学生谈谈什么是自由，他们的言说五花八门，五彩缤纷。我顺势点评一转，那庄子心中的自由是什么呢？我们来学习庄子的散文《逍遥游》，并请学生用最简洁、最凝练的词语来概括庄子的自由观。

　　学生自读课文一遍，整体感受文章内容，搜寻最能概括庄子自由观的词语，找了半天，很难找到。不过，这个寻找的过程促使学生带着问题熟悉了文本，很有意义。有的学生找到了接近庄子自由观的句子"若夫乘天地之正，而驭六气之辩，以游无穷者，彼且恶乎待哉？"或者"故曰：至人无己，神人无功，圣人无名"，或者"举世誉之而不加劝，举世非之而不加沮"，或者"御风而行，泠然善也"。

　　教师要从总体上肯定学生的发现与努力，提醒学生，这些句子从不同的侧面接近庄子心中的自由，但不是词语，不符合问题的要求，要找到一个词语来解释庄子心中的自由是怎样的一种状态。学生猛然意识到标题"逍遥游"三个字，准确描述了自由的含义，即悠然自得地遨游。教师抓住"游"字做文章，既然是"游"，于目光而言，俯仰四方，游目骋怀，无拘无碍；于行动而言，天马行空，信马无疆；于心灵而言，无牵无挂，自由自在。初中学过一篇课文《与朱元思书》，其中有这样的句子"从流飘荡，任意东西",这就是自由,就是"游"。不管哪种"游",均有一个共同的特点:自由自在,无拘无束。所以,庄子讲的自由,就是逍遥游,就是自由自在、无拘无束、无牵无挂的心灵状态。

什么是"逍遥游"?庄子也有自己的解释,请从文章中找出一两个句子来回答问题。一个句子是"若夫乘天地之正,而驭六气之辩,以游无穷者,彼且恶乎待哉?"另一个是"故曰:至人无己,神人无功,圣人无名"。教师引导学生分析这两个句子,先翻译其意思,再研究、揣摩庄子的思想。至于顺应天地万物的本性,驾驭六气的变化,遨游在无穷无尽的时空,要依靠什么呢?"天地之正""六气之辩",实际上就是自然造化、天地之道。庄子告诉人们要与道合一,与天地精神相往来,与天地同在,与自然混一。"彼且恶乎待哉"属于宾语前置句,还原为现代汉语的顺序就是"彼且待恶乎哉",意思是说"那还凭借什么呢",什么也不凭借。显然,反问句加强语气,宾语前置句突出宾语,全句意思是强调他们无依无傍,无拘无束,自由自在,心灵绝对自由。常式句表达平淡,陈述句语气较弱,反问句则引发读者的注意和思考。这个句子中有一个关键词"待",无待则自由,有待则不自由。

第二个句子回答了一个问题,如何达到逍遥游?要做到"三无":无己,无功,无名。也就是说。要忘却自我,摆脱外物的束缚,淡泊功名利禄,漠视荣辱得失,超脱于世俗功利,达到精神的超脱与豁达。

从全文来看,三个自然段列举了许多事物和形象说明有待和无待,请找出来,并梳理全文的思路。第一自然段从空间的角度列举大鹏奋飞、蜩鸠笑鹏、舟芥浮水、行者备粮的现象,说明万物皆有所待,皆不自由。第二自然段从时间的角度列举朝菌与蟪蛄,冥灵与大椿,众人与彭祖,斥鴳与大鹏,两两对比,说明小大之辩,皆有所待,皆不自由。第三自然段列举官员、宋荣子、列子、逍遥者(圣人、神人、至人),层层对比,说明什么是逍遥游和如何达到逍遥游。所以从全篇来看,前面大部分内容是说有待,不自由,后面小部分内容是说无待,获得自由。有待和无待构成全文展开内容的大致思路:万物有待(空间、时间),人皆有待(人、神),至圣无待(心灵)。

所举事例和现象来自传说、寓言、生活、神话，体现出庄子天马行空、纵横驰骋、亦真亦幻、汪洋恣肆的文风。

第二个课时，重点研读文章第一自然段，了解庄子的思想观点，体会庄子的说理特色和语言艺术。大鹏鸟，写得神奇莫测、惊心动魄，重点在于说明大鹏鸟有所待，不自由。它的活动受到哪些条件限制呢？一是六月海动，刮起飓风（是鸟也，海运则将徙于南冥/去以六月息者也）；二是乘风而上，直达九万里高空（水击三千里，抟扶摇而上者九万里）；三是风力巨大，足以托举大鹏（风之积也不厚，则其负大翼也无力。故九万里，则风斯在下矣，而后乃今培风；背负青天，而莫之夭阏者，而后乃今将图南）。作者如何描写大鹏鸟呢？极尽想象、夸张之能事，刻绘大鹏鸟来历神奇、奋飞雄壮、动力强大、气势非凡的特点，突出了腾空高飞气势磅礴的大鹏形象，足见庄子行文的浪漫色彩。

李白喜欢庄子笔下的大鹏，诗曰"大鹏一日同风起，扶摇直上九万里"，表达自己一飞冲天、大展宏图的远大抱负和高度自信，与庄子描写大鹏鸟的目的不一样。毛泽东有诗云"自信人生二百年，会当水击三千里"，也是受庄子笔下大鹏鸟形象的启发而写出的诗句，意境类同《沁园春·长沙》的结尾："曾记否，到中流击水，浪遏飞舟？"它表达了一种不惧风浪、永立潮头的担当精神。注意比较毛泽东的"击水"与庄子的"水击"，在含义和用法上均不相同。

文章还比较了两种现象："野马也，尘埃也，生物之以息相吹也。天之苍苍，其正色邪？其远而无所至极邪？其视下也，亦若是则已矣。"意思是说：山野中的雾气，空中的尘埃，都是生物用气息相吹拂的结果。天色深蓝，是它真正的颜色，还是因为天高远而看不到尽头呢？大鹏鸟从天空往下看，也不过像人从地面看天空一样罢了。大鹏鸟从上至下看不到大地的真容，人类从下往上看不到天空的本色，人与鸟都受到自身条件的限制，不能获得对世界真正的认知，可见都是有所待的，不自由的。要注意理解句中"是"的指代意义。"其视下也，亦若是则已矣"句中"也"表停顿，舒缓语气，加上其后的顿号，停顿稍长，目的在于引出并强调后面的内容。句中

"亦""则已""矣"配套使用，叠加语气，突出庄子的叹惋，大鹏鸟虽然一飞万里，俯视大地，似乎远超人类，可是它的所见所感不过如此，没有什么稀罕的，也是有限的，有待的，不自由的。

说舟芥，思考舟和水的关系、鹏和风的关系。水积不厚则负舟无力，风积不厚则负翼无力，水浅则草芥为舟，水杯粘地。这些现象表明，舟有所待，翼（鹏）有所待，皆不自由。好比远行者，出游远近，需要准备不同数量的粮食（适莽苍者，三餐而反，腹犹果然；适百里者，宿舂粮；适千里者，三月聚粮），也是有所待的，不自由的。对于这一点，庄子看得非常清楚，反复列举生活现象，形象、生动地说明他的观点。

说蜩鸠，讥笑大鹏，为何？"我决起而飞，抢榆枋而止，时则不至，而控于地而已矣，奚以之九万里而南为？"飞行高度受限，活动环境受限，感受认知受限，不能认知超越自身时空环境的对象。和大鹏相比，一树之高无法感知万里之远，一地之限不能认识江海云天，一"决"之飞不能了解一"怒"之飞，所谓"笑之"，实际上是浅陋无知、鼠目寸光的体现。另外，紧接着蜩鸠笑话之后，庄子列举了远行者的例子，最后反问一句"之二虫又何知"，其实是在驳斥蜩鸠也是在启示众人，出行者有所待，蜩鸠有所待，但是它们不知道，不知道自己有所待，也不知道大鹏有所待，这才是它们最为可悲的地方。从蜩鸠身上，我们看到了一些人的影子。人也一样，受到自身种种条件的制约，不能感受、认知超出自身条件的对象，反而去嘲笑、讥讽对象，这就暴露出了自身的局限与不足。我们和蜩鸠一样愚昧无知，自以为是。整个第一自然段，列举寓言、传说、生活现象，均是说明万物有待，皆不自由。

第一自然段侧重从空间的角度举例阐述观点，第二自然段侧重从时间的角度阐述观点。请学生找出文段中心句"小知不及大知，小年不及大年"，思考这两句话是否可以调整语序，为什么？不可以。从结构上看，此句是过渡句，承上启下。从内容上看，前句照应上文，蜩鸠属于"小知"，鲲鹏属于"大知"，"小知"如何不及"大知"呢？一是无知、浅陋，不能认知"大知"的行为；二是不能认知"小知"和"大知"皆有所待，皆不自由。

下句总起下文，下文运用四组对比，突出"小年不及大年"，属于小年的有"晦朔""蟪蛄""斥鷃"，属于大年的有"冥灵""大椿""彭祖"，当然，"小年"与"大年"是相对而言的，没有定分。再思考，"小年"如何不及"大年"呢？"小年"限于自身的生命大限，不能感知、认识超越自身条件的"大年"。就众人而言，庄子认为，和彭祖相比，他们是可悲的。悲在何处呢？一是以小年比大年，不自量力，浅陋无知，或者说，不在一个时空平台，不具有可比性，正如蚍蜉要和大树比力量、萤火虫要和太阳比光芒、人要和老鹰比视力一样荒唐可笑。二是彭祖生命有限，也只能活800岁，比不上冥灵和大椿，更比不上更老的神仙，也是有所待的，有局限的，不自由的。众人活上七八十岁到一百岁，也是有限的，有待的，不自由的，可是众人却认识不到这一点，这才是最可悲的地方。

此段还要研究一个问题，文段写斥鷃嘲笑大鹏，与第一段中写蜩鸠嘲笑大鹏有何异同？相同在于，两个寓言故事都是为了说明凡鸟、小鸟、小虫的无知、浅陋、鼠目寸光，特别是突出它们皆有所待而毫无自知，也说明它们不知道大鹏鸟有所依待，不自由，反而自以为是，沾沾自喜。这些形象暗喻社会中的"众人"，他们就生活在你我身边，他们的言语无形中总会刺痛我们的心灵，让我们意识到自身的局限和不足。不同在于，无知、浅陋的程度不同，作者否定、讽刺的程度不同。蜩鸠叙述自己的活动，相对平静、客观；蜩鸠对大鹏鸟高举远飞的行为表示困惑、不解。斥鷃叙述自己的活动，使用了"不过""翱翔"之类的词语，流露出自鸣得意、沾沾自喜的感觉；斥鷃也对大鹏的壮举不理解，提出疑问、困惑，"而彼且奚适也"，和前面的蜩鸠之问"奚以之九万里而南为"相比，多了一个"而"字，多了一份不解与困惑。

另外一个问题，两个自然段都叙说了大鹏奋飞的故事，内容重复，写法类似，有何作用？这是庄子文章的一个特点，喜欢使用重言，即从不同的角度反复叙说同一个内容，使作品主题得以强化。从主旨看，两次叙说大鹏奋飞的故事，目的在于突出和强调大鹏是有所待的，不自由的，增强作品的说服力和感染力。从阅读效果来看，庄子的大胆想象、惊人夸张、奇特构思，增强了作品的趣味性和吸引力。

其实，换一个角度仔细比较、研究庄子叙说蜩鸠、斥鷃、大鹏飞行的细节，也可以体会出庄子文笔的深长意味。看起飞：大鹏鸟是乘六月飓风，振翅奋飞，水击千里，激荡风云，惊天动地，场面壮观，气势磅礴；蜩鸠是"决起而飞"，抢树而止，控地而已，空间狭小，活动平凡，场面不大，气势不足；斥鷃是"腾跃而上""数仞而下"，翱翔蓬蒿，类同蜩鸠，时空受限，视野局促，气势微弱。看高度：大鹏是高飞万里，驰骋南北，天马行空，气势恢宏；蜩鸠是飞抵树高，"时则不至"；斥鷃是翱翔蓬蒿，数仞而已。它们的高度远远不及大鹏，两相比较，犹如山谷仰望高峰，侏儒仰望巨人，不在一个层面，不是一种格局，不可同日而语。三个形象，两种层次，分别象征社会中的两种人。蜩鸠、斥鷃象征芸芸众生、庸庸之辈，这类人生活局促，目光短浅，愚昧无知；大鹏鸟象征心怀大志、奋发有为之人，这类人雄心勃勃，立意高远。两种人不在一个层级，不在一个境界，不可相提并论，它们都有所待，皆不自由，相对而言，后一类人比前一类人要自由。读者也可从大鹏的形象上领悟真谛，突破局限，挑战自我，追求独立和自由以及高远之境界。

文章第一、二两段侧重从时空角度举例，以寓言、传说、志异、生活的形象说理，文章第三自然段回到社会，回到世人（特别是官员），阐述自己的思想。思考两个问题：这个自然段列举了哪几类人，这些人各有怎样的特点，庄子想借助这种议论、比较阐明什么道理。整体分为两类人，有所待和无所待，也就是不自由和自由。具体细分，有所待是指官员、宋荣子和列子，无所待是指至人、神人、圣人，其实是一类人，即自由人。官员可分为"知效一官""行比一乡""德合一君""而征一国"四种，皆是当政掌权，治理社会，恋权谋位，追名逐利，依赖多多，皆不自在。宋荣子的境界超过了一般官员，"举世誉之而不加劝，举世非之而不加沮，定乎内外之分，辩乎荣辱之境"，不在乎外界毁誉、世俗眼光，分清内外物我，知晓荣辱得失，不屑世俗官员的追名逐利、争权夺位，嘲笑、讥笑、冷笑他们，但庄子还是认为宋荣子"未有树也"，境界还不够，还有所待，还是不自由。列子半人半仙，"御风而行，泠然善也"，不屑功名，超然于世，境界高于宋荣子，但是"不免乎行，有所待者"，亦不自由。以上三类人不自由，反衬出最后一类人的自由。顺应天地万物本性，驾驭六气变化，遨游无穷宇宙，无所依傍，无所牵挂，是为"逍遥游"。如何做到"逍遥游"呢？做到"三无"，无己、无功、无名。生活中，我们也许达不到这种境界，但是当我们陷于世俗纷争，太过繁杂、劳累的时候，也许很有必要适当地超脱世俗名利，看淡人生荣辱，确保自我的独立和自由。

人们置身于自然社会中，不能不受到客观法则的限制，这是必然的痛苦，庄子告诉我们安时处顺，则穷通自乐；人们在蝇营狗苟地追求名利时，常会扭曲本性，迷失自我，庄子告诉我们敝屣富贵、淡泊名利，则能悠然自得。如果说儒家思想是粮店，是我们立身处世之根本，那么道家思想就是药店，在我们处于精神困境之时，不妨向老庄寻一剂良药。

散 文 漫 溯

深挖标题辩情思

——《记念刘和珍君》片段教学漫谈

　　教学《记念刘和珍君》时，不介绍作者鲁迅，不交代时代背景（"三一八"惨案），温故知新，而是从已经学过的两个单元六篇课文入手，激发学生的兴趣。我是这样导入的：最近一个月，我们学习了两个单元的课文，第一单元是诗词，第三单元是文言文。在《沁园春·长沙》中，我们纪念了一段激情飞扬、如火如荼的青春岁月；在江南《雨巷》中，我们纪念了一个哀怨凄美、惆怅梦幻的爱情故事；在《再别康桥》中，我们纪念了一段如诗如画、难舍难分的校园生活；在《烛之武退秦师》中，我们纪念了一位通晓大义、勇赴国难的志士；在《荆轲刺秦王》中，我们纪念了一位大义凛然、视死如归的刺客；在司马迁的《鸿门宴》中，我们纪念了一段风起云涌的岁月，一些活灵活现的历史人物。这些文章有一个共同的主题——"纪念"。今天，我们来学习另外一篇文章，那就是鲁迅先生的散文《记念刘和珍君》，纪念一位爱国志士、青年学子——刘和珍君。并展示幻灯片，出示课文标题——"记念刘和珍"。

　　我提问学生：看到这个标题你们有什么异样的感觉或发现？学生很快发现两个问题：一是"记念"是错别字，应该写为"纪念"；二是标题少了一个"君"字。针对"记念"，我提问：鲁迅先生写了错别字吗？学生说没有。写了通假字吗？学生说也没有。那么，到底是怎么回事呢？我提示学生，通过预习课文，这篇散文具体的写作时间是什么时候。读书细心的同学马上说出来，是 1926 年 4 月 1 日。有同学开玩笑说，4 月 1 日是愚人节啊。我反问，没错，是愚人节，难道鲁迅崇洋媚外，喜欢过洋节，故意写错别字来愚弄大家、娱乐大家吗？学生说，不是。

那又是怎么回事呢？我提醒学生思考"1926 年"中国社会、文化思想领域发生了什么的大事？有同学想到了新文化运动、五四运动等，新文化运动提倡白话文，废弃文言文，宣扬科学与民主，批判旧社会、旧制度。白话文刚刚兴起，文字使用尚未规范，写文章时用字不规范的现象常常发生。这个"记念"就是一个典型的例子。同学们说得很好，我鼓励他们说，文中还有一些类似"记念"这样不规范的用字现象，请找出来，并说说今天规范的写法。他们很快找到了句子"那里还能有什么言语呢"，"那里"就是现在的"哪里"。幻灯片出示的课文标题"记念刘和珍"少了一个"君"字，意味顿减。"君"是一个表敬词语，一般用于同辈之间或晚辈对长辈的敬称，可是这篇文章中，鲁迅与刘和珍是师生关系，老师称呼学生为"君"，可见老师对学生满怀尊重，无比崇敬，这个字少不得。由此，我们不免疑问，刘和珍到底是怎样一个人，她做了什么了不起的事情，值得先生如此敬重。

再回到标题整体，关键词是"记念"，凝聚思想感情，表示对一个人的深切缅怀、追忆与悼念。这个词也暗含悬念，统领文章内容。我们可围绕"记念"思考三个问题：（1）为什么要"记念"刘和珍？（2）刘和珍身上到底有什么值得先生撰文"记念"的（换句话说，文章到底要"记念"刘和珍君的什么）？（3）"记念"刘和珍君有什么意义和价值，给活着的人们带来怎样的影响与启示？其实，这三个问题刚好就是文章依次展开的结构脉络。我请学生很快说出文章哪些部分分别写到这三个问题的答案。学生很容易说出来。文章第一、二节主要交代写作目的，即回答为何要纪念刘和珍君，也就是纪念刘和珍君的必要性；文章第三、四、五节主要叙述刘和珍的所作所为，侧重揭示她的思想性格和精神追求，回答问题（2），即纪念刘和珍君的什么；文章第六、七两节主要议论如何看待刘和珍君的遇难，侧重揭示刘和珍遇难的教训、意义和价值，也就是回答问题（3）。可见，全文内容主要是围绕标题中的关键词"记念"展开的。可以说，"记念"是全文的"文眼"。

接下来，我带领学生进入文段具体内容，主要分析、研究这三个问题的答案。关于问题（1），我先请学生找出第一、二两节中能够直接揭示作者创作目的的句子。"我也早觉得有写一点东西的必要了，这虽然于死者毫不相干，但在生者，却大抵只能如此而已。""我们还在这样的世上活着；我也早觉得有写一点东西的必要了。""离三月十八日也已有两星期，忘却的救主快要降临了罢，我正有写一点东西的必要了。"然后，引导学生理解这三个"必要"，提示学生理解关键词语的方法：词不离句，句不离段，紧扣语境，揣摩文意。

第一个"必要"是有必要写这篇文章来悼念烈士，注意两个词语——"也""早"。"也"字紧承第一自然段中程君劝"我"给刘和珍写一点东西而来，说明程君有提醒，"我""也"有写一点东西纪念刘和珍的想法。"早"字说明"我"早就产生了写一点东西来悼念烈士的想法，不是等到程君正告才有。换句话说，即便程君不正告"我"，"我"也会写一点东西来纪念烈士。对于写一点东西悼念烈士，作者又反复说"只能如此而已"，强调自己不能找到更多、更合适的方式来纪念烈士而深感歉意和愧疚。

第二个"必要"，是针对前一句话中的关键词"这样的世上"而来的。"这样的世上"是什么样的世上，具有怎样的特点，这些内容需要联系上文内容来分析。上文有关键词"似人非人""非人间"，也就是不把人当人，人活在这样的社会没有尊严，没有价值，没有自由，没有安全，没有幸福。这不是人活的社会，或者说，这样的社会是非不分，黑白颠倒，滥杀无辜，践踏人权，不是人间而是地狱、炼狱。我启发学生这样思考：这样的社会发生了什么惊天动地的大事？学生当然知道，发生了"三一八"惨案，我抛出这个问题，目的在于引导学生体味社会的黑暗，当权者的卑劣狠毒，反动文人的无耻嘴脸，进而认识刘和珍所处的社会特点是人如草芥，命比蝼蚁，权力泛滥，公义不行，这样学生自然也就理解了"这样的世上"。第二个"必要"侧重用文字揭露当权者的累累罪恶，反动文人的卑劣无耻。

当然，还可以提醒学生思考，在这样的世上，我们是怎样活的？文章第二节第一自然段特别写了"庸人"的思想状态："然而造化又常常为庸人设计，以时间的流驶，来洗涤旧迹，仅使留下淡红的血色和微漠的悲哀。在这淡红的血色和微漠的悲哀中，又给人暂得偷生，维持着这似人非人的世界。"随着时间的流逝，芸芸众生渐渐淡忘血的事实，牺牲的烈士，烈士勇敢抗争、殒身不恤的大无畏精神，回到庸庸碌碌、浑浑噩噩的生活状态。什么是"庸人"？"庸人"就是指那些愚昧保守、麻木健忘、冷漠旁观、没有觉悟的大众。在中国，这样的人大有存在。因此，鲁迅写一点文字，有必要唤醒麻木的庸人，激励他们牢记血的事实，发扬烈士精神。

教师还有必要引导学生理解作者对"这样的世上"的态度与情感，体味句子"我不知道这样的世界何时是一个尽头！"可以通过朗读突出重音的形式来理解句子丰富的含义。重音落在"不知道"，表达作者对这个世界的愤怒与绝望；重音落在"这样的世界"，表达作者对这个"似人非人"的世界的否定与批判；重音落在"何时"，表明作者对这个世界的双重感情，一是希望它快点毁灭，走到尽头，二是不知道这个世界何时灭亡，也许还会延续一段时间，对它深感绝望、无奈；重音放在句尾的"一个尽头"，表达作者对这个世界的诅咒与控诉。朗读重音不同，含义侧重点也不一样。反之，读者理解的侧重点不同，朗读的时候对重音的处理也不尽相同。不过，就这个句子的形式特点而言，重音还是落在句末"一个尽头"为好，既是作者强调的重点，又是全局情意聚焦所在。

第三个"必要"是针对快要忘记血案的人们来说的，警醒世人，牢记血债，纪念烈士，奋勇斗争，同时也要反思教训，机智战斗。文中说"忘却的救主快要降临了罢"，而不说"很多人快要忘记这件事情了"，效果有何不同？前一种说法饱含否定与讽刺的意思，对于芸芸众生淡忘血案作适当的批评与讽刺，体现作者的担心与警醒，意味比较含蓄、丰富，后一种表达比较直白、一般化，没有特别的意味。

　　文章第一、二两节中的三个"必要"其实交代了作者写作此文的三个目的，即沉痛悼念烈士，愤怒揭露反动政府的暴行，痛斥反动文人的无耻嘴脸，警醒世人不忘血案，不忘烈士，奋勇战斗，踏血前行。

没有新闻就是最大的新闻
——《奥斯维辛没有什么新闻》教学漫谈

　　《奥斯维辛没有什么新闻》是一篇迥别传统、个性独特的新闻报道。教学此文，我主要抓住标题中的"没有什么"大做文章，深入挖掘，纵横比较，多角度引导学生理解这则新闻报道的文体特点与思想意义。

　　首先，要弄清楚标题中的"没有什么新闻"是什么意思，有何言外之意。学生能够说出来，"没有什么新闻"就是说只有旧闻，只有众人皆知的历史事实，没有新近发生的引发社会高度关注的事件，这与传统的新闻报道大不相同。传统的新闻报道具有及时性（或者说时效性），一般是报道新近发生的事情。这篇新闻的标题"奥斯维辛没有什么新闻"，就是说奥斯维辛是人间地狱、杀人工厂，是二战期间法西斯纳粹分子屠杀犹太人以及世界上爱好和平的人们的集中营，是历史罪恶的见证。纳粹分子所犯下的惨无人道、令人发指的滔天大罪，早已成为众所周知的历史事实。奥斯维辛集中营是怎样一个杀人工厂呢？我出示背景资料，介绍相关史料，帮助学生了解纳粹分子的累累罪恶。

　　其次，既然此地没有什么新闻，作者为何又要写下这篇新闻报道？他是出于怎样的动机写下这篇新闻报道的？我请学生阅读新闻报道，从作品中找到作者罗森塔尔写作这篇新闻报道的目的或动机，学生很容易找到这样的文句："今天，在奥斯维辛，并没有可供报道的新闻。记者只有一种非写不可的使命感,这种使命感源于一种不安的心情:在访问这里之后,如果不说些什么或写些什么就离开,那就对不起在这里遇难的人们。"这段话包含这样几层意思:一是一种庄严肃穆的使命感驱使作者写下这篇报道;二是这种使命感源于一种不安的心情;三是这种不安就是参观这里之后,如果不写什么或说些什么,就会觉得对不起死难者。因此,需要写些或者说些什么,纪念死难者,告慰死难者,揭露纳粹分子的滔天罪恶。换句话说,罗森塔尔参观奥斯维辛集中营,写下这则新闻,目的在于纪念死者,揭露罪恶,伸张正义,呼唤和平。如此思考,不管从历史的角度还是现实、未来角度看,无疑都具有重大的意义。较之一般的新闻报道,《奥斯维辛没有什么新闻》的主题思想更为深刻,更具普遍意义,更有穿越时空的永恒意义。

《奥斯维辛没有什么新闻》除了新闻标题与一般新闻不同之外,还有哪些不同呢?

设计这个问题,旨在引导学生深入细致研究这则新闻报道与传统新闻的不同之处,也就是它的明显的特点。这些特点或许就是确保它获评美国新闻界最高荣誉奖"普利策新闻奖"的重要原因。当然,此问题稍显宏大,于是我提示学生可多角度细致深入思考,如情感的表达、新闻的开头与结尾、语言的运用、报道的角度等。多角度比较该则新闻与传统新闻的不同特点,是我教学这篇新闻报道的主要内容。

从情感来看,传统新闻倡导零度写作,报道尽可能保持客观公正,不带感情色彩,只需如实报道事件真相即可,即便流露感情,也是尽可能内敛而克制,杜绝汹涌宣泄。新闻《别了,"不列颠尼亚"》报道中英政府交接香港主权的过程,按照时间顺序依次叙述双方的行为,笔调客观,语言平实,报道冷静,几乎不带感情色彩。这篇《奥斯维辛没有什么新闻》则在客观叙述的基础之上饱含强烈的主观感情色彩,作者通过描述参观者的感受与反应来传达自己的感情,惊心动魄,令人唏嘘,促人深思。作者的用意就是希望人们能够牢记苦难和罪恶,反思造成灾难的原因,懂得珍爱生命,呵护和平。新闻当中那些强烈的观感描述,处处击中人们心中最柔软的地方,令人过目难忘,感慨万千。

从新闻的开头和结尾来看，一般新闻报道开头是导语，用几句话简明扼要地概述新闻主体事实、新闻意义，让读者一下子就明白新闻的实质内容，它重在明白快捷，直奔主题。《奥斯维辛没有什么新闻》的开头与结尾不同于传统新闻，开头两段是这样写的："从某种意义上说，在布热金卡，最可怕的事情是这里居然阳光明媚温暖，一行行白杨树婆娑起舞，在大门附近的草地上，还有儿童在追逐游戏。""这真像一场噩梦，一切都可怕地颠倒了。在布热金卡，本来不该有阳光照耀，不该有光亮，不该有碧绿的草地，不该有孩子的嬉笑。布热金卡应当是个永远没有阳光、百花永远凋谢的地方，因为这里曾经是人间地狱。"结尾的一段是这样写的："在奥斯维辛，没有新鲜东西可供报道。这里阳光明媚，绿树成荫，在集中营大门附近，孩子们在追逐游戏。"显然，开头两段故意对比现实与历史，突出作者颠倒错乱、胆战心惊的感受，引发读者深思，进而明白这里曾经的罪恶与残暴、耻辱与灾难。如此导语，吸引读者，震撼心灵，一下子凸显出作者揭露残暴、控诉邪恶的意图。结尾一段呼应开头，使整篇新闻结构完整，也突出作者的写作目的，如此开头与结尾不同于一般的新闻报道。

从新闻报道的视角来看，传统新闻一般是采取第一人称视角，侧重报道事件的过程，突出事件的特殊意义。本单元的另外一篇新闻《别了，"不列颠尼亚"》就是以亲历者的身份，见证一个特殊时段中英两国政府人员如何交接香港主权的详细过程，侧重报道作者所见所闻所历。这篇《奥斯维辛没有什么新闻》，作者以一个参观者的身份随同一群游客参观访问奥斯维辛集中营，不像一般新闻报道那样去重点报道参观者看到了什么，而是将目光聚焦在参观者看到种种惨无人道的遗迹之后所产生的感受与反应上，借助参观者的震惊、恐惧、颤抖、目不忍视、耳不忍闻、心不忍受的感受来突出作者自己的感情，揭示法西斯分子的惨无人道，给人耳目一新、印象深刻的感觉。

从报道的语言来看，传统新闻追求实事求是、客观公正，语言多是平实晓畅、简明质朴，能够恰切描述事件情况即可，不需要生动描绘、提炼细节、斟酌字词，描述语言也缺少耐人寻思的意味。这篇《奥斯维辛没有什么新闻》不同，很多词语的斟酌、细节的描写和语句的运用，都给人言简义丰、韵味悠长的感觉，有些细节或词语甚至可以调动读者丰富的想象。

比如："参观者默默地迈着步子，先是很快地望上一眼；接着，当他们在想象中把人同牢房、毒气室、地下室和鞭刑柱联系起来的时候，他们的步履不由得慢了下来。""默默"写他们参观集中营时的表情凝重，步履无声，气氛肃穆，暗示他们心情沉重、极为难受的状态。"很快地望上一眼"描写他们惊骇不已、不敢目视的瞬间状态；"步履不由得慢了下来"，描述他们得知眼前种种遗迹曾经如何折磨、摧残囚徒的时候，步态变得沉重而缓慢，暗示他们内心的惊讶与恐惧、不安与沉重。又如："还有一些参观者注视着毒气室和焚尸炉，开头，他们表情茫然，因为他们不知道这是干什么使的。然而，一看到玻璃窗内成堆的头发和婴儿的鞋子，一看到用以关押被判处绞刑的死囚的牢房时，他们就不由自主地停下脚步，浑身发抖。""茫然"写表情，迷茫困惑，不知眼前所见用来干什么。看到"成堆的头发和婴儿的鞋子"，看到牢房，顿时明白眼前所见，大惊失色，浑身发抖，双腿发软，"不由自主地停下脚步"，走不动，走不了，眼前所见太吓人、太恐怖了。唯有极端的酷刑、令人发指的酷刑才足以让人胆战心惊，毛骨悚然。再如："这些三层的长条盒子，6英尺宽，3英尺高，在这样大一块地方，每夜要塞进去五到十人睡觉。"一个"盒子"比喻囚犯睡觉的空间极为狭窄局促，令人感到窒息；一个"塞进"极言法西斯分子不把人当人，只把人当作物件强行挤进、塞进去，惨无人道，毫无人性！再比如："解说员从这里快步走开，因为这里没有什么值得看的。"解说员是导游，天天接待游客，非常熟悉这里的情况，按照常理，他应该见惯不怪，见恶不惊，练就了直面现实的强大的心理承受能力，可是看到这些逼仄狭小的"盒子间"，不敢多看一眼，胆战心惊，也想赶快离开，可见，这儿的环境多么恶劣，多么磨人。

还有："从长廊两边的墙上，成排的人在注视着参观者。这是数以千计的照片，是囚徒的照片。他们都死了——这些面对着照相机镜头的男人和妇女，都知道死亡在等待着他们。"注意一个词语"注视"，是照片中死去的囚徒的千百双眼睛在"注视"着参观者，而不是参观者在"注视"着囚徒，实际上，墙上照片中的囚徒都已经离开了这个世界，他们已经不再可能"注视"活着的参观者，只能是参观者"注视"着他们的照片。可是，作者偏偏说他们"注视"着参观者，这是参观者的感觉，是站在参观者的视角来描写，墙上的目光给人一种特别的感觉，似乎这些目光穿越生死，隔空交汇，共同倾诉着什么，控诉着什么，墙上的每一双目光都代表一个曾经鲜活的生命，现在他们离开了这个世界，他们的眼光中流露出万千不舍与眷恋、恼怒与不平。目光与目光的注视，生命与生命的交流，震撼了读者与观众的心灵，感染后人，启迪后人。同样，他们"都知道死亡在等待着他们"，这个表达也很特别，不说"他们在等待着死亡"，而说"死亡在等待着他们"，两者意味不同。前者表明死亡在一天一天地逼近他们，他们或许不知道，或许还对生存和未来抱以希望，活在一种迷茫困惑之中；后者表明他们活在集中营，备受煎熬与摧残，正在一天一天地走向死亡，等待他们的就是残酷冰冷的死亡。他们知道自己的未来就是死亡。显然，后一种表达更能揭示出他们永无生还的绝望与无奈。要注意的是，这是参观者包括作者的主观感受，是作者站在死难者的情境之中去体验、想象的结果，此处又流露出作者强烈的悲悯情怀。

文中的两个细节非常典型，一是"在德国人撤退时炸毁的布热金卡毒气室和焚尸炉废墟上，雏菊花在怒放"。这里运用对比，一边是废墟遗迹，满目荒凉凄冷；一边是雏菊怒放，满目生机勃勃，对比反衬，凸显双重思想：一方面，控诉法西斯分子灭绝人性、惨无人道的滔天罪行；另一方面，歌颂人类向往自由、追求和平的坚定步履。同时，雏菊怒放，鲜艳灿烂，生机勃勃，给奥斯维辛集中营带来一抹亮色，惊艳了人们的眼睛，温暖了人们的心灵，给人以鼓舞、希望和力量。如此场景令人想起一幅照片：战争之后，三个英国绅士在一座图书馆遍地断垣残壁、金属瓦砾的废墟中静静阅读。文明的力量绝不屈服于战争的野蛮与残暴。

还令人想起一个微型小说《叔叔，请把我埋得浅一点》：

　　二战时期，在一座纳粹德国的集中营里，关押着很多犹太人。他们遭受着纳粹无情的折磨和杀害，人数在不断减少。

　　有一个天真、活泼的小女孩和她的母亲一起被关在集中营里。一天，她的母亲和另一些妇女被纳粹士兵带走了，从此，再也没有回到她的身边。但当小女孩问大人她的妈妈哪里去了？大人们流着泪对小女孩说，你的妈妈去寻找你的爸爸了，不久就会回来的。小女孩相信了，她不再哭泣和询问，而是唱起妈妈教给她的许多儿歌。她还不时爬上囚室的小窗，向外张望着，希望看到妈妈回来。

小女孩没有等到妈妈回来，就在一天清晨被纳粹士兵用刺刀驱赶着，将她和数万名犹太人逼上了刑场。刑场上早就挖好了很大的深坑，他们将一起被活活埋葬在这里。

人们一个接一个地被纳粹士兵残酷地推下深坑，当一个纳粹士兵伸手要将小女孩推进深坑中去的时候，她睁大漂亮的眼睛对纳粹士兵说："叔叔，请你把我埋得浅一点好吗？要不，等我妈妈来找我的时候，就找不到了。"纳粹士兵伸出的手僵在了那里，刑场上顿时响起一片抽泣声，接着是一阵愤怒的呼喊。

人们最后谁也没能逃出纳粹的魔掌。但小女孩纯真无邪的话语却撞痛了人们的心，让人们在死亡之前找回了人性的尊严和力量。

暴力真的能摧毁一切？不，在天真无邪的爱和人性面前，暴力让暴力者看到了自己的丑恶和渺小。刽子手们在这颗爱的童心面前颤抖着，因为他们也看到了自己的结局。

这个作品中，纳粹分子的残暴、凶狠、强大、毫无人性与小姑娘的天真无邪、美好、善良、热爱生活、向往和平形成鲜明的对比，相互反衬，凸显双重主题，增强了作品的思想意蕴。

二是文中两次写到了一个姑娘的"微笑"：

他们表情木然。但是，在一排照片的中间，有一张特别引人注目，发人深思。这是一个二十多岁的姑娘，长得丰满，可爱，皮肤细白，金发碧眼。她在温和地微笑，似乎是为着一个美好而又隐秘的梦想而微笑。当时，她在想什么呢？现在她在这堵奥斯维辛集中营遇难者纪念墙上，又在想什么呢？

两次"微笑",出现在一个姑娘温和的脸上,出现在两个不同的时段,传达出丰富的意味,引发读者和游客的联想与创造。我引导学生思考:"微笑"蕴含着什么意思?结合文本情境与人之常情,说说姑娘可能在想些什么?学生回答,当时她可能在想,父母可好?家乡怎样?所恋的另一半如何?何时才能结束战争?何时才可以获得解放,过上自由和平的生活……现在,她可能在想,你们可知道"我"的家人如何,"我"多么渴望与家人团聚;你们多么幸运、幸福,"我"多么羡慕你们,要祝福自由的人们;"我"很高兴,战争终于结束了,法西斯终于被送进了坟墓……如此就境联想,补充扩展,加深学生对青春生命的理解,对美好生活的珍视,对邪恶残暴的憎恶,同时也加深学生对人物命运的把握,对作品思想的体会。

文中一些句子含蓄凝练,意味深长,值得学生咀嚼、体会。比如,"另一个参观者进来了,她跪了下来,在自己胸前画十字。在奥斯维辛,没有可以作祷告的地方"。作者为什么说"没有可以作祷告的地方"?作祷告,或者是为了求得上帝的谅解,或者是为了求得上帝的保佑。但是,在奥斯维辛,没有可以作祷告的地方,因为刽子手丧失人性,手上沾满了无辜者的鲜血,他们是不可能向上帝忏悔自己的罪行的;而无辜的人们也逃脱不了被屠杀的命运,他们也没有办法求得上帝的保佑。又如结尾一段:"在奥斯维辛,没有新鲜东西可供报道。这里阳光明媚,绿树成阴,在集中营大门附近,孩子们在追逐游戏。"这段文字发人深思,前一句说明事实上作者希望的是这种罪行永远不要再发生,不要再有新鲜的东西可供报道。若有,应该是"阳光明媚,绿树成阴",应该是孩子们的自由嬉戏。这些鲜明、温暖的事物给文章增加了亮色。结构上,这一段与标题和首段遥相呼应,突出文章主题,也使文章首尾相连,浑然一体。

教学经典新闻作品,教学能够获评美国最高新闻奖——普利策新闻奖的作品,多角度比较传统新闻与这篇新闻的不同之处,增进学生对这则新闻作品突出特点的理解,理解这篇新闻独特的思想价值与普遍意义、艺术特点与个性特色,真正让学生领会到新闻的魅力与价值。这种比较教学、延伸思维、适时扩展的方法,无疑是很有现实意义的。

设疑置问解文意

——《荷塘月色》教学漫谈

　　教学该文，拟用两个课时。第一课时，朗读课文，整体感知文本内容与作者心情。可以设计两个问题，第一个问题是：想想文章描写了几个荷塘？这几个荷塘各有怎样的特点？给人的感觉有何不同？第二个问题是：请找出文章能够直接揭示作者心情的句子，并说说全文中作者心情变化的过程。

　　关于第一个问题，学生能够说出来，文章描写了一个显性的荷塘——清华园的荷塘，也就是标题中的"荷塘"；至于文中涉及的另外两个荷塘，学生一下子难以发现，需要思考、揣摩，前提是要读懂作者两次引用的古代诗文。教师要给学生足够的时间，让学生有时间参照注解，思考诗歌的内容，体会诗歌的情感。如此，学生自然意识到，文章还写了另外两个荷塘：一个是梁元帝《采莲赋》中的江南的荷塘，另一个是乐府民歌《西洲曲》中的江南的荷塘。《采莲赋》描写了浓妆艳抹的少男少女"荡舟心许，兼传羽杯"的浪漫故事，尤其写到女子"纤腰束素，迁延顾步""浅笑盈盈"，"敛裾"矜持，美丽如花，幸福如风，青春如火，令人羡慕，惹人欢喜。因此，这个江南的荷塘"热闹""风流""有趣"，溢满着"幸福"。《西州曲》描写了女子采莲，触景生情，含情脉脉，令人感动。"莲子"谐音"怜子"，"清如水"谐音"情如水"，爱如潮水，不可阻挡。整首采莲诗，其实含蓄表达了采莲女子对意中人的默默深情。这个荷塘长满了清新美丽的爱情之花，给人清纯、静谧、柔美的感觉。由此可见，《荷塘月色》其实描写了三个荷塘，一个实写，朦胧静谧的北国荷塘——清华荷塘；两个虚写，想象中的江南荷塘。

作者是如何将三个荷塘串联起来的呢？文眼句是"这几天心里颇不宁静"，作者的心情是联系三个"荷塘"的情感纽带。第一个荷塘带给作者片刻的宁静与自由，第二个"荷塘"带给作者想象中的自由、快乐与幸福，第三个"荷塘"带给作者想象中的纯情与美好，三个荷塘带给作者的感受都是片刻的美好、自由、快乐，之后又回到"颇不宁静"的现实。"荷塘"不管虚实，均是为表达作者的心情服务的。

关于第二个问题，学生可先找出散布全文的相关语句，结合语境，勾连前后，体会语句所表达的情感，然后将这些语句综合起来，即可看出作者心理情感的变化脉络。

第一段中的句子"这几天心里颇不宁静"是全文的文眼句，统率全文，奠定感情基调。"颇不宁静"暗示作者烦恼、郁闷、不快乐的心情，而且程度很重。正因如此，所以才想到要出门散散心，驱散不快的情绪。该段中还需要关注一个句子"忽然想起日日走过的荷塘，在这满月的光里，总该另有一番样子吧"，"忽然想起"其实是有缘由的，那就是"颇不宁静"，要是宁静、自由、轻松、愉快，可能就不会想起。该句将"日日走过的荷塘"与想象中的今晚的荷塘对比，"日日走过的荷塘"是作者非常熟悉的，今晚的荷塘和"日日走过的荷塘"不一样，是作者希望不一样，一个"该"字表达了希望、但愿的意味。希望什么呢？另一番样子，能够吻合作者的心境，排解作者的郁闷。这里的"另一番样子"，与第三自然段的"另一个世界"呼应。

文章第三自然段是作者的内心独白。徜徉荷塘，月色朗照，作者暂时摆脱了"平常的自己"，心灵变得宁静、自由、轻松。注意一个句子"这一片天地好像是我的"，说明无人打扰，自由自在。后面紧接着说"我也像超出了平常的自己，到了另一世界里"，暗示"平常的自己"不自由，感到压抑、烦恼、郁闷、困惑。该段结尾一句"我且受用这无边的荷香月色好了"，表明作者流连荷塘月色，暂时排解内心的苦闷与不宁静，之后还是要回到"平常的自己"这个状态。文章第四、五、六三个自然段集中笔墨描写荷塘月色，呼应第三自然段的最后一句话。特别注意一个"且"字，暗示自由、宁静是片刻的、暂时的，最后又会回到现实中来，心情还是会变得"颇不宁静"。

文章第六自然段中的"这时候最热闹的，要数树上的蝉声和水里的蛙声；但热闹是它们的，我什么也没有"，作者强调什么也没有，蕴含一种失落与无奈。失落了什么呢？失落了"热闹"，于它们而言，拥有热闹、欢快、自由、幸福；于作者来说，这些都没有，因此失落、孤寂、愁闷。

文章第八自然段中的"这真是有趣的事，可惜我们现在早已无福消受了"，是在第七自然段引用梁元帝《采莲赋》之后所发的议论，何以无福消受呢？原因很多。可能是光阴易逝，人生易老，已到中年的作者不可能回到少男少女时代；可能是作者寄身北国，遥距江南，自然不可能回去；可能是心境不同，少男少女，无忧无虑，自由自在，作者已到中年，俗务缠身，压力重重，心力交瘁。作者无福消受，暗示了一种失落、苦闷、不自由。

文章最后一段中的句子"这令我到底惦着江南了"，前面引用乐府民歌《西洲曲》描写女子的爱情追求，这里点出作者的联想，由《西洲曲》想起江南，想起自己的家乡，流露出浓浓的思乡之情。要注意"到底"二字，暗示想回去却不能回去的痛苦与失落。人在江湖，身不由己，这就是不自由。

综合以上各段揭示作者心情的句子不难发现，作者的心情变化大致经历了这样一个过程：先是不宁静，才想到荷塘去散心，暂时获得了宁静、独立与自由，摆脱了平常的烦恼与不安，最后又回到了现实，心情变得"不宁静"。徜徉在荷塘的过程之中，作者的心情总体上是自由、宁静与独立，但字里行间，隐隐透露出挥之不去的失落与孤寂、烦恼与不安。

第二课时，主要是朗读、品味文章第四、五、六三个自然段。这三段集中笔墨分别描写了"月色下的荷塘""荷塘上的月色""荷塘四周景色"，虽然三个自然段的景物描写各有侧重，但均将"月色"与"荷塘"紧密结合起来，可谓水乳交融，浑然一体。可以引导学生分析散文题目"荷塘月色"

的结构关系，进而理解第四、五、六自然段的主要内容。题目可以理解为偏正关系，即"荷塘的月色"；也可以理解为并列关系，即"荷塘"和"月色"，你中有我，我中有你，彼此交融。不管是哪种理解，都有一定的道理。我更倾向于后一种理解。何以为证？第四、五、六三个自然段的内容其实都是将荷塘景物与月光结合起来描写，营造了一个朦胧静谧、优美和谐的意境，烘托出作者片刻的安宁、自由、愉快的心情。对这三个自然段的鉴赏，主要抓住语言美，通过朗读、比较、品味来体会。

改换、比较品语言

——《荷塘月色》教学漫谈

　　教学《荷塘月色》写景状物的四、五、六自然段，我将目标定位为引导学生品味语言，体会景色的美好、情意的美妙。如何品味语言，我喜欢运用改换对比法，即将原作关键词句改造，然后让学生比较原作词句与改作词句的情感内容和表达效果。比较思维是一种能够深刻揭示对象本质特征的思维方法，同学们通过比较语词自然可以真切地感知朱自清的语言功力。

　　以第四自然段为例，改换词语大概有以下几类：一是叠音词改换为非叠音词；二是将使用了修辞手法的词语改换为没有使用修辞手法的词语；三是名词改换为另外一个名词。让学生比较原词句与改换后的词句的表达效果有何不同，从而体会作者遣词造句的功力。

　　　　曲曲折折（曲折）的荷塘上面，弥望的是田田（碧绿）的叶子。叶子出水很高，像亭亭（美丽）的舞女（少女、歌女、少妇）的裙。层层（茂密）的叶子中间，零星地点缀（分布）着些白花，有袅娜地开着的，有羞涩地打着朵儿（含苞待放）的；正如一粒粒的（一些）明珠，又如碧天里的星星（星子），又如刚出浴的美人（姑娘）。微风过处，送来缕缕（几缕）清香，仿佛远处高楼上渺茫的歌声似的。这时候叶子与花也有一丝的颤动，像闪电般，霎时传过荷塘的那边去了。叶子本是肩并肩密密地挨着，这便宛然有了一道凝碧的波痕。叶子底下是脉脉（静静）的流水，遮住了，不能见一些颜色；而叶子却更见风致（姿态）了。（括号里是改动后的词语）

先说叠音词和非叠音词的区别，意思基本相同，只是程度有别。比如，"曲曲折折"与"曲折"都是弯曲的意思，但是程度不一样，"曲折"表轻微，"曲曲折折"则稍重。从声韵上看，"曲曲折折"富有音韵美，读起来朗朗上口，和谐顺耳，"曲折"就显得平淡一些。就这一个段落来看，"田田"是叠音，描绘荷叶团团块块，规规整整，水平铺开，一望无际，大有杨万里诗句"接天莲叶无穷碧"的气派。"碧绿"只是描绘色彩，凸显生机，却不见全貌，不显气势。同样，"层层"形容荷叶层层叠叠，叶叶交通，形象直观，生动如画。而"茂密"则是抽象言之，浓密茂盛，生机无限，但是不够生动，不见画。文章描写女子的词语"亭亭"，宛见女子身材修长，亭亭玉立，楚楚动人的形象，也容易使人联想起周敦颐《爱莲说》的词句"中通外直，不蔓不枝，香远益清，亭亭净植"。"美丽"则是笼统言之，毫无形象且又庸俗，不能很好地唤起读者的美妙联想。"一粒粒"说明明珠很多，数不胜数，闪闪发亮；"一些"只是少数，不够规模，不够灿烂。荷塘宽阔，荷花众多，放眼望去，犹如夜空镶嵌明珠，当然很多，数也数不清。

"缕缕清香"包含两层意思，一是清香四溢，随风飘散；二是清香如线，丝丝缕缕，以有形写无形，以具象写抽象，生动形象，惹人联想。换作"几缕"，既见其少，又显其微，不符合荷塘景象。"星星"较之"星子"，不但是数量上的多少之别，还带有一种亲切、喜爱的意味。"脉脉"与"静静"是同义词，但前者含有感情，拟水为人，脉脉含情，楚楚动人，多了妩媚，多了深情，令人联想到江南女子深情如水、顾盼生辉的神态；"静静"则只是如实描述状态，静默无声，不带感情，缺少意味。文段中叠音词的大量运用，增强了语言的音韵美，读起来朗朗上口，和谐动听。

"羞涩地打着朵儿"运用了拟人手法，将含苞待放的花骨朵比作不胜娇羞的女子，给人以羞答答、怯生生的感觉，名义上是写花，其实作者借助拟人手法将话题转移到女子身上，给人以美妙的联想。如果改作"含苞待放"，固然准确，但是不带感情，不能引发读者美妙的联想。朱自清先生写散文有一个特点，喜欢拿女性作比，后面还有将美丽的荷花比作"刚出浴的美人"的。他的散文《绿》中也有这样精彩的句子："这平铺着，厚积着的绿，着实可爱。她松松的皱缬着，像少妇拖着的裙幅；她轻轻的摆弄着，像跳动的初恋的处女的心。""那醉人的绿呀！我若能裁你以为带，我将赠给那轻盈的舞女；她必能临风飘举了。我若能挹你以为眼，我将赠给那善歌的盲妹；她必明眸善睐了。我舍不得你；我怎舍得你呢？我用手拍着你，抚摩着你，如同一个十二三岁的小姑娘。我又掬你入口，便是吻着她了。我送你一个名字，我从此叫你'女儿绿'，好么？"这些或比喻或拟人或联想的句子，均与美丽的女子相关联，折射出作家浓郁的女性情结。

《荷塘月色》中也是这样。将荷叶比作舞女的裙，将荷花比作刚出浴的美人，将含苞待放的荷花比作娇羞的女子，将流水比作脉脉含情的女子，将荷花的姿态描述成具有美丽女子一般的风姿，两次联想均是江南采莲习俗，均是少女恋爱相思情境。读者阅读这些如诗如画、如梦似幻的文字，不但可以欣赏荷塘月色优美宁静的自然风光，更可以唤起丰富的联想，感受女子的曼妙风情、绰约风姿，获得感官和心灵上的审美享受。朱自清就是要达到这样的效果，爱荷花，爱荷叶，爱荷塘，爱月色，就像爱慕一位美丽的女子一样，你能想象女子有多美，荷塘月色就有多美。美丽的景色、女子，幸福的爱情，自由的生活，总是令人神往与陶醉。

文中"舞女"与"歌女""少女""少妇"情意、韵味不一样，"舞女"侧重身份、职业，舞姿舒展，轻盈自如，如风如云，灵动活泼，极富动态美；"歌女"侧重歌唱，舞蹈也许跳得好，也许跳得不好；"少女"侧重年轻，热情奔放，活力四射，跳舞不一定是她所擅长的；"少妇"则是突出女子的风韵成熟，与"舞蹈"关联不大。这个语境中，荷叶舒展，荷茎亭亭，当然是像舞女同样舒展的裙子，唯有舞女的舞蹈跳得最好、最美、最灵动，才最能烘托出荷叶的美丽风姿。另外一个句子"又如刚出浴的美人"，"美人"不可以改为"姑娘"，前者给人的感觉是"美"，肌肤如雪，脖颈似玉，秀发如云，香腮如脂，诱人神往，想入非非。你能想象美人有多美，荷花就有多美。或者说，朱自清喜爱荷花就像喜爱美女一样，如痴如醉，不能自拔。换作"姑娘"则比较通俗，少了美妙的联想和丰富的韵味。

文段结尾的句子是"叶子底下是脉脉的流水，遮住了，不能见一些颜色；而叶子却更见风致了"，"风致"指美好的姿态，是一个描述美女的词语，自然含有叶子风姿妖媚、神似美女的意味。换作"姿态"，只是客观如实的描写，不带感情色彩，更不能引发读者的美妙想象。还应注意文中的"点缀"一词，"点缀"有美感，画面精美，景色迷人，换成"分布"则平实、客观，情感淡薄。"点缀"是加以衬托或装饰，使原有的东西变得更美。"层层"的荷叶本来已经很美，一望无际，一碧如玉，美得气派壮观，再加上零零星星的白色的荷花装饰，就变得更美、更好看了。因此，用"点缀"比"分布"好。

> 月光如流水一般，静静地泻（照）在这一片叶子和花上。薄薄的青雾浮（升）起在荷塘里。叶子和花仿佛在牛乳（牛奶、沐浴露）中洗过一样；又像笼（罩）着轻纱的梦。虽然是满月，天上却有一层淡淡的云，所以不能朗照；但我以为这恰是到了好处——酣眠固不可少，小睡也别有风味的。月光是隔了树照过来的，高处丛生的灌木，落下参差的斑驳的黑影，峭楞楞如鬼一般；弯弯的杨柳的稀疏的倩影，却又像是画（映）在荷叶上。塘中的月色并不均匀；但光与影有着和谐的旋律，如梵婀玲上奏着的名曲。

动词的锤炼。句中"泻"字紧承"流水"，突出月光朗照、一览无余的特点，且又赋予月光鲜明灵动的感觉。以"泻"写月光，寓静于动，以动写静，动静结合，和谐统一。换作"照"字，固然可以，但是比较平实、机械，缺少活力，没有动感；而且，相比"泻"字，"照"的范围狭窄，"泻"的范围宽敞。句中"浮"字描写水汽自下而上，慢慢扩散、弥漫开来的特点，突出青雾轻盈柔美的状态。换作"升"字，只有方向感，没有形象感，远远不及"浮"字生动具体，富有画面感。句中"笼"字比较轻盈柔和，像轻轻盖上。结合语境来看，"梦"本来就是虚无缥缈，似有若无，轻纱自然是薄如蝉翼，轻如浮云，用"笼"字来描写轻纱，切境切情。改作"罩"字，比较沉重、生硬，少了轻盈、柔美的意味。句中"画"字包含拟人的修辞手法，似乎有人轻描淡写，画图于叶，精美如画，空灵似诗，透露出作者的喜爱与赞美之情。换作"映"字，是映衬、陪衬的意思，少了美感和情趣。名词"牛乳"，当然也是"牛奶"的意思，但是两者的情味大不相同。"牛乳"含有一份甜蜜、温馨、幸福的感觉，《长江之歌》唱到"你用那甘甜的乳汁，哺育我长大"，我们平时也说自己是喝着母亲的乳汁长大的。而"牛奶"比较通俗、平实，不带感情色彩。另外，牛乳还给人一种皎洁鲜明、浓艳欲滴的感觉，把它放到语境中去理解还是比较妥帖的。叶子和花经过"牛乳"一般的月光的洗礼，变得清新、鲜艳、生动、精美。"牛乳"比喻"月光"，写出了月光的明艳生动，质感突出；"沐浴露"则毫无美感且很庸俗，让人感到可笑。

　　句子的推敲。句子"酣眠固不可少，小睡也别有风味的"，要理解比喻的妙用，体会其意味深长。"酣眠"比喻月光朗照，无遮无拦，一览无余；"小睡"比喻月光隔了树叶照过来，淡淡的，朦胧的。相比而言，作者更喜欢"小睡"，也就是更喜欢淡淡的月光，这与作者追求平和淡泊的心境有关。注意句子的表达，可调整一下语序变为"小睡固不可少，酣眠也别有风味"，比较原句，改句强调"酣眠"，原句强调"小睡"。句子"月光是隔了树照过来的，高处丛生的灌木，落下参差的斑驳的黑影，峭楞楞如鬼一般；弯弯的杨柳的稀疏的倩影，却又像是画在荷叶上"，对比描写"倩影"与"黑影"，表现月光的变化迷离，美妙无比，暗示作者心情的喜乐忧愁。前面已有文章论及，不再赘述。

　　对于文段最后一个句子，要弄清楚以下几点：首先，这是一个是比喻句，将"光与影的配合"比作"名曲"，二者的相似点是和谐统一。"光与影"明暗、浓淡、疏密，错落参差，变化统一，整体较美。"梵婀玲上奏着的名曲"抑扬顿挫，轻重缓急，高低快慢，和谐统一。其次，这是一个特殊的比喻，特殊在于一般比喻多是同一感官不同形象作比，这个句子则是不同感官不同形象作比，"光与影"属于视觉形象，"名曲"属于听觉形象，用听觉形象来描写视觉形象，使视听相互沟通、交融，让读者产生复合、繁多的审美感受，这种特殊的比喻叫作"通感"。通感的效果在于充分调动读者的多种感官，让读者在品读美文的过程中产生复合、多变的审美感受。好比我们读朱自清的文字，既看到光影配置的如诗如画的场景，又仿佛耳边响起婉转悠扬的小提琴奏鸣曲，所见所闻，美不胜收。前文中"微风过处，送来缕缕（几缕）清香，仿佛远处高楼上渺茫的歌声似的"，也是这样的句子，用听觉形象"渺茫的歌声"来比喻嗅觉形象"缕缕清香"，嗅觉、听觉交融、沟通，共生、共存，产生既芬芳又动听的阅读效果。

> 荷塘的四面，远远近近，高高低低都是树，而杨柳最多。这些树将一片荷塘重重围住；只在小路一旁，漏着几段空隙，像是特为月光留下的。树色一例是阴阴的，乍看像一团烟雾；但杨柳的丰姿，便在烟雾里也辨得出。树梢上隐隐约约的是一带远山，只有些大意罢了。树缝里也漏着一两点路灯光，没精打采的，是渴睡人的眼。这时候最热闹的，要数树上的蝉声与水里的蛙声；但热闹是它们的，我什么也没有。

该段大量运用叠音词，音韵和谐，朗朗上口，富于音乐美，也折射出作者对荷塘月色的喜爱与赞美。体会作者的感情，最好的方法是声情并茂地朗读，感受声音、节奏、语调等手段营造出来的一种整体的情感氛围，特别要注意体会叠音词的情意美、音韵美。也可以对比不同的朗读，通过比较，自然可以让学生领会语言的魅力。"远远近近""高高低低"连用，强调不管远近高低到处都是这样，无一例外，营造出一种遍地皆树、数不胜数的感觉。"重重围住"强调紧紧包围，重重叠叠，密不透风，程度远胜一般的"包围"。"树色阴阴"描绘朗月映照之下，树木枝繁叶茂、色调黯淡的景象，给人以朦胧、神秘之感。"隐隐约约"写远山一派朦胧，似有若无，忽隐忽现，很静谧，很朦胧，既是一带远山的轮廓，又是作者心中的国画。"大意"一词并非大概意思或是粗心、疏忽，而是远望不清楚，隐约可见一个大概轮廓而已，也具有一种朦胧美、静谧美。

文段中两次使用"漏"字，前一个"漏"字突出树叶繁密遮掩、密不透风的特点，也关联后文的句子"像是特为月光留下的"，表明月光乘虚而入，洒满空隙。这些树紧紧包围荷塘，密密层层，可是对月光却特别关照，留下一段空隙，让她挥洒过来，树有枝叶月有光，两相默契情意长，景色无情，人心有意，自然浑成，和谐统一，画面优美，情意奇妙。作者妙用拟人，写出了树与月和谐搭配而又妙趣横生的特点。这个句子写月光，侧重皎洁明亮，空灵生动，枝叶的繁密反衬出月光的疏朗。下一个句子写树色"一例""阴阴"，乍看如烟似雾，一派"丰姿"；与月光的皎洁空明形成对比，更见风光静美、如梦如幻之境。后一个"漏"字可谓一笔双写，既写树叶繁密，又见路灯明亮。不过，作者把这路灯比喻为渴睡人的眼睛，无精打采，极言其昏暗。何以如此？月光照耀之下，路灯自然昏暗。倘若没有月光，路灯自然非常夺目耀眼。注意一个词语"渴睡"，而不是"瞌睡"，情意有别。前者是想睡觉而没有睡觉，昏昏欲睡，无精打采，眼睛是睁开的，似睡非睡，这种状态与路灯在月光的映衬之下变得相对黯淡是相似的；后者是睡着了，闭上眼睛，不见精神、光彩，这种状态与路灯闪亮、光芒四射不吻合，所以此"渴睡"非彼"瞌睡"，不可互换。

　　该段文字写到夏夜的蝉声，有人质疑细节的真实性，说夏夜没有蝉鸣。有人则认为此细节真实可靠。我以为，不去争辩为好，作者此处用意或许在于以蝉声和蛙声的热闹、欢悦来反衬自己的冷清、孤寂，暗合心中的不安与不快。其实，后面的议论"热闹是它们的，我什么也没有"，分明已经暗示了作者失落、不快的心情。

情意深深深几许

——《故都的秋》教学漫谈

如何体味郁达夫的散文《故都的秋》的标题的韵味？从词语改换入手，我引导学生思考、体验，进而理解标题的丰富情意。"故都的秋"告诉我们哪些信息呢？一是时间或季节，也是作者这篇散文的写作对象，文笔聚焦的重点是"秋"；二是告诉我们不是写天下之秋，不是泛泛之秋，而是北平之秋。"故都"就是"北平""北京"，可否改换呢？为什么？不可以。"北京"和"北平"具有时代感，体现历史沧桑巨变，但比较平实、平常，不带主观感情色彩。相比而言，一个"故"字体现出一种怀念、眷恋、向往，一个"都"字又暗示了这是国都，繁华大都市，也就是北京或北平。一般来说，用"故"字组词的词语，多半带有怀旧的感情。"故乡"带有对家乡的思念，"故人"带有对老朋友的思念，"故地"带有对过去生活过的地方的思念，"故事"带有对过去发生的事情的回忆，"故园"更是对曾经生活过的家园的亲切念想。"故都的秋"暗示作者对北平之秋有特殊的感情，或怀想，或眷恋，或神往，或热爱。是不是这样呢？通读全文，粗略感知，便知如此。文章第一、二两段与最后两段首尾呼应，集中抒写作者对北国之秋的深情。文章主体部分主要通过景物描写来突出北国之秋的特点（清、静、悲凉），进而传达出作者对北国之秋的深挚情感。

散文抒情无非两种方式，直接抒情和间接抒情。就《故都的秋》而言，文章第一、二自然段与倒数第一、二自然段均是直接抒情，文章主体部分侧重间接抒情。先来研究第一自然段，以句号为单位，一共分为两个句子。第一个句子是"秋天，无论在什么地方的秋天，总是好的；可是啊，北国的秋，却特别地来得清，来得静，来得悲凉"，这是一个转折关系的复句，前一个分句盛赞秋天，带有普遍性，不论地域，凡秋皆好。如果改为"秋天很好"或"秋天总是好的"，意思不变，但是少了强调的意味。原作多了一句"无论什么地方的秋天"，暗示大江南北，普天之下，无一例外，一律都好。后一个分句话题一转，突出北国之秋的特点，也暗含作者对北国之秋的深深喜爱。"可是啊"既是对全句意思的转折和强调，又带有深沉的感叹意味。句内"却""特别"两个词是对北国之秋特点的双重强调。排比句"来得清，来得静，来得悲凉"改成"来得清、静、悲凉"，不能强调"清""静""悲凉"，句子压缩了，朗读起来比较拖沓，少了节奏感。原作使用排比句，既有节奏感，又渐次增强语势，突出作者对北国之秋的特别喜爱。整个复句，先说天下之秋皆好，再说北国之秋别有特点，突出作者喜爱北国之秋的感情。

第二个句子是"我的不远千里，要从杭州赶上青岛，更要从青岛赶上北平来的理由，也不过想饱尝一尝这'秋'，这故都的秋味"，可以从几个方面来理解。首先，看作者如何赶到北平，用两个成语来概括可能就是"不远千里（或千里迢迢）""辗转奔波"。有同学可能会想起"舟车劳顿""风尘仆仆""马不停蹄""跋山涉水""翻山越岭"等，教师可引导学生结合语境来分析，用词力求准确，要能够确切地表达语境固有的意思。千里奔波，辗转流离，就是想饱尝故都的秋味，可见作者对故都之秋的深爱和眷恋。

先说"理由"，一般人千里迢迢，辗转奔波抵达目的地，主要是想成就一番功名利禄之事，目的比较功利而实际；郁达夫则是想欣赏故都之秋，可见作家的诗意眼光与浪漫情怀，也有文人超凡脱俗的高清雅趣，与一般世俗趣味迥然不同。

其次，再看"饱尝"一词，意思是十足过瘾，畅快淋漓，说明作者想饱览秋光，深味秋意，赏玩透彻，过足瘾。而要达到这一要求，在中国，只有到故都来才可以。文章倒数第三自然段最后一个句子"可是这秋的深味，尤其是中国的秋的深味，非要在北方，才感受得到底"，也表达了这种意思。文章第二自然段也有一个句子表达了类似的意思，即"秋并不是名花，也并不是美酒，那一种半开、半醉的状态，在领略秋的过程上，是不合适的"，领略秋就好比欣赏花开，畅饮美酒，赏花要花开十足，饮酒要开怀大醉，赏秋自然要酣畅过瘾才行。如果花开是半开半闭，饮酒是半醉半醒，那就不过瘾，赏秋秋味不浓不深也不过瘾，就同赏花饮酒半开半醉一样。

还要注意作者的表达"这秋，这故都的秋味"，完全可以说"这秋味"或者"这秋"，但是作者偏偏不这样简单地说，意在强调，且流露深情。

最后，来看"也不过"一词。"不过"是轻微的转折，"也不过"转折的意味更轻，什么意思呢？轻轻一转，强调文句意思重点在后面，只不过这种强调很轻微，达到了一种习以为常、不惊不讶的程度。作者觉得饱尝秋味自然而然，不以为奇，长久以来习以为常，并未有何不妥，有何奇怪。而常人看来，肯定是惊讶、不理解，甚至认为作者的理由很荒唐。诗人就是诗人，作家就是作家，对于秋，对于北国之秋，自有不同寻常的喜爱与感受。

文章最后一段更是将作者对北国之秋的感情推向高潮。"秋天，这北国的秋天，若留得住的话，我愿意把寿命的三分之二折去，换得一个三分之一的零头。"时光流逝，变动不居，谁也无法留住时光，作者自然是知道这一点的，但是明明知道，却偏偏要假设"留得住"，折去寿命换来秋光。这是怎样的爱，爱秋爱到了何等程度？如痴如狂，爱秋如命！化用匈牙利诗人裴多菲的诗句就是："生命诚可贵，爱情价更高。若为秋味故，二者皆可抛"。何等执着，何等深挚，又是何等悲壮！

此外，文章第二自然段和倒数第二自然段均写到江南之秋，意在对比、突出自己对北国之秋的深爱。第二自然段写江南之秋的特点是"草木凋得慢，空气来得润，天的颜色显得淡""时常多雨少风"，只能感觉到"一点点清凉"，一言以蔽之，秋味淡薄，赏玩不过瘾。言下之意，要领略秋的滋味，非得到北国才过瘾。文章倒数第二自然段比较南国之秋与北国之秋的滋味差异，说南国之秋"色彩不浓，回味不永"，反衬北国之秋"色彩浓烈，回味隽永"。

特别铺排四组比喻，生动表现南国之秋与北国之秋的差异。"（南国之秋）比起北国的秋来，正像是黄酒之与白干，稀饭之与馍馍，鲈鱼之与大蟹，黄犬之与骆驼。"这是全文最精彩的比喻，让人浮想联翩，美妙无比。黄酒度数低，酒味淡，香醇甜美，口感柔和，温热身心；白干度数高，酒味浓，劲爆热辣，沸腾血液，激动人心。二者味道浓淡有别。稀饭清汤淡水，稀疏柔软，清润爽口；馍馍坚硬紧实，粘稠丰厚，大饱口福。两者充实程度不同。鲈鱼肉质肥嫩细腻、清新鲜美，吃法文雅秀气、斯斯文文；大蟹体型硕大丰隆，肉骨粗犷威武，吃法粗犷率性、极具野性。两种吃法在感觉和风味上不同，可以类比《红楼梦》中林黛玉进餐谨小慎微，规规矩矩，大气不出，举止文雅，而《水浒传》中梁山好汉则是大碗喝酒，大块吃肉，肆无忌惮，粗犷鲁莽。黄犬体型小巧玲珑，性情温婉乖巧，活动于人前人后，给人伶俐秀美之感；骆驼体型高大魁梧，性情坚忍耐劳，行走大漠戈壁，给人以雄浑壮阔、粗犷勇猛之感。两者给人的感觉是，一个秀美，一个壮美，风格迥异。四组比喻，形象演绎出南国之秋与北国之秋的巨大差异，突出作者对北国之秋的强烈喜爱。文章第二自然段与倒数第二自然段相呼应，也是直接抒发情意。

　　另一种抒情是借景抒情，或者说融情于景、情景交融。文章主体部分几幅图景全是借景抒情，字面上精细描写景物，实际上景物当中浸润着作者的感情与感触。文章第三自然段描写庭院秋景，文笔细腻，感受冷清，情调悲凉。写环境，一椽破屋，一堵破壁，一院秋槐，一天碧绿，冷寂寥落，破败荒凉；写声音，驯鸽刷刷飞过，声音轻微细碎，反衬出天宇空旷静谧，庭院幽深清静；写颜色，碧绿、青蓝、白色、紫黑、淡红、枯黄，均为冷色，"颜"为心声，"色"为情态，折射出作者内心的凄清与悲凉；写细节，小草疏落，尖细且长，生命枯萎，行将就木；写活动，品浓茶，看高天，听细响，数日光，对蓝朵，既有文人雅士的闲情逸致，更见内心的孤寂无聊。王安石有诗云："细数落花因坐久，缓寻芳草得归迟。"（《北山》）表面上细数落花，缓寻芳草，物我两忘，闲适自得，骨子里却惆怅失落，人生失意，此情堪与郁达夫细数日光、静观蓝朵比照理解。

该段第二句话"在南方每年到了秋天,总要想起陶然亭的芦花,钓鱼台的柳影,西山的虫唱,玉泉的夜月,潭柘寺的钟声",可否去掉,为什么?不可以,一是因为这句话紧扣前面一个句子"不逢北国之秋,已将近十余年了",具体生动地描绘出作者对北国之秋的思念与眷恋。想念那些有名的景点,想念那些名胜之地的秋景,就像思念分别十年之久的老朋友一样,情深深,意浓浓。二是因为这个句子所言景点均是故都名胜,与后面所写破屋秋景形成对比,前略后详,突出作者的平民情怀与审美趣味。三是这个句子所写的名胜风光也具有北国浓郁秋味,能表现作者对故都的秋的深爱。五个名词性短语,构成排比,如诗如画,生动形象,秋意十足,惹人喜爱。

第四自然段描写秋槐落蕊,突出清静、悲凉。"像花而又不是花的那一种落蕊"铺满一地,被人扫走,留下一街清静,一路丝纹,细腻、清闲,又让人觉得凄清落寞。落蕊也好,落叶也罢,离开枝头,飘零风中,生命凋谢,凄然寂灭,令人感伤、忧叹,浮想联翩。屈原《湘夫人》云"袅袅兮秋风,洞庭波兮木叶下",宋玉《九辨》云"悲哉秋之为气也,萧瑟兮草木摇落而变衰",杜甫《登高》云"无边落木萧萧下,不尽长江滚滚来",杜甫《秋兴》云"玉露凋伤枫树林,巫山巫峡气萧森",刘勰《文心雕龙》云"悲落叶于劲秋,喜柔条于芳春",均描写秋风瑟瑟,落叶纷飞,给人以凄清悲切之感。草木之秋、节令之秋尚且如此,人生之秋又何尝不是这样?人到暮年,时光不多,功业无成,理想落空,生命枯萎,同样会感秋伤怀,悲叹不已。自然之秋暗合生命之秋,春夏秋冬四季变化呼应少壮中老的生命变化,敏感的文人很容易从落叶深秋读懂生命的悲凉。

文章第五自然段描写秋蝉残鸣,悲喜交织,苦乐相生。风寒秋冷,蝉声凄切,生命苦短,岁月无情,令人痛心叹惋,无可奈何。柳永《雨铃霖》云"寒蝉凄切,对长亭晚,骤雨初歇。都门帐饮无绪……"用寒蝉衰弱、凄切之声烘托男女离别之愁苦。曹植《赠白马王彪》云"秋风发微凉,寒蝉鸣我侧",西风瑟瑟,寒蝉鸣叫,渲染出凄冷、寒凉的氛围。深秋寒蝉具有两个特点:一是寿命短暂,秋天一过,生命消亡;二是声音凄婉,有气无力,寒蝉鸣叫往往给人以生命凋零、人生悲凉之感。可是,作者偏偏特别喜欢寒蝉，说它是北国"特产"，是家家户户的"家虫"，它的鸣叫是"啼唱"。一般而言，说起家乡的"特产"，我们往往会产生一种自豪之情。但是，从没听谁说过将"寒蝉"当作"特产"的。我们也常常听说过家养的宠物，什么猫啊狗啊鸟雀啊，但是从没听谁说过将"寒蝉"当作宠物，当作"家虫"的，这些反常的表述，凸显出作家对秋蝉特别的深情。尤其是"啼唱"这个词语，传达出复杂的感情。一方面，寒蝉鸣叫非常凄清、哀怨，作者用"啼"来形容之，像人哭泣一样，声情悲凄；另一方面，作者又用"唱"来描写，像人歌唱一样，声情动人，真是爱恨交织、悲喜交加。北国秋蝉，随处可见，随家可闻，是一道风景，也添一份凄凉。

文章第七自然段至第十一自然段描写故都市民雨后话秋凉的场景，多角度、多层次、全方位展示故都民俗风情图景。写天空，雨前是灰沉沉一大片，慢慢向西卷去；雨后，天空放晴，太阳出来，秋高气爽。写雨，息列索落，掷地有声；写风，突如其来，瑟瑟寒凉；写人物活动，其衣着质地厚实，色调冷清，其神态清闲自在、悠然自得，声调缓慢悠长、微叹韵味，话语京腔京调、意味深长。表面看来，都市闲人，从容不迫，怡然自得；深沉体味，秋凉之中暗含人生百味，岐韵之下潜藏种种悲凉。

注意句子"唉，天可真凉了——"感叹天凉，"唉"字带有悲伤与惋惜之意；"了"字声调高亢，声音悠长；"真"字强调程度，非比一般；"可"字表示转折，还是强调，可见一句之中都在围绕一个"凉"字，突出一个"凉"字。这种感叹的意味的确深婉丰富。都市闲人也许悲叹时光易逝，深秋清凉，但是敏感的文人很容易由此联想到人生的种种况味。辛弃疾有词《丑奴儿》云："少年不识愁滋味，爱上层楼。爱上层楼。为赋新词强说愁。而今识尽愁滋味，欲说还休。欲说还休。却道天凉好个秋。"人到中年，历经坎坷，备尝冷暖，千愁万绪，无从说起，也诉说不尽，一言蔽之，"天凉好个秋"，真可谓"秋味深深，世味深深"。秋风、秋雨、秋凉、秋意之中浸润着作家凄清、悲凉的人生感受。王夫之有言，一切景语皆情语。全文写秋花、秋槐、秋蝉、秋雨、秋风、秋果等景物，均是为了烘托作家的内心感受，当然也体现了作家对秋的深厚情结。

小 说 漫 溯

比较拓展品人物

——《林黛玉进贾府》创意教学

选自《红楼梦》的《林黛玉进贾府》是高中语文教材中的传统名篇，"宝黛相会"又是名篇中的名段，对于这样的经典片段，我向来主张咬文嚼字，纵横联系，深思细品，品出思想，品出性情，品出滋味。文学语言是塑造人物形象的最重要的表达手段，更承载了一定时期民族的文化、思想、社会心理。教学文学作品，绕不开语言品味、思想透析。教学"宝黛相会"的情节，我综合运用了多种方法，引发学生思考，调动学生的兴趣，加深学生对宝黛二人思想性格的理解，教学效果较好。

一、温故知新，触类旁通

贾宝玉问林黛玉尊名表字，问名黛玉如实回答，一语带过，这与普通男女相见时礼貌打招呼没什么差别，可是宝玉问"字"却大有深意。

> 黛玉道："无字。"宝玉笑道："我送妹妹一妙字，莫若'颦颦'二字极妙。"探春便问何出，宝玉道："《古今人物通考》上说：'西方有石名黛，可代画眉之墨。'况这林妹妹眉尖若蹙，用取这两个字，岂不两妙！"探春笑道："只恐又是你的杜撰。"宝玉笑道："除《四书》外，

杜撰的太多，偏只我是杜撰不成？"

品读此段对话，我问学生三个问题：（1）宝玉为什么要问"字"？（2）为何要送"颦"字？这表明什么？（3）宝玉和探春关于"颦"字的出处问答，折射出宝玉怎样的思想性格？学生思考、讨论，充分发表自己的看法之后，教师可引导学生一一理解。

关于第（1）个问题，可以从鲁迅的小说入手分析，孔乙己贵为读书人，却无名无姓、无字无号，所谓"孔乙己"三个字并不是他原来的名字，只是人们从描红本中"上大人，孔乙己……"随便选用几个文字来称呼他而已，他读书考不上秀才、举人，人们纷纷嘲笑他、讥讽他，拿他来寻开心。"孔乙己"三个字是耻辱的印记，他的真姓真名，有字无字，人们毫不关心，似乎"孔乙己"也不配拥有一个普通读书人应该享有的姓名字号之类的尊严。《阿Q正传》中鲁迅花了一章的篇幅来考证底层劳动者阿Q的身世，结果是出生不详，家人不详，无姓无名，无字无号，无家无室，无职无业，游荡天地，得过且过，多么可怜的苦命人，多么残酷的人生，活得没有一点尊严，人们只记得他的屈辱以及这屈辱给人们带来的快乐，没有人关心他、过问他，了解他的生活艰难和内心痛苦，没有人知道他的身世姓名字号，地位之低贱，类同草芥，尊严几乎被践踏到了无以复加的程度。

《祝福》中的祥林嫂姓甚名谁，何方人氏，鲁迅则是隐约其辞，不便言说，"大家都叫她祥林嫂；没问她姓什么，但中人是卫家山人，既说是邻居，那大概也就姓卫了"。姓什么是模糊的，也没有人去过问，她先后嫁了两个男人，男人死了，儿子被狼叼走了，大家始终叫她"祥林嫂"，不叫"贺六嫂"，而"祥林嫂"这个称呼也不是她的本名，只是依附丈夫祥林而已。旧时女子恪守从一而终，生是夫家人，死是夫家鬼，嫁鸡随鸡，嫁狗随狗，所以这个苦命的女子嫁给男人祥林以后，永远只能被称为祥林嫂，不能再有别的称呼，命运之悲惨，地位之低贱。由此可见，更别说姓名表字了。

鲁迅作品中人物的身世、姓名情况告诉我们，社会上有些人出身苦寒，地位低下，受人歧视，无名无姓，无字无号，连起码的做人的尊严也没有，女子尤甚。明白了这一点，就比较好理解贾宝玉的问字、送字之举了。问字是关心，送字是尊重，在宝玉看来，男女平等，人格自由，男子拥有的，女子也应拥有，尽管林黛玉是官宦之女，有名有姓有地位，可是男尊女卑，男有字女无字，在旧时却是通例，所以宝玉的问字问出了男女平等、反抗时俗的思想，送字送出了尊重女性、追求独立的人格。

关于第（2）个问题，引导学生理解两点。一是"颦"的本义为皱眉，有成语"东施效颦"为证。二是"颦"的情境意义，文中描写贾宝玉心目中的林黛玉时是这样写的："两弯似蹙非蹙冒烟眉，一双似喜非喜含情目。态生两靥之愁，娇袭一身之病。泪光点点，娇喘微微。闲静时如姣花照水，行动处似弱柳扶风。心较比干多一窍，病如西子胜三分。"眉尖若颦，病如西子，柔弱娇美，楚楚动人，这不就是"颦"字所要表达的情意吗？可见宝玉多情有才，体察入微。有意思的是，文中写完宝玉送字之后，接着就写探春的反应，只字不提黛玉的反应，留下空白，让读者去猜想。我揣摩黛玉必是心头一惊，倍感温暖、欣慰，接受了这个字，但不说出口而已。林黛玉是含蓄的，她懂得什么时候该说，什么时候不该说。

再看第（3）个问题，从文段句意可以看出，宝玉才思敏捷，思维活跃，很有批判精神，他认为那些封建正统书籍胡编乱造的太多，不屑提及，很反感《四书》之类的书籍，究其实质，是他不愿意接受封建正统思想，什么科举功名、富贵乐业、家国天下、光宗耀祖，他全不感兴趣。所以，不经意的一句话，流露出了人物骨子里自由独立、反抗封建的思想。

二、纵横比较，深度品味

一个人的言谈举止均可反映他的思想性格、情趣爱好。文段中宝玉问妹妹可曾读书，自然表明宝玉关心的是精神层面的东西，他读书接受教育，认为女子也应有资格、有权利接受教育，女子也要和男子一样读书上进，有才学，有修养。封建社会对女子的要求不高，认得几个字，不必读什么书，女子无才便是德（此种思想在贾母话语中有所体现），关键是要用《女经》《女诫》之类的东西来规范自己，三从四德、相夫教子即可。可是宝玉不这样看，他觉得女子要读书，要有自己的精神思想，要有自己个性独立的世界。显然，这一问问出了他的不拘时俗、男女平等、民主自由的思想。我在引导学生理解这一思想的时候，同样设计了三个问题：（1）同是对黛玉的关心，比较宝玉与王熙凤的问话有何不同？为何不同？（2）同样是回答读书的问题，贾母的回答和黛玉的回答有何特点？（3）将宝玉问读书改为"妹妹喜欢吃什么？"（或"妹妹喜欢什么颜色的衣服""妹妹平时玩什么"……）可以吗？为什么？

设计这样几个问题，主要是想通过比较引导学生深入思考，从而加深对人物思想性格、兴趣爱好的理解。关于第（1）个问题，文中对王熙凤见黛玉有这样的描写："妹妹几岁了？可也上过学？现吃什么药？在这里不要想家，想要什么吃的、什么玩的，只管告诉我；丫头老婆们不好了，也只管告诉我。"一面又问婆子们："林姑娘的行李东西可搬进来了？带了几个人来？你们赶早打扫两间下房，让他们去歇歇。"连珠炮似的追问，貌似关心黛玉，实则讨好贾母，更为在众人面前炫耀自己的地位和权威，并且所问内容也多是吃、喝、玩、住之类的，可见此人除了对权势地位的贪婪、对虚荣的追求之外，没有什么高雅的精神趣味。而宝玉问书，则是一问一答，尊重对方，看重精神，情趣高雅。

关于第（2）个问题，文中前面写贾母当着众人的面回答黛玉有关姊妹们读何书的问题，"读的是什么书，不过是认得两个字，不是睁眼的瞎子罢了！"此回答让黛玉意识到，贾母并不太主张女子要读很多书，接受多少教育，认得几个字就可以了，女子无才便是德。黛玉觉得她先前的回答"只刚念了《四书》"不对，不符合贾母的心意，因此后文宝玉问她读书之事时，她立马改口"不曾读，只上了一年学，些须认得几个字"。遣词、句式、语气、内容和贾母先前的回答非常相似，显然，黛玉是想迎合贾母的心意，并不是鄙视宝玉，看不起宝玉。由此亦可看出黛玉寄人篱下，时时在意，处处留心，心细如发，思密周全。

第（3）个问题实质上是换一个角度引导学生加深对第（1）个问题的理解，改换的设问多是关于物质生活方面的内容，吃穿玩乐，俗气平庸，缺乏情趣，缺乏涵养。贾宝玉不是这样的人，看一个人的情趣思想，只要看他在毫不设防的情况下随口发问即可，宝玉问书自然是己之所爱，问之于人，投石问路，寻找知音。为了帮助学生理解这一点，我教学时设计了这样一个情节：黛玉仍像先前那样回答贾母的问题，"只刚念了《四书》"，宝玉听后，当即表示送给妹妹一本《孟子》。这个情节和课文一比较，学生就会明白，不可以这样改，宝玉怎么会喜欢《孟子》呢？那可是封建正统书籍，他最讨厌的就是这类书，送什么合适呢？自然是《西厢记》，为何？它反映了青年男女自由恋爱、追求幸福、反抗封建的主题。我又趁势引导学生回忆《祝福》中描写鲁四老爷书房陈设的一段文字："我又无聊赖的到窗下的案头去一翻，只见一堆似乎未必完全的《康熙字典》，一部《近思录集注》和一部《四书衬》。"并问，此处三部书改为《红楼梦》《水浒传》《三国演义》可不可以？为什么？学生很有兴趣，通过讨论，他们明白不行。了解一个人的思想，最好的方法莫过于看他读过什么书，鲁四顽固保守，自然喜欢封建正统理学典籍。红楼言情，反封建；水浒造反，反官府；三国争战，讲权谋。这些思想统统不符合鲁四的追求。举一反三，纵横联系，妙趣横生，学生受益多多。

三、改换情节，品味性格

宝玉摔"玉"是这场戏的高潮，最能看出人物性格。我设计了这样一个情节：

玉问妹妹有没有玉，黛玉回答没有，宝玉听了，沉思片刻，摘下那玉，送与黛玉，笑道："今日相见，十分高兴，这块玉就算哥哥送给妹妹的见面礼吧，请妹妹笑纳。"黛玉不领。

对比原文，可否这样改动？为什么？这个问题很容易激发同学的兴趣，理解上又有一定的难度，可通过师生讨论达成共识：这块玉不能送给林妹妹，因为它是护身符，是封建家长权威和意志的体现，来历不凡，保健康，保平安，祛邪消灾，怎么能说送就送呢？怎么能因为妹妹没有就立马送她呢？这一"送"当然有情有义，可是场面平和，没有矛盾、冲突，人物性格苍白无力。原文中宝玉听说貌如天仙的妹妹也没有玉，质疑"高低不择"，通灵不灵，顿发痴狂，狠命摔玉，连骂带愤，可见场面的紧张激烈，矛盾的尖锐复杂，贾母急，众人吓，宝玉哭，好不热闹、精彩。宝玉认为男女平等，"我"有玉，貌若天仙的妹妹也该有，想不通就生气，想摔就摔，毫不怜惜。民主平等的思想，反抗祖宗规矩的性格，展露无遗。贾母呢，又急又疼，急的是这命根子摔不得，摔坏了怎么办？疼的是孙子不懂理不高兴，连哄带骗，好不容易劝住了孙子。贾母的一席话真可谓是有理有据、有爱有恨的谎话，众人主要是丫鬟婆子们完全明白玉对于宝玉来讲意味着什么，她们能做的只是"吓得一拥争去拾玉"，担心玉被摔坏了，担心自己看护不好被责骂。林黛玉呢，文中有这样的描写："众人不解其语，黛玉便忖度着因他有玉，故问我有也无，因答道：'我没有那个。想来那玉是一件罕物，岂能人人有的。'"这里有两点特别耐人寻味，一是所有在场的人物里面，只有黛玉真正理解了宝玉的问话，众人不解，宝黛二人灵犀相通；二是黛玉心思细密，又极度敏感，话语之间流露出对宝玉的不满和责怪。一场摔玉，写活了众多人物形象，曹公的确高明！

文学作品的教读要教出情味，教出深度，教出气氛来，我认为，一定要引导学生死死抓住语言来品鉴，深思细嚼，不放过任何一个重要的细节，高明的大师总是于细节处见高妙。教师要引领学生通过语言细节来体会其高妙之处。另外，联系所学，联系生活，唤醒学生的生活积累和文化积累，打通课堂和生活，这点也很重要。思想化、生活化的品鉴使学生明白，品读作品就是品读人生，品读文化，品读思想，这样他们就会产生兴趣，热爱文学。而联系细节，改换情节，勾连生活，目的在于以文读人，促人读文，达到人文统一、人文相悦的境界。

社会环境最关情

——《祝福》教学漫谈

鲁迅的小说《祝福》，篇幅较长，内容较多，思想深刻，问题复杂。立足小说的三要素，我精心设计问题，引导学生研讨，以达到理解内容、把握主题、体会情思的目的。课时之一是研讨环境描写及其作用。小说中的环境描写包括自然环境和社会环境。《祝福》中的自然环境是小说多次写到的"雪花"，我请学生找出来，结合具体情境说说它们的作用。环境描写的作用无外乎烘托悲剧气氛，暗示苦难命运，映衬人物心理，这个好理解，重点是研究社会环境。《祝福》中的社会环境包括两个方面：一是"祝福"这种古老的封建习俗，二是鲁镇的人们结成的社会关系网。关于前者，我引导学生重点研讨课文中的一个片段：

> 他们也都没有什么大改变，单是老了些；家中却一律忙，都在准备着"祝福"。这是鲁镇年终的大典，致敬尽礼，迎接福神，拜求来年一年中的好运气的。杀鸡，宰鹅，买猪肉，用心细细的洗，女人的臂膊都在水里浸得通红，有的还带着绞丝银镯子。煮熟之后，横七竖八的插些筷子在这类东西上，可就称为"福礼"了，五更天陈列起来，并且点上香烛，恭请福神们来享用；拜的却只限于男人，拜完自然仍然是放爆竹。年年如此，家家如此，——只要买得起福礼和爆竹之类的，——今

年自然也如此。

我要求学生仔细品读该段文字，说说这段文字揭示了"祝福"这种古老习俗怎样的特点。一是交代祝福的目的，准备福礼，祭拜神灵祖宗，祈求他们赐福人间，保佑人间无灾无难，吉祥好运，平安幸福。这是中国社会延续千年的习俗，反映了人们对生活、对未来美好的期盼与憧憬。鲁迅小说中的鲁镇盛行这种习俗，当今中国的许多地方，尤其是乡村依然盛行这种习俗。二是交代了怎样祝福，准备丰富而奢侈的福礼，杀鸡、宰鹅、买猪肉，上香火，放鞭炮，作揖叩首，虔诚膜拜，心中默念，神色庄重。如此祝福，体现出人们庄重严肃的态度，恭敬虔诚的心意，还可看出这种仪式的隆重盛大。三是交代了人们的分工，女子整天忙碌，承担繁重的工作，比较辛苦、劳累，却没有资格跪拜，男子才有资格膜拜、祝福，男女有别，等级分明。男尊女卑，有失公允。四是交代了贫富不均、社会不公的现实。文段中的句子"只要买得起福礼和爆竹之类的"暗示了一个现实情况：富人可以买得起福礼和爆竹，可以祝福；穷人买不起福礼和爆竹，没有能力祝福，所谓的祝福差不多是富人的专利，贫富悬殊，社会不平等。如此现实，势必激起读者对封建社会的痛恨和批判，进而反思造成这种现象的原因。五是暗示封建习俗、思想千年不变，根深蒂固。三个"如此"，反复强调祝福不变，年年一样，而支撑这种习俗的封建迷信思想、封建礼教观念更是千年不变。由以上五个方面的分析可以看出，鲁镇是一个封闭、保守、弥漫着浓重封建思想的村镇，实际上是封建社会的一个缩影。置身其中的人，势必受到这些习俗观念、礼教思想的影响，故事的主人公祥林嫂也不例外。这就是鲁镇，就是祝福，就是祥林嫂生活的典型环境。

关于后者，我让学生按照一定的分类标准说出围绕祥林嫂的所有人物。富人或者说统治者有四叔和四婶，穷人有短工、柳妈、卫老婆子、祥林嫂的婆子，以及绑架祥林嫂回婆家的两个壮实男人，还有鲁镇的男男女女，甚至包括孩子。未出场的人有祥林嫂的两任丈夫和她的小孩阿毛。这些人如何对待祥林嫂，也构成祥林嫂生活的社会环境。当然，鲁镇的人中，四叔是最高统治者，他的思想也是统治鲁镇的主流思想。四叔是一个怎样的人呢？他的情趣、修养、性格、思想如何？又是如何对待祥林嫂的？小说一般通过语言描写、动作描写、神态描写、肖像描写、心理描写、环境描写和细节描写来塑造人物形象。就课文而言，塑造四叔的形象主要是通过环境描写、语言描写和神态描写。我请同学们找出这三个方面的描写内容，并逐一分析他们表现了四叔怎样的思想和心理。

神态描写主要是四叔的三次皱眉：第一次皱眉是祥林嫂初到鲁镇时，四叔嫌弃她是一个寡妇；第二次皱眉是推想祥林嫂逃离婆家到鲁镇帮工，厌恶她不守家规，不守妇道；第三次皱眉是祥林嫂再到鲁镇时，四叔还是讨厌她是一个寡妇。祥林嫂克夫克子，改嫁二夫，违背了"从一而终""饿死事小，失节事大"的礼教原则，给人们带来不吉祥、不圆满的霉运。四叔认为她是一个伤风败俗、不干不净的女人，所以一而再再而三地讨厌她、歧视她、排斥她。一个神态，一个细节，折射出四叔为人处世的思想和态度。值得注意的是，理解这几次皱眉的含义，需要结合上下文语境和人物的思想观念、处世态度，不可凭空臆想、穿凿附会。

我又稍稍延伸了一下说道：关于文学作品中"皱眉"的描写，你们知道哪些典故和例子。我这里有几个，一是"东施效颦"，西施心痛而捧腹皱眉，人们觉得好看，那是因为西施本身长得美丽，此处"皱眉"是西施有病在身的外在标志。东施不美，装模作样，机械模仿，捧腹皱眉，显得更丑，吓跑了周围的人。此处"皱眉"表现出东施机械模仿、忸怩作态的丑陋模样。二是高中语文必修（3）教材中的一篇小说《林黛玉进贾府》，其中写到了宝玉眼中的黛玉是"两弯似蹙非蹙罥烟眉，一双似喜非喜含情目""态生两靥之愁，娇袭一身之病"，其中的"蹙"字，就是皱着眉头的意思，写出黛玉体弱多病、气喘微微、泪光点点的病态美，同时也透露出黛玉多愁善感、抑郁不快的心理状态。宝黛初会，宝玉问黛玉表字，送黛玉一个"颦"字，取黛玉"眉尖若蹙"之意，准确描述黛玉愁眉不展、体弱多病的情态，也体现出宝玉的眼力与才情。观察细致，描写准确，凸显气质，深受感染。三是李白在诗歌中写过"眉"，如"安能摧眉事权贵，使我不得开心颜"，表现了他不愿意唯唯诺诺、低眉顺眼、奴颜媚骨、点头哈腰，而要坚持自我，活出尊严,维护尊严。文学作品中,对一个神态、一次皱眉描写到位,都会活现性情,凸显性格,折射出人物的思想观念。所以,要注意小说中这些精彩传神的细节描写。

语言描写主要有四个地方。一是说起祥林嫂的"死",四叔说"不早不迟,偏偏要在这时候,——这就可见是一个谬种",骂祥林嫂是谬种,语言刻薄、狠毒,大有咬牙切齿、痛恨至极的意味。"谬种"不可以换作"坏蛋"或"坏家伙",它的语意和语气都比后两个词语更严重、更强烈。何以要恶骂呢?一方面,是憎恶祥林嫂死得不是时候,破坏了鲁镇吉祥、幸福、美好的祝福气氛;另一方面,是讨厌祥林嫂一嫁再嫁,克夫克子,不守妇道,罪恶深重。可见,四叔满脑子都是封建礼教思想。

二是四叔说起祥林嫂逃到鲁镇来帮工,又被婆婆合伙劫回去一事,"可恶!然而……。"四叔说祥林嫂婆婆"抢人"的行为不妥,严重损害四叔家的体面,因而"可恶"。四叔认为祥林嫂私自出逃,为礼教所不容,她婆婆做主接她回去又是理所当然,因而语意一转,说出"然而"二字。

三是四叔说卫老婆子"可恶",先是推荐祥林嫂到鲁四老爷家做工,后又合伙劫持祥林嫂回去,闹得沸反盈天,严重影响鲁家体面。

四是四叔针对卫老婆子的赔礼道歉说出"然而",卫老婆子表示自己做错了,请求四老爷谅解,并表态一定会推荐一个好的来折罪,四叔话题一转,意思是说,你要找一个像祥林嫂一样能干或者强过祥林嫂的人恐怕也不是一件容易的事情。文中三个词语"可恶""然而""谬种"都是点到即止,语意省略,需要提醒学生结合具体语境和人物真实心理来理解。"可恶",谁可恶,可恶在哪里,为什么可恶;"然而"表示转折,表示话题转换或者语意和前面所言相反,这一点要讲清楚,不然学生的理解可能不得要领,五花八门。比如,最后一个"然而……"省略号到底省略了什么?这一定是与前面的意思相反的,前面说什么呢?卫老婆子认错道歉之后当着四老爷的面表态,"这回我一定荐一个好的来折罪",四叔的意思应该与她的表态基本相反,那就是想找一个好的恐怕很难。理解语言描写,不但要理解语言背后折射出来的四老爷待人处世的观念和态度,还要掌握如何理解人物语言的方法，那就是结合具体语境和人物心理、思想来理解。要仔细咀嚼、品味、揣摩人物语言，进而把握人物心理。

环境描写集中体现在对四叔书房的描写上。一个字，一副对联，几本书，三个细节描写，折射出四叔的思想性格。为了帮助学生更好、更深、更细地理解四叔的思想，我将小说描写书房的文字内容稍作改动，让学生比较品味，辨别思考，进而达到深刻理解的目的。文段如下：

> 我回到四叔的书房里时，瓦楞上已经雪白，房里也映得较光明，极分明的显出壁上挂着的朱拓的大"寿"（松）字，陈抟老祖写的；一边的对联已经脱落，松松的卷了放在长桌上，一边的还在，道是"事理通达心气和平"（人寿年丰家家乐）。我又无聊赖的到窗下的案头去一翻，只见一堆似乎未必完全的《康熙字典》（《红楼梦》），一部《近思录集注》（《许浒传》）和一部《四书衬》（《踏梦犹唱蝶恋花》）。

将原文相应的内容改为括号里的内容，可不可以？为什么？我先让学生讨论，再发表看法，最后师生基本达成共识。

一个"寿"字，含义有三：一是表达健康长寿、幸福美满的心愿；二是更深一层，暗示荣华富贵，养尊处优，长久传承，万世不朽；三是暗示封建秩序、封建制度、封建思想、封建政权永远统治着鲁镇，永远在作威作福。加上这个"寿"字来势不凡，是陈抟老祖的墨宝，陈抟老祖是道士、神仙，长生不老，安享富贵，四叔将他的墨宝张贴在书房里面，自然含有尊奉先师、安享富贵、万寿无疆之意。换作"松"字，足然也有希望自己和家人福如东海万里长、寿比南山不老松之美好意愿，但是在中国传统文化中，"松"更多的是一种美好意象，是一种君子人格的象征。比如，陈毅的诗歌《咏松》："大雪压青松，青松挺且直。要知松高洁，待到雪化时。"赞扬青松苍翠，凌寒不凋，正直坚挺，其实隐喻君子人格。又如，王维的诗歌《山居秋暝》写道："明月松间照，清泉石上流。"皓月当空，银辉四射；青松如盖，亭亭直立；清泉如练，潺潺流淌，多么清幽美好的意象，多么纯净光明的理想。青松是一种美好理想和人格的象征，古代也有"松竹梅兰"四君子之说。将"松"字贴在书房里,自然更多地暗示主人正大光明、坚强不屈的人格操守。这与四叔的理学身份与思想追求不吻合。《林黛玉进贾府》描写"荣禧堂"的时候,特别突出这三个字是皇帝的墨宝,暗示贾府与皇权的密切关系,暗示了贾府地位、权力和财富的来源。同样,鲁迅先生用一个来势不凡的"寿"字写出了一个人的思想趣味。

对于那副对联,我先让学生做一道试题,普及一下对联知识。

> 一边的对联已经脱落,松松的卷了放在长桌上,一边的还在,道是"事理通达心气和平"。那么,另一联的内容是什么,属于哪一联?(　　)
>
> A. 下联　　品节详明德行坚定　　　　B. 上联　　品节详明德行坚定
> C. 上联　　德行坚定品节详明　　　　D. 下联　　德行坚定品节详明

然后让学生说说对联贴在书房里,给我们提供了关于四叔的哪些信息。一是告诉我们四叔的身份志趣,热衷理学,崇奉孔孟之道,接人待物,通情达理,心平气和。二是暗示我们四叔的虚伪自私、冷酷无情。结合四叔对待祥林嫂的态度和行为来看,对联所揭示的内容完全是对四叔品行的一种有力的讽刺。四叔皱眉嫌弃祥林嫂,言语讨厌祥林嫂,四叔四婶驱赶祥林嫂,四叔年末怒骂祥林嫂,只是因为祥林嫂守寡改嫁,克夫克子,不守妇道,不守家规,不符合封建礼教规矩。如此狠毒、绝情,最后将祥林嫂活活逼上死路。四叔道貌岸然,虚伪透顶,哪里有半点儿"事理通达心气和平"呢?如果将对联改为"人寿年丰家家乐",则是表现四叔博大无私的胸襟与高尚的精神境界。显然,这不符合四叔的身份与理学修养。

关于这副对联,文中描写了一个细节:一联脱落,松松地卷起,放到桌子上,可否改为:壁上一副对联,上联是"品节详明德行坚定",下联是"事理通达心气和平"。不可以。原文只出现一联,卷起一联,特别强调对联的脱落、松散,实际上反映出主人性格的懒散、随意,也暗示出四叔思想的保守、落后、陈腐、破败。试想一个人的书房打扫得干干净净,书画布置得井然有序,岂不可以看出此人做事认真细致、有条不紊吗?四叔显然不是这样的人。

关于三本书。先要弄清楚三本书的内容及其反映出来的主人的思想趣味。提醒学生细看注解，了解三本书均是封建理学著作，阐释儒家思想，宣扬孔孟之道。书如其人，文如其心，由四叔所读不难看出他满脑子的封建正统思想，他是一个封建思想与制度的捍卫者。课堂上也有同学读书不得要领，没有细读注解，从而导致错误理解四叔的情况。有的同学说四叔学识浅薄，文化不高，读的是字典和理学入门书。有的同学说四叔喜欢读书，勤奋刻苦，求知好学，不懂就翻字典、看注解。这些理解均是脱离人物身份，抓住片言只语，肤浅理解人物的表现。小说前面写道："（四叔）是一个讲理学的老监生"，那么，他的所读所爱一定是切合他的身份的。如果将三本书分别改为《红楼梦》《许浒传》《踏梦犹唱蝶恋花》，显然不妥当。

《红楼梦》的主题思想之一是反对封建制度和封建思想，赞扬青年男女自由恋爱、追求幸福的精神，这与四叔的思想背离。《水浒传》则是宣扬官逼民反，打富济贫，行侠仗义，除暴安良，自然也是四叔不能接受的。《踏梦犹唱蝶恋花》是我自己所写的书，由北岳文艺出版社出版，主要是我品读、鉴赏、演绎爱情题材的宋词，着力展现爱情的真挚、细腻、曲折、微妙、美好、复杂。显然，同学们可以看，鲁四老爷这个老监生、老封建不可以看。（此处是小高潮，将教师的书引入课文学习，引发同学的好奇与趣味，也增进学生对四叔人物的理解。）可见，一个人的趣味与思想和他所读的书有密切的关系。

综上可知，四叔是地主阶级的代表人物，从大骂新党可以看出他的思想保守僵化。他"讲理学"，歧视祥林嫂，说明他是封建制度和封建礼教的自觉维护者。他的书房陈设，说明他崇奉理学，恪守孔孟之道。他的所言所语，所作所为，将祥林嫂推向人生的绝路。他是造成祥林嫂悲剧的一个重要人物。他的思想以及受到这一思想影响的鲁镇的人们，构成一张鲁镇社会关系的大网，构成祥林嫂生活的时空环境，严严实实地禁锢着祥林嫂。

《装在套子里的人》教学三题

一、改标题：激疑增趣

《装在套子里的人》是外国小说中的经典篇目，有的版本把它译为"套中人"，我们的语文教材则采用了"装在套子里的人"这一说法，请同学比较一下这两个标题有何异同？教材选用的标题又有什么特殊含义？设计此问导入新课，目的有二：一是激发学生探究问题的兴趣，活跃课堂气氛，抓住学生的心理；二是引导学生从细节入手，比较思维，深入思考，发现问题。

学生议论、回答后，教师在此基础上适当总结。两个标题的相同之处是，表达的意思相同，指称对象一致，都是偏正结构的名词短语，中心词都是"人"，点明了小说的主人公。不同之处在于，一是"套中人"比"装在套子里的人"简洁凝练，契诃夫说过，"简练是才能的姊妹"；二是两个标题强调的侧重点不一样。套中人，可以作两种理解：一是偏正结构的名词短语，意思是"装在套子里的人"；二是动宾结构的动词短语，意思是人被套子套中了，套子是某人设下的圈套或陷阱，对另外一些人具有限制或束缚的作用。两种理解哪一种更符合课文的思想内容，这要阅读小说之后才能确定；而且亦可断言，读完小说之后，同学对此肯定是见仁见智，莫衷一是。其实，两种解释都有合理之处，都可以自圆其说，教师不必作统一规范。这种思考、阅读、再思考、再判断的过程，已经是对学生思维探究能力的一种综合训练，目的已经达到，过程比结果更重要。

"装在套子里的人"表意单纯明了，不会产生歧义，标题突出一个动词"装"，意味深长，惹人联想：谁把这个人装在套子里？是他自愿的还是别人强制的？装进套子之后，他过着怎样的生活？他又是怎样把自己装进套子里的？其间发生了哪些故事？这个装在套子里的人最后的命运如何？等等。如此发散思考，不是漫无边际，而是立足动词"装"和名词"套子"，极大地调动学生的主观能动性，培养他们的探究意识和质疑问难的能力。当然，学生也由此理解标题"装在套子里的人"暗藏悬念，吸引读者，是个好标题，故而教材编者选之。

二、看插图：比较品评

《装在套子里的人》附了两幅插图，是苏联伟大的艺术家库克雷尼克塞的作品，分别截取故事主人公别里科夫的两幅生活图景入画，设色考究，风格简明，造型夸张，构思新颖，是帮助同学理解故事情节、把握人物思想的重要资料，教学时不可轻易错过。我在备课时，针对如何利用这两幅插图设计了两种方案：一是先让学生观察插图，抓住关键细节，用自己的语言来描述插图内容，描绘之后再来阅读文本，比较自己的观察和文本的叙述有何差别；二是先安排学生阅读文本，再观察插图，并结合插图来复述文本相关内容。特别值得注意的是，不要忽略或遗漏重要的细节情景。与第二种方案相比，第一种方案对学生而言难度稍大一点。两个方案设计的目的是训练学生的眼力，培养他们的观察能力、表达能力和探究能力，同时也想借助插图这一生动直观的艺术形式引导学生细读文本，深思文本，而不仅仅是停留在漫画上，让学生明白，伟大的艺术家也是伟大的读者。库克雷尼克塞如果不是谙熟小说情节内容，对人物思想性格有足够深刻到位的理解，是不会创作出如此成功的漫画的。任何时候，阅读文本对于学生学习语文来说都是第一位的。另外，文画相通，学生如果通过仔细观察，品评比较，发现了漫画的匠心所在，其实也是一种收获，这与理解契诃夫创作该篇小说的匠心应是一致的、相融的。再说，学生对漫画比较感兴趣，设计这个环节，也有激发其兴趣、活跃课堂气氛、引发不同争论的考虑。

教学的时候，我还是选用了第二种操作方案，先看文，再说图，文图印证，加深理解。我发现学生兴趣浓，热情高，理解到位，不足之处是，容易遗漏重要细节，不能作比较思考。先看课本上左边那幅插图吧，学生能够轻易地说出别里科夫穿着雨鞋，带着雨伞，套着暖和的棉大衣，戴着圆圆的帽子，小心翼翼地往前走。他们却忽略了这样几个颇有深意的细节。别里科夫的身影表明阳光明媚，天气暖和，只有在这种最晴朗的天气，别氏这一身全副武装才显得怪异反常，惹人发笑，具有讽刺效果；如果换作在寒冷的冬天，这种装扮是再正常不过的了。别氏棉衣的衣领高高竖起，团团围住，加之宽大圆帽罩在头上，我们看不到他的脖子和头发，只看到头部将近三分之二的面孔。加之那副黑色眼镜（不是用来遮阳，而是用来掩饰自己，让外界看不见自己的真正表情和内心世界），给我们留下这样一个印象：别氏想方设法把自己严严实实地遮掩起来，不看外界，也不让外界看见自己。别氏的左手深深插在衣袋里，几乎看不见，是怕冷吗？不，天气暖和！这只是他的一贯动作，用来掩藏自己。别氏的姿态是弯腰驼背，加上一副苍白的面孔和一小撮胡子，给人的整体印象就是一个糟糕老头的模样。不像那种高大魁梧、健壮有力的人，在别氏身上，我们看不到力量和激情，看不到生命和意趣。这个人像一具行尸走肉，完全暴露在阳光之下。

另外，画面的左前方，一栋房子的前面有两个俄罗斯人坐在长凳上聊天，他们好像聊得很开心，沐浴在温暖的阳光之中，或者说在享受普通人的阳光和生活，和别氏的弯腰驼背、低头前行、雨伞作杖相比，不难发现，别氏生活在自己包裹起来的黑暗之中，生活在自己的套子之中，阳光照不进，内心充满恐惧和不安。他是与阳光无缘的人，不懂得享受光明健康的生活，也不配享受这种普通人的幸福生活，种种有形无形的套子早已把他驯化成一架机器，一具封建僵尸。他的身体是弯曲的，人格是扭曲的；他的全身是黑色的，内心也充满了黑暗；他的个体力量是微不足道的，但他所代表的那种封建专制思想却非常阴险可怕。这就是别氏，一个老态龙钟、不堪一击的人，但他凭借套子式的思想和强大的威权后台，把整个中学乃至整个城市足足辖制了 15 年！

再看课本右边那幅图，学生能够说出画面左前方有两个年轻人在骑自行车，他们的背影渐渐远去。阳光下，他们的姿态在地面上投下阴影。画面的主体靠右，是别里科夫的背影，他拄伞立定，目送年轻人远去的背影。学生难以读出这两类人的精神风貌。先看骑自行车的华连卡和柯瓦连科，他们戴着遮阳帽，穿着轻便服装，华连卡还穿着飘飘洒洒的长裙，两个人动作轻快、姿态逍遥地向前奔去，阳光勾画出他们美丽的背影，他们身上有的是青春和热情，他们热爱阳光，热爱生活，崇尚自由，生动活泼，身上有使不完的劲，骑着自行车，沐浴在暖和的阳光下，奔驰在自己的生活跑道上。他们对别里科夫不屑一顾，远远地把他丢在身后。显然，他们是新事物、新力量和新思想的代表人物。

和他们相比，别里科夫的表现令人捧腹大笑，让人感到可憎可怜。别氏依然是那副套子式的全身装扮，拄着雨伞，立定左转，侧目远视年轻人的方向，右手张开五指，做出一副很吃惊的样子。我们完全可以猜测得到别氏大惊小怪、瞠目结舌、惊骇不已、不知所措的样子，显然，他看不惯年轻人骑自行车在阳光下奔驰，看不惯男性和女性一块狂奔一路欢畅的情景，不适应新生事物和新生思想，骑自行车，男女同行，年轻人郊游，这是在日常生活中再自然不过、正常不过的了。可是别里科夫就是看不顺眼，因为政府没有规定年轻人可以这样做，这些年轻人这样做就会对社会产生不良影响。教师骑自行车，学生就会变坏，学生只能倒过来用脑袋走路，这就是别氏的逻辑！别氏代表了一种迂腐守旧、顽固不化的封建专制思想，一切唯官唯上，不敢越雷池半步，只有政府明确规定可以做的他才敢去做，并且还充满许多猜疑和担心。非但如此，别氏还用这种套子式的专制思想去辖制别人，学校的老师和全城的市民什么也不敢做，整个生活就是一潭死水。别氏的可怕，不是他的身体力量如何威猛，而是他的专制思想特别阴险狠毒。这幅画同样运用对比手法，展示两种力量、两种思想的较量，浓缩了作品庞大的现实批判内容，的确是不可多得的伟大作品。

附带一提的是，两幅画均是明暗对比，别氏一身黑，是主体，其余灰白明亮是背景，黑色隐喻别氏所代表的沙俄专制体制的黑暗、冷酷、污浊。背景之明亮似乎又暗示着阳光明媚灿烂，完全有可能暴露黑暗，吞噬黑暗。这种色调的对比，颇能引发人们的联想。

三、拟标题：拷问灵魂

课文的核心情节是别里科夫的终身大事，即文章第五自然段至结尾，大致可以分为五件小事，依次概括为："相识相恋"、漫画事件、骑车事件、滚楼事件和别氏死亡。研习这一部分内容，目的是让学生通过恋爱这一最富激情、最能看出人物生活态度和思想观念的事件来理解主人公的性格与灵魂。我设计了几个问题让学生思考、研讨：（1）这部分叙述了哪几件事，请分别用四五个字来概括说明。（2）给这部分内容拟一个小标题，从下列三个中选取一个并说说选择的理由：恋爱事件、婚姻大事、终身大事。（3）试以其中一件事的细节描写为例说说契诃夫的讽刺艺术。

第一个问题，学生看完书以后很容易概括出来。这部分内容共写了五件事："相识相恋"、漫画事件、骑车事件、滚楼事件和别氏死亡。有的同学把"滚楼事件"概括成"忠告事件"，是抓住了别里科夫和柯瓦连科在辩论的过程中，别氏以长者的身份对年轻人的提醒和劝导，诚然不错，但是随着这种对话交锋的深入发展，当别氏警告柯瓦连科对领导要尊敬时，当别氏临别说有必要把他们两人谈话的内容报告给校长时，柯瓦连科终于忍无可忍，大打出手，把别氏推下楼去。显然，前面一系列的忠告内容均是后面矛盾激化的铺垫，小说的情节发展一般也总有一个高潮，因此把第四件事概括为"滚楼事件"更形象，也更具有概括力。教师点拨一下，学生不难理解。

第二个问题非常关键，学生的意见不统一，而要使自己的看法被众人接受，必须联系文本来分析。先看别氏的相恋，不是自己出于对爱情的渴望，对美好生活的憧憬，也不是说他与华连卡有多么深厚的感情基础，主要是由于校长太太的尽力撮合，同事和同事太太们的极力游说，让别氏昏了头，才决定要结婚。如此消极被动，随意凑合，哪里像恋爱？结婚不是别氏内心强烈的渴盼，生命的冲动，激情的勃发，而是他人怂恿和游说的结果。自由、幸福和爱情对他来说太遥远了，他根本没有也不配享有，他已经沦为一台机器人，一具行尸走肉，对爱、对感情、对生活、对世界表现出出奇的冷淡和麻木，他只相信现存的秩序、制度和条例，只希望千万别出什么乱子。他已被封建专制思想折磨得人不像人，冷血、机械、僵化、老朽，不懂爱，没有温情，人性被套子戕杀，生命被观念囚禁，这样的人会恋爱吗？因此，别氏不配享有甜蜜美好的爱情，不能送给他"恋爱"这项殊荣。

再看别氏的漫画事件。漫画内容不过就是滑稽可笑的别里科夫挽着华连卡散步，漫画者是想借此嘲弄、讥笑别里科夫不配恋爱。在心智健全的一般人看来，不过微微一笑，不在话下，走自己的路，让别人去说吧。真正喜欢华连卡，敢爱敢当，又何必在意别人飞流短长的议论和无中生有的漫画攻击呢？可是，你看可怜的别里科夫，脸色发青，比乌云还要阴沉，嘴唇发抖，难堪极了，说"天下竟有这么歹毒的坏人"，后来又向柯瓦连科澄清事情的真相，表明自己和漫画中的人毫无关系，自己是一个在各方面都称得上正人君子的人，如此胆怯、懦弱，经受不了生活的丁点刺激，狭隘迂腐，哪里有一星半点的担当精神？哪里有一个正常男人的责任心？这样的人当然也是不配享有家庭和婚姻的，因为结婚意味着一个男人要为家庭、为妻子承担责任，要有一副坚强的肩膀来支撑这个家。这些别里科夫都没有，一张漫画就把他吓得半死，这样的人，能要求他拥有责任心来承担家庭、保护婚姻吗？因此，我们拒绝给他婚姻和家庭，他同样不配。用"婚姻大事"这个标题也不恰当。

鉴于以上对"相识相恋"和漫画事件内容的分析，我们认为，该部分内容用"终身大事"这个比较中立、不带感情色彩的词语来概括比较恰当。第三件事是骑车事件，在前面的教学环节中已经分析，不再重复，只强调这件事反映了两种思想观念、两种力量的冲突即可。

第四件事是小说矛盾冲突的高潮。我引导学生分析这件事涉及哪些人，运用了哪些细节描写，各自表现出人物怎样的思想性格。由学生说，教师提醒他们要抓住细节。先看柯瓦连科，作者只用了"抓""推"两个动词就把这个年轻人怒不可遏、大发雷霆的性格展示了出来。他向来讨厌别里科夫，特别是当别里科夫居高临下教训他的时候，他终于爆发了。这是一个敢于反抗、斗争，具有冲击力和杀伤力的年轻人，他代表着新生力量。华连卡在别氏滚下楼梯时也来到了现场，纵声大笑，肆无忌惮，这一笑，笑出了华连卡果敢爽朗、胸怀大度的性格，笑出了华连卡敢爱敢恨、我行我素的处世风范；更重要的是，这一笑，宣告了别氏婚姻的破灭，把别氏推向死亡的坟墓。她和柯瓦连科一样，是新生力量的代表。

再看主人公别里科夫，文中有两个细节很关键，一是对他滚下楼去的描写："楼梯又高又陡，不过他滚到楼下却安然无恙，站起来，摸了摸鼻子，看了看他的眼镜碎了没有。"把"安然无恙"改为"鼻青脸肿"或者"摔断了胳膊腿儿，别里科夫叫苦连天"，是否可以？学生一想就会发现，从又高又陡的楼上摔下来，居然能够毫发无伤，可见套子有多么严密厚实，具有魔术般的保护作用啊！别氏一身上下，包裹了一层严严密密、厚厚软软的套子，关键时刻，这全副武装的套子竟然起了意想不到的作用，多么神奇，多么具有讽刺意味，改成"摔伤"远没有这种情节引人发笑，饱含讽刺的效果。

另外，别氏从地上站起来之后，为什么要先摸了摸鼻子，而不摸屁股或别的什么部位？最重要的是，看看的他的眼镜摔碎了没有。他把眼镜看得比身体、生命更重要，因为眼镜对别氏而言，不仅仅是观察外面世界的一个工具，更是把他与外界隔绝开来的一道黑色的屏障。他可以戴着宽大的墨镜，抱着成见打量外面的世界，外界的人却不能透过墨镜看清他的眼睛和心灵、性格和思想。眼镜客观上起到了一种掩遮自己、自绝于世的作用，再一次传神地揭示出别氏封闭保守、担惊受怕、不堪一击的脆弱本质。别氏对华连卡的笑声也是胆战心惊、毛骨悚然，他情愿摔断脖子，也不愿被人识破真相，露出丑态，他的脸面比生命还重要，这就是别氏，虚伪、虚弱，毫无反抗之力的可怜虫！

改换情节品人物
——《林教头风雪山神庙》片段教学

　　教学《林教头风雪山神庙》的高潮部分——林教头手刃仇敌（课文节选部分最后两个自然段），为了激活课堂气氛，调动学生学习的积极性，拓展学生的文学视野，深化学生对人物思想与性格的理解，我别具匠心地设计了三个问题，组织学生深入研讨。学生兴趣浓烈，热情高涨，思维活跃，发言积极，感悟深刻，意犹未尽。

一、改换情节，比较心理情思

　　问题描述：林冲报仇雪恨，大快人心，处死三个恶人采用了不同的方式，差拨、富安被林冲一枪搠倒，富安当即毙命，差拨未死，隔一会之后，又被林冲一刀致命；陆谦（陆虞候）"却才行得三四步，林冲喝声道：'奸贼！你待那里去！'劈胸只一提，丢翻在雪地上，把枪搠在地里，用脚踏住胸脯，身边取出那口刀来，便去陆谦脸上搁着……将心肝提在手里。"简写差拨和富安毙命，详写陆谦毙命，请问可否将处死三人的方式互换一下，或者说，将处死陆谦的方式改为"一刀致命"或"一枪搠死"，为什么？请结合课文情节内容说说你的理解。

　　讨论明确：不行，处死差拨与富安手段简单，言语不多，一枪或一刀毙命，林冲毫不犹豫，果断出手。因为这两个人与林冲无冤无仇，无缘无故，只是收人钱财，受人指使，参与陷害林冲，林冲得知事情真相之后，怒火中烧，恨之入骨，一枪或一刀毙命足以解心头之恨、快意恩仇。陆谦不一样，他死前与林冲有一番对话，概括说来即林冲要让陆谦死得明白，他被杀是天要杀他，是自己要杀死自己。此话怎讲？陆谦说："不干小人事；太尉差遣，不敢不来。"他是被逼的，不是自愿的、主动的，不是罪魁祸首，罪该万死的人是高太尉。如此一来，是可以得到林冲的宽恕和谅解的，因为林冲一向恩怨分明，绝不滥杀无辜。在"鲁智深大闹野猪林"一回里，两位公人董超和薛霸试图加害林冲，被一路跟随的鲁智深救下，鲁智深要杀死这两个公人时，林冲两次劝阻，倒救了两位公人的性命。林冲的理由是："非干他两个事。尽是高太尉和陆虞候分付他两个公人，要害我性命，他两个怎不依他？你若打杀他两个，也是冤屈。"由此可以推测，林冲也有可能放过陆虞候一命。

林冲会这样做吗？且看林冲的话语："奸贼！我自幼与你相交，今日倒来害我！怎不干你事？且吃我一刀！"前面还有一句林冲对陆谦说的话："泼贼！我自来又和你无甚么冤仇，你如何这等害我！正是'杀人可恕，情理难容'！"

林冲认为，两人向来无冤无仇，你却加害于我，从情理上讲，实在是不可以饶恕。林冲原谅了董超、薛霸，没有原谅陆虞候，原因有三：第一，陆虞候要害林冲，不仅有被动受命于高太尉的一面，还有自己主动参与、积极献计、以求赏识，从而借此升官发财的一面，不可原谅。第二，陆虞候加害林冲，不是一次，而是一而再再而三，不置林冲于死地绝不罢休。第三，他和林冲自幼相交，称兄道弟，陆虞候千里追杀的行为，背叛了兄弟，出卖了朋友，逆情悖理，尤其可恶。这三条中，触犯任何一条，都不可饶恕，不杀不足以泄私愤，不杀不足以平民愤，不杀不足以明道德，不杀不足以护法律。概言之，杀死富安、差拨，不要宣判，不要啰唆，果敢出手即可；杀死陆虞候，则要宣判，更要狠狠打击，出手要狠毒，热骂要理直气壮，方解心头大恨，方能大快人心。两种处死恶人的方式，不可互换。

二、更换情节，比较艺术效果

问题描述：林冲大发雷霆，大打出手，当然是因为隔墙有耳，弄清楚了恶人陷害他的真相过程。设想另外一个情境：如果堵住庙门的石头不是足够大，以致三位恶人用力一推就将庙门推开，刚好与林冲撞了个满怀；林冲一见仇人，分外眼红，提起花枪就是一顿刺杀，几下功夫将仇人毙命。请比较，这两种情节设计孰优孰劣？

讨论明确：改动的情节设计不好，因为改动之后略去了三位恶人叙说陷害林冲的张狂得意，略去了三位恶人煽风点火的阴险狠毒，略去了三位恶人邀功请赏的丑恶嘴脸和三位恶人绘声绘色、恬不知耻的丑陋表演。同时，也看不到林冲明白真相之后火冒三丈、勇猛出手、制敌死命的快意恩仇。于读者而言，情节推进过于简单、快捷，一览无余，失去了悬念、波澜，快意则快意，却不能吸引读者。原来的情节设计给予三位恶人充分表现自己的机会，他们自以为干得漂亮，不为人知，既能受命千里，天黑纵火，置林冲于死地，又能邀功请赏，升官发财，不亦乐乎；但是，他们万万想不到，隔墙有耳，将别人推向绝路的同时也将自己推向了绝路。洞察真相激发了林冲的冲天怒火，他终于意识到纵然逃到海角天涯，这个世界也有人追捕剿杀，既然没有活路，就只有愤然出手，此时杀人除恶顺乎天理，维护正义。正是通过这一部分矛盾的激烈较量与冲突，林冲的形象得以凸显。原文情节设计非常生动、曲折，留有悬念，紧扣人心。

三、更换情节，比较人物境遇

问题描述：小说结尾写道："（林冲）再穿了白布衫，系了搭膊，把毡笠子带上，将葫芦里冷酒都吃尽了，被与葫芦都丢了不要，提了枪，便出庙门投东去。"思考：林冲离开山神庙时带走了什么？留下了什么？和前面的描写相比，又有什么东西没有出现？这些东西有什么象征意义？如果将原文改为："再穿了白布衫，系了搭膊，把毡笠子带上，将葫芦里冷酒都吃尽了，枪与刀都丢了不要，提了被子与葫芦，便出庙门投东去。"是否可以？为什么？

讨论明确：林冲离开山神庙时，留下了被子与葫芦，意味深长。被子是安身过夜的必备之物，特别是在风雪严寒的隆冬时节，被子的作用至关重要。但是林冲丢下了，这表明眼前这个世界已经没有他安身立足的地方，上无片瓦，下无立锥之地，他在这个世界再也找不到哪怕像山神庙一样或是像草料场一样破烂简陋的地方安顿。被子对于他来讲已无任何意义，果断扔下。葫芦是用来装酒的，林冲在草料场这样的破烂地方，还有一些坛坛罐罐的器物，还可以用葫芦去买酒来喝，还有一份相对安定的职业，可是，草料场已经化为灰烬，自己已经遭人毒算，天地茫茫，月黑风高，哪里有容身之处？哪里还有地方有心情喝酒呢？因此，葫芦也不要了。毅然决然，抛下一切负担，他离开这个无法生活下去的世界。

林冲带走的东西多是出行闯荡的随身必备之物，白布衫、毡笠子、搭膊都是，特别是那条花枪，既是防身自卫的武器，又是闯荡江湖、开创新天地的工具。"提枪东去"这个镜头，更有暗示林冲单枪匹马闯荡新生活，开创新天地的心愿。这个世界容不下他，他只能远走他乡，另谋生路。但是，前途何在，希望有无，林冲不知道，我们也替他捏一把汗。

和前面林冲出门前往市井买酒的描写相比，钥匙不见了，尖刀插了不要，这种描写大有深意。尖刀复仇毙敌的使命已经完成，可以不要。前面林冲听店小二说东京来了两个鬼鬼祟祟加害于他的仇人，当即买刀寻敌；结尾借刀杀敌，剜心挖肉，以报深仇大恨。佩刀与花枪不一样，花枪是林冲一生长期随身携带的武器，早已成了林冲力量与身份的象征，正如青龙偃月刀之于关羽，丈八蛇矛之于张飞。佩刀只是一时所需，报仇所用，而且藏之于身，不易觉察，有利于麻痹敌人。

钥匙是林冲打开草料场大门的凭证，课文前面这样描写："（林冲）向了一回火，觉得身上寒冷，寻思却才老军所说，二里路外有那市井，何不去沽些酒来吃？便去包裹里取些碎银子，把花枪挑了酒葫芦，将火炭盖了，取毡笠子戴上，拿了钥匙，出来，把草门厅拽上；出到大门首，把两扇草场门反拽上锁了；带了钥匙，信步投东。"离开草料场，关好门，上好锁，带了钥匙离开，心里踏实、安稳，居住有着落，生活有依靠，虽然破烂寒碜，毕竟也是权宜之家。深一层看，这个世界还没有对林冲关上所有的大门，还有一扇草料场的大门随时对林冲敞开着，生活还有希望，人生还有奔头。再看结尾，钥匙不见了，为何？草料场烧毁了，"家"已不在，门已不存，林冲无处安身，无以为业，还犯了死罪，钥匙还有何用？林冲对这个"家"有何期待？丢下，不要，这个世界已经对他关上所有的大门，林冲只能远走他乡，自寻新路。

20世纪80年代的诗人梁小斌在《中国，我的钥匙丢了》中如此写道："中国，我的钥匙丢了。/天，又开始下雨，/我的钥匙啊，/你躺在哪里？/我想风雨腐蚀了你，/你已经锈迹斑斑了。"遭受"文化大革命"摧残的一代中国青年，找不到精神皈依，信念坍塌，迷失自我，前途茫茫，陷入困惑迷茫之中，找不到回家的钥匙。林冲也一样，杀了敌人，犯了死罪，何去何从，未来何在，一片迷茫困惑。不见钥匙，没有钥匙，丢下钥匙，其实暗示了林冲走投无路，无家可归，人生迷茫。

四、联系拓展，强化辩证分析

问题描述：高潮部分描写林冲复仇，刺敌毙命，刀起头落，暴力、血腥、残忍。有政协委员提出禁播电视连续剧《水浒传》，理由是渲染暴力复仇，场面残暴，不利于社会和谐、稳定，你赞同这种看法吗？为什么？

讨论明确：要辩证看待《水浒传》中出现的暴力场面，有些描写张扬复仇，充满暴力，手段残忍，场面血腥，有一些暴力倾向，特别对于未成年人来说，容易产生不良误导；但是要引导读者特别是青少年读者、观众正确认识小说中的暴力场面，这些场面也有许多正面的影响。一是表现英雄好汉伸张正义、维护道德、维护正义的意愿；二是表现林冲正直刚强、疾恶如仇、除恶务尽的精神，情节设计大快人心，让人大饱眼福，大呼过瘾；三是凸显英雄好汉爱憎分明、勇猛顽强、克敌制胜的本色；四是情节设计具有打击恶人、讥讽恶人、快意人心的艺术效果。《水浒传》中"鲁提辖拳打镇关西"也有对类似血腥场面的描写，鲁提辖用三拳而不是一拳打死恶人，一拳比一拳粗重，一拳比一拳致命，就是要调侃恶人，耍弄恶人，延长他死亡的过程，展示他死亡的狼狈，绝不让他死得痛快；鲁智深痛打恶人之时有理有据，厉声怒骂，彰显正义，鞭挞罪恶，实在大快人心。记得岳飞《满江红》中有这样的词句："壮志饥餐胡虏肉，笑谈渴饮匈奴血。"对于敌人、恶人，人们恨之入骨，巴不得置之于死地，恨不能吃他的肉，喝他的血，剥他的皮。对于郑屠、陆虞候、富安、差拨这些恶人，鲁智深、林教头毫不留情，果敢出击，的确大快人心。我们欣赏名著之中穿插的暴力场面描写，一定要采取辩证分析的方法，既要看到其不良影响，又要充分认识到其积极意义，还要结合具体的现实情境（包括民族文化心理）来分析。也就是说要动态地、立体地、联系地看问题，不能抓住一点，夸大一点，不及其余。

该节课的教学目标比较具体，就是通过改换情节设计，引导学生比较品评人物心理、思想及性格。问题设置结合具体情境，指向非常明确，能够紧紧抓住学生心理，亦能激发学生的探究兴趣，课堂互动频繁，师生对话不时闪现思维火花，出现新颖理解。我备课比较扎实，深入挖掘情节设计的深层意义，吸收了鲍鹏山著作《鲍鹏山品水浒》中的不少学术观点，同时又能触类旁通，举一反三，联系《水浒传》和现代诗歌等相似内容帮助学生深入理解问题，加大了课堂容量，活跃了学生思维。本节课的不足之处在于如何精练设问，引导学生概括人物性格，强化学生体验人物特殊情境之下的情感，这还有待进一步深入探索。

改换标题察情意

——《老人与海》教学漫谈

教学海明威的小说《老人与海》，我安排了一个课时，长文短教，选点深教，巧设问题，激活讨论，主要从三个方面着手，实施教学。

第一个环节是导入课文，讲究一个"趣"字，吸引学生关注、专注于课堂和课文。我的开场白是：有一位作家去世之后，墓碑上镌刻着这样一句话："恕我不再起来"，他是谁呢？这句话是什么意思？学生能够说出是美国作家海明威，但是这句话的意思却说得不准确、不全面。比如，有的同学说，原谅"我"不能继续创作，奉献给社会更多更好的作品。有的说，原谅"我"不能继续战斗，"我"要休息了。有的说，"我"忍受不了病魔折磨，要走了，再见，生活。有的说，这句话体现出海明威坚强、乐观、积极进取的生活态度。有的说，"我"将长眠于此，永别了，亲爱的人们。但是学生没有意识到，这句话关联海明威的创作习惯。我告诉学生，这句话一语双关，除了点明作家安眠于此不再起来之外，还暗示作家的一种写作习惯。海明威喜欢站着写作。这对自己的精力和体能都是一种考验，写作必须追求语言的简洁凝练，含蓄有力，意境深远，意蕴丰富。海明威的文风人称"电报体"或"新闻体"，无非就是说他的语言文字精练传神，言简意赅，意味丰富，极具表现力。同时，海明威有一个著名的创作理论——冰山理论，就是说，一座浮游在大海里的冰山，露出海面的只有八分之一，深藏海里的却有八分之七。创作也一样，要通过八分之一的文字去表现八分之七的意蕴。这个课时，我们就来学习海明威的代表作、中篇小说《老人与海》。

教学的第二个环节是结合作品内容，讨论标题的意义与妙处。我的问题是：既然海明威的创作属于"电报体"，又贯彻"冰山理论"，那么小说的标题"老人与海"四个字可否删改、调整？它们分别蕴含着怎样的意思？首先，将标题改为"海与老人"，如何？不行。两个标题意思相同，语序相反，前者强调、突出"老人"，兼顾"海"，后者强调、突出"海"，兼顾"老人"，作品的主人公是老人，主题也是通过老人与鲨鱼的搏斗表现出来的，所以不能改成"海与老人"。

其次，讨论标题四个字的意蕴，让学生自由言说，教师适时点评。"老"字，不仅暗示老人年迈体弱，饱经风霜，更与大海的强大、凶险形成巨大的反差，吸引读者阅读文本。"老"字也暗示了一个人经历人生的大灾大难、大风大浪之后所表现出来的沉稳、练达、坚强与勇敢的品格。小说中的老人桑地亚哥就是这样一副形象，这让我们想起曹操的诗句"老骥伏枥，志在千里；烈士暮年，壮心不已"。不妨设想，将标题中的"老人"改为"小孩"，比较一下两者的表达效果。"小孩与海"更多地带有好奇、刺激、冒险的味道，充满了童话般的梦幻色彩。

"老人与海"则庄重、严肃，引人深思，启迪智慧。将"老人"改为"中年人"呢？身强体壮，力量十足，比老人更容易战胜困难，战胜灾难，但难以凸显人的品格、精神、意志、信念。越是老人，就越是能在与危险、灾难的较量之中彰显出风骨来。常言道"烈火焚烧方显英雄本色，沧海横流才见铁血意志"，唯有将老人扔到充满巨大危险的茫茫大海之中，才能凸显他身上最闪光、最宝贵的精神品格。"老人"身上不仅体现出一个渔夫搏击风浪、挑战困难、超越自我、永不言败的精神意志，更凸显了人类在极端恶劣的环境面前所表现出来的力量、精神、意志与尊严。老人是人类高贵尊严、精神意志的生动写照。作品要展示的正是"人"与自然、与自己、与命运的搏斗，将"人"置身于漆漆黑夜、茫茫大海，面临诸多困难和考验，通过紧张、激烈的矛盾冲突，凸显"人"的力量与尊严。"海"字固然交代了老人与鲨鱼搏斗的特定环境，也暗示了风浪滔天、黑夜无边、鲨鱼成群、危险重重的境况，烘托出一种恶劣、凶险、危急、紧张的氛围。老人孤立无援，孤舟漂泊，不时遭遇鲨鱼袭击，此情此景，令人担惊受怕，不寒而栗。

"老人"与"海"，一边是势单力薄，疲惫不堪，伤痕累累，武器简陋，一边是波涛汹涌，黑夜漆漆，暗藏陷阱，凶险莫测，一弱一强，一小一大，两相对比，反差巨大，造成张力，紧紧抓住读者的心，吸引读者阅读小说，关注人物命运。可以设想，如果将老人捕鱼的环境改为"大江大湖"或是山塘野水，势必大大降低困难与危险的程度，也极大地削弱了人物的意志与力量，更多的则是一种渔夫钓鱼，逍遥山水，怡情养性，快然自得的情趣。有情趣却无力量，多安逸却少搏斗，见和缓却乏张力。题中"与"字最重要，揭示"老人"和"大海"之间的关系，大海是老人的活动空间，给老人带来幸福与满足，也带来危险与恐怖。老人通过征服大海与鲨鱼，彰显自己永不言败、永不放弃的精神意志，大海的凶险成就了老人的意志，老人的搏斗增加了大海的精彩。从小说情节内容来看，主要是描述老人与鲨鱼在茫茫大海上搏斗的过程，标题中的"与"字揭示了两者的关系，概括了主要的情节和内容。

再次，研讨小说标题的深层意义。小说显然运用了象征的表现手法（或构思方法）。"老人"身上体现出人类的力量，人生的意志，人物的信念，人的尊严与精神。"大海"象征着自然与社会的苦难和挑战。老人与大海的较量，与鲨鱼的搏斗，实际上隐喻着人与困难的抗争、博弈。人不介意抗争的结果如何，更在意抗争的过程中所体现出来的尊严、力量、意志与精神。从物质层面来讲，老人捕获的1500多磅的大马林鱼被吃掉了，他空手而归，彻底失败了。从精神层面来说，老人凭借自己的勇敢、智慧与意志，与鲨鱼战斗，杀死许多鲨鱼，充分展现了自我的力量与信念，他又是胜利者。老人凭什么战胜险恶的环境与诸多的困难呢？总结起来，大概有如下要素：坚强的意志，狮性的尊严，高贵的自信，不败的生命准则，直面未来的勇气。这些品格实际上就是人类作为宇宙精华、万物之灵长的最可宝贵的东西。老人与大海、与鲨鱼、与自身的斗争，实际上彰显出人作为人的尊严与力量。这是小说标题深刻的象征意义，也是作品所要传达的永恒主题。当然，从海明威的国别来看，老人桑地亚哥的形象还是美利坚合众国民族性格的写照。

基于对小说情节内容、人物精神和主题思想的理解，我请同学们以第一人称的口吻对老人桑地亚哥说一句话，表达他们对老人某种精神品格的崇敬。设计如此环节，主要目的是想让学生进一步深入文本，领会硬汉精神。比如：（1）当困难来临时，你毫不畏惧——与鲨鱼斗争；当失败降临时，你漠然视之——保持乐观。（2）没有什么可以击垮你，没有什么能伤害你，一个成功的失败者，一个失败的英雄。（3）黑夜的孤独摧不垮你的意志；寒冷的海风扳不倒你的身躯；凶猛的鲨鱼打不败你的傲骨。（4）你的信念，你的毅力，你的勇敢，你的智慧，让你站着千年不倒，倒下千年不死，死后永世不朽。（5）您是一位铁骨铮铮的硬汉。您智斗鲨鱼，勇斗鲨鱼，百折不挠，您用您的冒险过程，告诉我们人要顽强斗争，夺取胜利，也要有勇敢面对失败的态度！（6）您认为，人生的使命是奋斗，是与命运不懈抗争。您身上表现出了无与伦比的力量和勇气，不失人的尊严。您是精神上的胜利者，更是世界文学长廊中一个光芒四射的人物！（7）猛烈的海风掀起了波涛浪涌，凶猛的鲨鱼卷起了万丈深渊，倔强的您奏响了硬汉之歌。桑地亚哥，您用您顽强的意志书写了一段海上传奇！

如果用作品中的一句话来概括人物的思想性格，你们会想到哪句话？同学们齐声朗读："人不是生来要给打败的。你尽可把他消灭掉，可就是打不败他。"桑地亚哥的这段独白，是对硬汉精神的高度概括。海明威在他的作品中，塑造了一系列著名的"硬汉"形象，他们大多是斗牛士、拳击家、渔夫和猎人。这些人在面临困难与绝境时都表现得无所畏惧，不拼搏到底绝不罢休。这位诺贝尔文学奖的获得者，正如他所塑造的人物一样，一直是人们心目中不屈不挠的硬汉精神的象征。

最后，研讨海明威小说中硬汉形象的由来。海明威在《老人与海》中成功塑造了一个硬汉形象，这与他的人生传奇与硬汉性格密切相关。有人用"现代英雄神话"来概括海明威传奇的一生。他痴迷拳击而永久弄伤了一只眼睛；他两次参加世界大战，获过十字军功章、银质奖章、勇敢奖章和铜星奖章。他因膝盖被打碎而开过 12 次刀，取出 237 块碎弹片；他擅长钓鱼，曾钓过 7 米多长的大鱼；他喜欢冒险，斗牛、打猎样样在行，去非洲打猎时飞机失事，成为生前能读到自己讣告的极少数作家之一；后来因为难以忍受病痛的折磨，他毅然决然地用心爱的双管猎枪对准了自己的下巴。这就是海明威的人生和个性，他用自己的一生及作品诠释着"硬汉"的含义。

比较拓展悟主旨

——《丹柯》创意教学

一、引用名言，导入新课

人们常说"一千个读者就有一千个哈姆雷特"；鲁迅在评价《红楼梦》的时候说过一段很有名的话："经学家看见《易》，道学家看见淫，才子看见缠绵，革命家看见排满，流言家看见宫闱秘事。"这些话语告诉我们一个道理，文学作品自从诞生之日起，就不再仅仅属于作家，同时也会让渡给读者许多权利对作品进行再创造。自身诸多主客观因素的不同，决定了不同的读者对同一作品或者同一文学形象可以有不同的解读；换句话说，任何作品都是作家与读者共同创造、互相生发的结果，只是作家在先、读者在后而已。不同的人心中有不同的哈姆雷特、不同的《红楼梦》。从作品方面看，人物形象、主题思想具有复合多元、指向多维的可能性；从读者方面看，读者由于受到自身文化背景、人生阅历、价值观念、审美趣味等因素的影响，对作品人物或主题可以作出不同的理解。正是这种作家与作品、读者与作品、读者与作家的多维对话，才使得静态的作品呈现出动态的生成意义。这节课，我向大家推介一位英雄，一篇短篇小说，英雄名叫丹柯，小说名叫《丹柯》。丹柯是苏联伟大的现实主义作家高尔基短篇小说《丹柯》中的主角。下面，请同学们花 10 分钟阅读小说，从不同的角度联系作品的内容谈谈你们的感受和体会，特别是你们从作品中领悟到的道理或精神。

设计这样一则导语，目的有二：一是引用名言，诠释接受美学的观点，帮助学生理解作品主题多元、形象多元、价值多元的特点；二是直奔主题，简洁明快，一下子锁定课堂教学主题，集中学生的思维与注意力，激发学生的兴趣与热情。当然，对于学生阅读小说之后的自由发言，教师要有充分的准备，凡是与本课主题关联不大或是毫无关联的发言，一般不予讨论；相反，凡是与主题相关的问题或内容均要相机诱导，深入分析。特别是对于那些有价值的发言，容易引发思考与争议的问题，教师要尤其注意助推学生将讨论引向深入。这既是思维擦出火花、思想产生交锋的关键，也是课堂教学的亮点所在。

二、学生发言，师生对话

第一个同学发言指出，这是一篇浪漫主义的小说，歌颂了丹柯的英雄主义和乐观主义思想，丹柯身上那种大公无私、勇于实践、勇于牺牲、解救大众的精神给他带来了强烈的思想震撼。我们这个时代恰恰缺少了类似丹柯这样的大英雄、先驱者。教师应肯定学生对小说的正确感受，对丹柯英雄品格的概括很到位，特别是"大英雄""先驱者"两个词语用得很准确。但是，他的发言中，"浪漫主义"这个词语更能指向小说情节设计和主题深度，引发热烈探讨。于是，教师趁势追问：你认为这是一篇讴歌英雄的浪漫主义小说，请具体说说小说情节展开过程中哪些内容是浪漫主义的写法。

同学说出这篇小说的浪漫主义写法主要表现在四个方面：一是丹柯在族人陷入绝境、危险，准备向敌人投降的时候，掏出自己的心，高高举起，让燃烧的心照亮森林，带领族人走出绝境，走向光明、幸福、自由的新天地；二是丹柯倒下以后，心还在草原上燃烧，一个族人看见后，心里害怕，一脚踏上去，将丹柯那颗燃烧的心踩碎、踏灭；三是丹柯高举燃烧着的心，带领族人走过密密实实的丛林的时候，一片密林突然让开，等丹柯与族人通过之后，又很快合拢；四是小说对于丛林的描写，说这些丛林是一股强大的异己的力量，有生命，会说话，会发怒，很疯狂，不断地威胁族人，族人不断退缩，内心充满了恐惧与绝望。

围绕"浪漫主义"，依次请学生找出并概括相关的情节内容。学生很容易说出上面的第一点与第四点，对于第二点与第三点，稍加点拨，仔细阅读，也不难发现。教师意识到这是一个极具探讨价值、很能引发思考的问题，于是组织学生逐一探讨，目的在于让学生明白，这些浪漫主义的情节设计是为了表现主题思想。

问题（1）：情节一改为"丹柯高高举起火把，照亮了森林，驱散了黑暗，带领族人走出了密林"，是否可以？为什么？

不可以。这一改动是现实主义的写法，只能表现出丹柯高举火把，振臂一呼，率领众人奋勇向前的战斗精神；不能体现丹柯燃烧自己，照亮族人，勇于牺牲、大公无私的英雄主义精神。另外，原小说的情节设计体现了作家对于丹柯大无畏的牺牲精神的强烈歌颂与赞美，改换之后的情节主观情感没有这么强烈。

有同学质疑，大森林里哪来的火把，不可能那样改动。教师追问：请同学们细读小说，勾前连后，想想看，森林里面能否找到火把？有同学马上发觉，小说前面写得很明白，一个古老的族群长期生活在一个三面森林，一面面临异族力量威胁的环境之中，应该是有火种的，不然他们怎么生活呢？教师表扬同学读书细致，能够联系上下文思考问题，同时指出，他的理解是一种立足生活的理解，实事求是，尊重现实，这就是现实主义的态度。高尔基不写丹柯举起火把，而写他举起自己燃烧的心，是浪漫主义的奇想。丹柯一心为族人，连心都掏出来了，整个生命和心血、思想都是为了大家，这是一种怎样的伟大与崇高啊。

还有一个同学说，读到这个情节的时候，对"掏心掏肺"有了一种新的理解。平常人们说"掏心掏肺"意思是对人真诚、坦荡，毫无保留，一片赤诚；现在联系丹柯的处境来看，则是表现丹柯无我无私、一心为公、毫不利己、专门利人的精神。教师要鼓励学生的新发现、新感受，并补充毛泽东赞扬白求恩大夫的一段话："我们大家要学习他毫无自私自利之心的精神。从这点出发，就可以变为大有利于人民的人。一个人能力有大小，但只要有这点精神，就是一个高尚的人，一个纯粹的人，一个有道德的人，一个脱离了低级趣味的人，一个有益于人民的人。"（《纪念白求恩》）教师补充这段话的目的，一是深化学生对丹柯精神的理解与认识，二是幽默，调节课堂气氛，让大家感到轻松、愉快。

问题（2）：情节二改为"族人走出森林后，来到一片安全、和平而广阔的草原，过上了幸福而自由的生活，为了缅怀丹柯，他们在丹柯倒下的地方修筑了一座坟墓，竖立了一块纪念碑"。这样修改，是否可以？为什么？

不可以。情节设计从来就是为主题表达与人物刻画服务的。作品主旨在于颂扬丹柯的英雄品格与献身精神，批判族人的愚昧与麻木、冷漠与自私、软弱与懈怠以及恩将仇报，不知道敬重英雄、爱戴英雄的思想。原作品的情节设计正好吻合作者对人物的情感态度与价值评判。改变之后的情节设计，反而突出了族人的觉悟、改变、提升与感恩，与作者的意图和作品的情境不符合。

有同学提出质疑，认为改换情节可以理解，一是作品前面大部分内容侧重描写族人对丹柯的怀疑、抱怨、责怪、批评，甚至诅咒、围攻，发誓要弄死丹柯；后面写丹柯牺牲的壮举解救了族人的危难，指引族人走向一片光明而自由的新天地，族人感受到了自己对丹柯的态度是不对的，变得感恩和尊重、理解与爱戴、缅怀与追思。前面的隔膜与背叛是为了反衬后面的理解与尊重。同学的理解表面看来很有道理，但要引导他们再深入思考，人物性格、思想的改变不是说变就变、瞬间可变，应该遵循生活的逻辑，有一个渐渐转变的过程，从作品描写的情节内容来看，我们看不出这个渐变的过程与轨迹。另外，要是这样改换情节设计，作品的主题思想就变成了歌颂族人，歌颂他们对待英雄的正确态度，这也背离了作者的创作意图。高尔基创作这个作品，一个重要的思想就是揭示民众对英雄的不理解、隔膜。民众身上有许多人性的弱点，需要人们警醒，更需要先驱者去唤醒与疗救，启蒙民智的思想应是作品的主题之一。

延伸问题①：鲁迅先生写过一篇小说《药》，故事情节、人物设置、主题思想与高尔基的小说《丹柯》类似，请同学们从以上三个方面说说两个作品的相似之处。

教师给学生介绍小说《药》的情节内容，着重引导学生分析小说中的明暗两条线索和两类人物形象。作品以华老栓夫妇给儿子治病为明线，以革命者夏瑜被反动派杀害为暗线，两线交织，结构完整。两类人物形象：一类是资产阶级民主革命的先驱夏瑜烈士，另一类是麻木不仁的民众。

首先从作品本身来看。作品的明线也是主线，突出地描写了群众的愚昧和麻木。主人公华老栓愚蠢地相信人血馒头能治痨病，居然让孩子把革命者的鲜血当"药"吃，而且对革命者冷漠无情，对刽子手康大叔反倒毕恭毕敬。茶馆里的一伙人对革命者宣传革命"感到气愤"；对革命者挨牢头的打幸灾乐祸；对革命者叹息牢头没有觉悟，纷纷胡说"疯了"。革命者被杀害，人们"潮水一般"地去看热闹。这些都充分说明群众毫无觉悟，麻木不仁。

作品的暗线突出地描写了革命者的悲哀。革命者忧国忘家，却被族人告发；在狱中仍然宣传革命，却招来一阵毒打；在刑场被杀，只招来一帮"看客"；鲜血还被别人当"药"吃。他的母亲上坟，还感到"羞愧"，也不理解他为之牺牲的革命大业。可见，他是多么寂寞，多么悲哀。

小说命名为《药》，主要包含以下三层意思：一是全文以"药"为故事情节发展的线索，题中的"药"即蘸着革命者鲜血的人血馒头；二是这篇文章是鲁迅写给麻木不仁的人民群众的一帖药，意在拯救他们的灵魂，医治他们的精神；三是文章同样也是提醒革命者的药，指出革命不能脱离群众。水能载舟，亦能覆舟。显然，鲁迅作品中传达出一种反思革命、启发民智的启蒙思想。

与此类似，高尔基的小说《丹柯》花费大量笔墨描写族人对英雄人物的隔膜与不理解、怀疑与不信任、抱怨与不尊敬、责怪与围攻，其实也含有一种启蒙民智的意图。这里的族人与《药》中的民众类似，丹柯与夏瑜类似，族人与丹柯的关系和民众与夏瑜的关系类似，两篇小说均含有反思英雄、批评民众、启发民智的思想内容。

比较《丹柯》与《药》的故事情节、人物形象和思想主题，重在求同，强化学生对高尔基小说思想内容的理解。《药》的故事情节、人物形象和主题思想可由教师大略介绍，也可在课前预习环节安排学生阅读小说，为上课比较两篇作品作准备。具体如何操作，视时间而定。

延伸问题②：我们学过泰戈尔的小说《素芭》，也是一出悲剧，作品通过叙说一个生活在社会最底层的美丽善良的女子的悲惨命运，表达了对女性命运的深切关注与悲悯，有力控诉了印度种姓制度、等级制度对女性的歧视与戕害，具有强烈的现实批判意义。小说结尾这样写道："这次，她的丈夫用自己的双眼和双耳，非常仔细地察听，相了亲，娶了一位会说话的姑娘。"这个结尾可以有两种解读：一是素芭的丈夫与素芭经过一段时间的相处，逐渐了解了素芭丰富美好的心灵世界，进而欣赏她、喜爱她，两人过上了幸福美好的生活；二是素芭的丈夫后来发现素芭是个哑巴，慢慢嫌弃她，最终抛弃她，另外娶了一个口齿伶俐的姑娘。两种理解，两种情节设计，你赞成哪一种？为什么？

情节的设计与解读始终要围绕作家的创作意图和作品的主题思想，在此可以有两种解读：一是喜剧结尾，满足人们好人好报、一生好运的善良愿望，但是丧失了批判现实不合理社会制度的力量。二是悲剧结尾，符合生活真实，凸显人物悲惨命运，控诉社会制度的罪恶，具有强烈的批判现实主义色彩。这个设计与泰戈尔的创作意图和作品主题相吻合。

延伸问题③：如果将《素芭》的结尾改为解读二的设计，是否可以？为什么？比较一下这篇小说与我们学过的另一篇小说《炼金术士》，结尾有什么共同特点？

不可以改动，改换的情节设计虽然符合人物实际命运，能够体现作家的创作意图和作品主题思想，但是太过直白、显露，一览无余，没有引发读者思考与回味的余味。原小说则是点到为止，含而不露，给读者留下广阔的想象与猜读空间。其中，有一个句子很有意味——"娶了一位会说话的姑娘"，可以有两种理解——嘴巴会说话和眼睛会说话，让人回味。

《素芭》与《炼金术士》结尾有一个明显的相同特点，那就是留下疑惑，引人深思，避免直露、浅显。《炼金术士》没有直接写西班牙少年是否找到了财宝，财宝又是什么，藏在哪个位置，这些内容需要读者结合作品全文和作家的创作意图去揣摩。

问题（3）：情节三显然是作者的神奇虚构，丛林一开一合给丹柯一行让路，给后面的敌人断路，这样的设计传达出什么意思？有什么表达效果？

通过这个奇幻情节的设计，从侧面表现丹柯大无畏牺牲精神的巨大震撼力与感召力。小说前面很多笔墨描写环境，赋予丛林强大的生命力，对族人的生命安全构成巨大的威胁。这里写丛林配合丹柯的行为，主动退让，让出一条道来，显示出它们的怯弱、畏惧、退缩、逃避，反衬出丹柯精神力量的强大无比，震撼山岳。当然，丹柯精神也给族人带来巨大的信心与勇气，以至于他们紧随丹柯，走出绝境，走向光明。

也有同学看法不同：丹柯掏出心脏，高高举起，熊熊燃烧，照亮了天空，驱散了黑暗，犹如一盏明灯，指引族人走向光明、自由的新天地。丹柯大无畏的牺牲精神深深感动了天地、山岳和森林，以至于它们纷纷退让，帮助丹柯和族人突围而去。这种理解也有一定的道理，可以讨论，教师不给出标准结论。

问题（4）：请同学比较一下以前学过的小说《安东诺夫卡苹果》与《丹柯》在环境描写上的不同特点和作用。

问题抛出之后，让学生议论、研读几分钟，然后自由发言，师生达成共识。《安东诺夫卡苹果》是现实主义小说，文章的大量环境描写都是写实，多角度（视觉、嗅觉、味觉、听觉、感觉等）描绘俄罗斯乡村如诗如画的自然风光，具有浓郁的地域特色和时代特色；人物与风景相融合，风景的明媚亮丽烘托出人物愉快、幸福的心情。《丹柯》是浪漫主义寓言式小说，大量运用拟人手法，赋予自然环境以人类的生命与情感、力量与意志，神秘、恐怖，具有强烈的主观感情色彩（可以引导同学找出一些具体的句子来分析）。作品中的环境描写，既交代了人物活动的背景舞台，又构成一种强大的异己力量，不断恐吓、威胁、阻拦、挑战族人，族人不断后退，恐惧加重，以至最后想要出卖灵魂，投降敌人。族人由于环境的威胁而带来的退缩、怯懦，反衬出丹柯的勇敢与执着、坚毅与顽强。

问题（5）：《丹柯》是一出悲剧，悲在何处，小说最大的悲剧意义在于英雄与族人（众人）的隔膜和不信任。请同学们思考，造成这种心理、思想隔膜的原因有哪些？可以分别从英雄和族人身上去寻找原因。

学生结合文本内容和自己的理解说了许多。从族人方面看：自私、懦弱、冷漠、涣散、懈怠、猜忌、狭隘，不负责任，缺乏行动，没有信念，不懂得感恩，不懂得拥戴英雄等；可以这么说，族人身上所表现出来的弱点多是当今社会芸芸众生或多或少存在的弱点，这是一种普遍存在的人性弱点。换作你我是族人中的一员，置身那种环境，可能也难以避免那样的行为言语。我们从族人身上看到了自己的人性弱点。从丹柯方面看：高高在上，盛气凌人，有点藐视族人，不善于作沟通、交流工作，不擅长传播自己的思想信念，不能设身处地理解族人的所思所想。这也是英雄的悲哀所在。

教师补充一点，从历史与现实看，英雄与庸众之间、先驱与大众之间很难沟通、理解。所谓先驱者，思想、信念、行为、品格、精神远远超过时代与众人，注定孤独，正如金庸小说中的武林高手，打遍天下无敌手，自然会感觉到孤独与寂寞。英雄就是英雄，先驱者就是先驱者，他们走在时代的前列，与众人距离遥远，众人不可能完全理解英雄、先驱，英雄、先驱也不可能完全理解众人，彼此隔膜，永恒无解。古往今来，各行各业、各路英雄，莫不如此。爱因斯坦相对论诞生的时候，世界上没有几个人能够接受、理解；布鲁诺提出日心说，被烧死在鲜花广场；伽利略的自由落体实验被当作异端邪说；谭嗣同抛头颅，洒热血，也不为大众所理解。丹柯与族人的隔膜，其实揭示了一种永恒而普遍的现象。

这个课时，我们围绕浪漫主义手法的使用及其表达效果，通过改换情节设计，比较拓展内容，理解作家的创作意图和作品的主题思想；通过分析人物言语行为，多侧面理解人物的思想性格；通过分析人物之间的矛盾冲突，理解作品的悲剧意义。可以说，这是一篇以思想深刻、启迪心智显胜的浪漫主义寓言体小说，不同的读者，从不同的人物、不同的情境当中，可以获得不一样的人生启示。形象大于思想，思想之树常青，同学们以后阅读文学作品，尽可以见仁见智，畅所欲言，努力发掘作品潜在的思想意蕴，不断丰富作品的意思，提升作品的价值。

数字决定命运

——《在桥边》创意教学

一、改动名言，导入课文

西方有一则名言：思想决定行动，行动决定习惯，习惯决定性格，性格决定命运。市面上有一本书，名叫《性格决定命运》。不过，今天我要告诉大家一个残酷的事实——数字决定命运。不是吗？看看今天的应试教育、高考制度，寒窗苦读十余年，最后还是高考分数决定你的命运和未来。考分高低决定你是上清华大学、北京大学还是其他大学。当然，这个课时，我们主要不是讨论高考分数，而是探讨一篇小说——德国作家伯尔的短篇小说《在桥边》，看看数字怎样决定哪些人的命运，以及人们与数字有怎样的关系。下面请同学们阅读小说，思考如下问题：（1）梳理小说的三要素——人物、情节和环境。（2）作品描写了哪些人物？谁是主人公？他们与数字各是怎样的关系？结合小说情节内容，具体说说这些关系。

二、检查预习，整体感知

小说三要素梳理。

人物：我、他们、姑娘、过往行人、一个数汽车的矿工、"一台机器"（特殊人物），其中主人公显然是"我"。"我"是一个从战场上负伤退下来的残疾人，被安排做计数新桥通过人数的工作。"他们"是新桥的建设者和管理者，或者说是一座战后重建城市的管理者。"我"和矿工的工作单调、沉闷、无聊、枯寂，简直就是一台无血无肉、无情无欲、不知疲倦、没有生命的机器，甚至比机器更像一台机器。

情节："我"坐在桥头计数每天过往的人数，暗恋上了一位美丽的姑娘。此处要求学生概括情节内容，其实是检查学生对小说内容、思想的准确理解。学生的概括使用了一些不太准确的词语，教师可以引导学生思考、辨析，帮助他们准确理解，提升他们感受语言的能力。比如，不用"暗恋"，而用"爱上""漏数""想念""追求"等词语。最后，达成相对一致的概括："我"坐在桥边计数新桥上面每天通行的人数，故意漏数一位美丽的姑娘，以示反对他们的意愿。

环境：作品没有直接交代故事发生的社会环境，教师也没有直接介绍作家创作的时代背景和人生经历，但是作品中有片言只语的暗示或交代，可以挖掘出一些相关背景的内容。开篇第一句话"他们替我缝补了腿，给我一个可以坐着的差使：要我数在一座新桥上走过的人"，"腿伤"暗示"我"可能是从战场上负伤下来接受治疗，终究残疾，不能行走，只能坐着一动不动，干一件不需要腿脚行动的工作。"一座新桥"暗示这个城市、这个地方可能刚刚发生了一场战争，交通阻隔，房屋倒塌，满目疮痍，百废待兴。由此推知，故事发生的大环境可能是战后重建，小环境就是一座新桥边，大小环境构成故事发生的特定背景。在此基础上，教师再简要介绍伯尔的人生经历与二战的背景，这样学生就充分理解了环境内涵，同时也学会了利用关键文句了解作品思想内容的阅读方法。

三、探讨问题，理解主旨

问题：作品所写人物与数字各是怎样的关系？结合小说情节内容具体说

说这些关系的内容。

（1）他们与数字的关系：他们是谁？他们如何对待数字？他们与数字是怎样的关系？设置一系列小问题，引导学生由浅及深地研讨，逐步理解"他们"的意志与目的，"他们"对"我"和矿工之类的底层小人物造成的巨大心理与精神的伤害。他们是战后城市的建设者与管理者，或者说是这个从战后废墟上建立起来的城市的统治者或领导者，是官方与体制的代言人，从他们身上可以了解到社会体制对社会底层人物的挤压与钳制、拘禁与剥削。他们喜欢数字，喜欢新桥建成之后记录每天通过的人数，这个数字越大，他们就越高兴。他们喜欢利用这些数字进行乘除、百分比计算，喜欢将这些数字算进未来完成式中，甚至不惜造假，增加百分比。总之，他们喜欢假大空的数字，因为数字对他们来说，意味着政绩与形象、荣光与声誉、前途与利益。几乎可以说，数字决定他们的命运。同时，他们为了达到目的，又夸张、造假、增减、篡改，让数字成为手中玩物，也可以说，他们决定数字的多少（或命运）。从他们与数字的关系可以看出，他们好大喜功、弄虚作假、沽名钓誉，只注重物质建设与成就，忽视了对普通劳动者心理与精神的关注和理解。

（2）"我"与数字的关系。"我"是一个伤残人员、底层劳动者，从事枯燥乏味、单调无聊、毫无意趣的工作，每天就是一成不变地计数过往新桥的人数。几乎可以这么说，一方面，数字决定"我"的命运；另一方面，"我"也决定数字的多少（或命运）。作品描写"我"的上级对我的工作进行突击检查，好心的矿工警告"我"务必小心，结果那天"我"计数过往新桥的人数比主任统计员只差一人，"我"被他们认为是忠诚、可靠的人，奖励了"我"，改换了"我"的工作，由数行人改为数马车。不难设想，如果那一次检查"我"心不在焉，错漏百出，结果肯定是大受批评，严重一点甚至被端掉饭碗。可见，数字决定"我"的命运。"我"被数字绑架，不能草率对待数字，必须高度敬业，认真负责，尽职尽责，尽心尽力。有意思的是，"我"接受这次突击检查的时候，还是故意漏数了"我"心爱的姑娘，这表明，即便是为了稳住饭碗，"我"也不愿意将一个活泼可爱、天真无邪、自由无拘的美丽生命加进那些机械僵化、毫无生气的数字符号当中去。"我"喜欢这位姑娘,喜欢她身上散发出来的生活气息与生命自由,向往一种自由无拘、呼应内心世界的生活。

数字虽然决定"我"的命运,规定"我"的工作态度,但是"我"心不满、愤怒,还是不断地利用"我"仅有的权力玩弄数字,玩弄他们的喜好与意愿。作品第三自然段写道,"我"心情不好的时候,给他们一个平均数;"我"心情畅快的时候,给他们一个五位数字;"我"发慈悲心的时候,就多给他们几个数字。一句话,"我"给他们或大或小的数字取决于"我"的心情。通过玩弄数字游戏,"我"达到玩弄"我"不满意的工作和交给"我"这份工作的人的目的。"我"厌恶、嫌弃这份工作,但是为了生存温饱,不得不接受这份安排。"我"对给"我"这份工作的"他们"极度厌恶与憎恨,作品中很多语带调侃、饱含讽刺意味的话语充分表现出"我"的好恶憎爱。"精明能干""陶醉""容光焕发""心满意足""闪闪发光""永垂不朽"等词语,就蕴含强烈的讽刺、否定意味。

(3)姑娘与数字的关系。表面看来,姑娘与数字没有任何关系,她每天经过新桥上下班,完全不知道有一个人坐在桥边有意漏数了她,有心爱恋着她。那个人计数数字的多少与她没有任何关系。但是,姑娘也不知道,在"我"的心目中,她退出了"我"的数字范围,也就与数字产生了关系。是她的来往出现,减少了"我"的一个数字,使"我"故意漏掉了一个数字,"我"不愿意让她进入这些毫无生气的枯燥数字中。她这个"一"改变了"我"的数字,改变了"我"的心灵,改变了"我"的想象。她的出现让"我"的心灵灿烂无比,眼睛闪闪发光,面目生动明朗,工作有滋有味。或者说,"我"之所以干这份工作,一个方面是为了保住饭碗,另一方面是为了一睹姑娘的风采。姑娘是一道美丽的风景,改变了"我"沉寂、枯燥、乏味、无聊的生活,唤醒了"我"内心强烈的渴望,渴望被人关注,渴望爱与自由,渴望美好与生命,渴望丰富的精神生活。

小结:通过"我"与数字的关系、"他们"与数字的关系、姑娘与数字的关系,我们看到,在德国,在战后重建热火朝天的城市,社会以及社会的重建者、管理者过度追求所谓丰功伟绩与光辉形象，过分关注自己的功名前程、物质利益，不闻不问，甚至完全忽视底层小人物内心的情感、精神与思想诉求，忽视小人物的生存状态与生命追求。像"我"与"矿工"一样的小人物完全被工作、被社会体制掏空了心灵，剥离了权利，褫夺了自由，我们像机器一样工作，已经异化为机器，几乎丧失了人作为一个生命个体应该具有的情感、精神与思想的尊严和追求。这或许是伯尔要告诉人们的残酷现实。

四、改换情节，深化理解

（1）将小说标题改为"暗恋"，可不可以，为什么？

不可以。这不是一篇爱情题材小说，作品中出现的姑娘不仅是一个每天经过新桥的具体生命，更是一个具有特定象征意义的生命符号。她象征着一切自由美好、富有生命意趣、给人无限希望的事物，可以是一个人，一件东西，也可以是一种理想，一种美好的生活，或者是一种诱人的前景。另外，小说写"我"暗恋姑娘，只占小说五分之一不到的篇幅，这也告诉我们它不是一篇传统意义上的爱情小说。

（2）将作品中的姑娘改为一个俄罗斯姑娘或是吉普赛女郎，或是一只小猫小狗，可不可以？为什么？

可以。这是由"我"的工作与"我"的心态所决定的。"我"讨厌这份工作，一潭死水，死气沉沉，枯燥无味，毫无人性关怀，因此，对于桥上经过一位"我"所爱恋的姑娘，无比激动，无比兴奋，甚至产生强烈渴望与无限憧憬。换句话说，即便不是这位姑娘，换作另外一位美丽的姑娘，不管她是俄罗斯姑娘或是吉普赛女郎，"我"一样喜爱，她们的出现不是作为"我"恋爱的对象，而是作为一种可以改变"我"的心情、改变"我"的工作状态的对象出现，她们带给"我"无限的遐想与无穷的意趣。即便是小猫小狗这样玲珑小巧、惹人喜爱的小动物，"我"也一样喜欢，它们和美丽的姑娘一样给"我"带来欢悦和片刻的幸福。推而广之，一切美好的事物从眼前经过，"我"都会投去热情关注的目光，内心都会狂喜不已，这既是内心诉求得到满足的表现，又是美丽事物引人入胜的魅力所在。

（3）结尾改为："我"工作出色，经受了突击检查，获得了"他们"的好评，他们没有改换我的工作，而是给我加薪，由每月500马克提高到每月1500马克。可不可以，为什么？

不可以。加薪意味着"我"的工作尽心尽力，尽职尽责，得到了上级的认可与表扬，给读者一个直观的印象，任何工作，哪怕是像数行人这样枯燥无味的工作，只要你认真干、尽力干，就可以获得奖励，提高收入。只要努力，就有奔头。原小说结尾是改换"我"的工作，让"我"从数行人改为计数过往马车，虽然轻松了不少，也有一定相对自由的时间，但是这份工作与计数行人相比，本质不变，一样的枯燥无味，单调无聊，毫无生气，一样地压制我的内心诉求，没有一个人应有的自由与尊严。小说结局告诉我们，小人物的悲剧一直没有受到"他们"和社会的关注，一直在重演，不知道要延续多久，也不知道还有多少人像这样被社会、工作挤压、拘禁，变得像机器一样生硬僵化。如此结尾，强化了作品的悲剧意义和社会批判力量。

延伸思考：这个作品的结尾与我们学过的日本小说《清兵卫与葫芦》的结尾类似，一样具有悲剧性，强化了作品的现实批判意义。《清兵卫与葫芦》的结尾是这样写的："……清兵卫现在正热衷于绘画，自从有了新的寄托，他早已不怨恨教员和怨恨用槌子打破了他十多只葫芦的父亲了。可是他的父亲，对于他的喜欢绘画，又在开始嘀咕了。"关于这个结尾，有两种修改设计。一种是去掉"父亲嘀咕"这个情节；另一种是加上一个尾巴：清兵卫不久又在父亲的干涉下，放弃了绘画，改学钢琴，可是过了一段时间，父亲又开始嘀咕了。这两种结尾设计与原小说结尾相比，效果如何？

延伸设计这个问题，是想温故知新，同类比较，强化学生对作品关键情节的深入理解。就《清兵卫与葫芦》而言，原小说结尾最好。从结构上说，首尾呼应，结构圆满；从表现主题上说，结尾强化了作品的悲剧意义。清兵卫在父亲的干涉下已经放弃葫芦，爱上了绘画，现在又要放弃绘画，不知以后会热衷什么。总之，不能完全彻底坚持自己所好，只是在成年人的横加阻拦之下，一次又一次放弃自己的兴趣爱好，最终一无所成。成年人的强大意志与专断作风是戕害孩子个性自由、湮没孩子天赋潜能的罪魁祸首。悲剧一次又一次重演，无疑增强了作品的反思力度与批判意义。去掉"父亲嘀咕"这个情节，弱化了作品的悲剧意义。增加另外一种爱好，与作品结局重复，纯属画蛇添足，没有必要。

后　记

　　20多年前，我开始随笔写作，至今已出版20本书，发表上千篇文章，于2012年入选中国作家协会会员，成为该年度全国中小学教师队伍中唯一入选的基层教师；又曾连续三年为香港《文汇报》写专栏，发表了上百篇诗词文化品鉴文章。

　　很多朋友问我，你在全国名校教书，任务重，压力大，时间紧，怎么能写出这么多的作品呢？

　　几年前，我到成都交流的时候，一位语文教师更是公开提出这个问题。

　　我如实回答各位：从教30年，读写30年，于我而言，读、写、教三位一体，水乳交融，构成了我的生活常态，更是我的最大爱好。孔子曰："知之者不如好之者，好之者不如乐之者。"我对阅读、写作和教学已经到了"好之""乐之"的境界，差不多所有的时间、精力和心血都倾注在读、写、教之中了。应该说，这三个字已经融进了我的血液、生命和灵魂。

　　作为语文教师，我的写作自然紧密关联课堂，关联语文教学，关联学生发展。我有一种朴素的体验：我是怎样读书的，我就怎样教书；我是怎样对读写萌发兴趣的，我就怎样培养学生学习语文的兴趣。语文于我而言，就是安身立命的精神支柱；教学教研于我而言，就是人生的最大爱好。我享受语文，享受教研教学带给我的快乐和幸福。持久阅读拓展了我的精神世界，潜心教学赋予了我人生的意义，勤奋写作积淀了我的人文情怀。怀揣语文上路，风光旖旎不断。

我相信一句话，作为一名语文教师，你站在哪里，哪里就是语文的风景，反过来说，语文在哪里，你就在哪里。你的一言一行、一颦一笑，都散发出语文的味道，渗透着语文的情怀，积淀着文化的底蕴。我的教学立足于文本研读，言语品味，通过师生交流、文本探讨，试图带领学生抵达思维的磁场、文化的高地和人文的乐园。这本书收录了我教高中语文经典文本的近40个案例，这些案例来自课堂对话、文本研读、教学反思，凝聚了我多年的教学心血和情感投入，体现了我的教学理念、读写格调、人文关切和教学追求，散发出浓郁芬芳的语文气息。

全书按照所教文本体裁，分为诗词漫溯、古文漫溯、散文漫溯、小说漫溯四辑，所选篇目均是名篇，出自人教版高中语文必修教材，也有一些篇目来自高中语文选修教材《外国小说欣赏》。诗词漫溯注重品味意象，把握意境，涵咏诗情，体验多样情怀；古文漫溯注重文言合一，文以载道，道由文出，发掘文言背后的文化底蕴和丰富意韵；散文漫溯重场景把握、意境还原、格调体会和言语透视，凸显语文趣味和生命情怀；小说漫溯注重改造情节，比较言语，品味人物，把握主旨，从而达到激发兴趣，提升素养的目的。阅读经典也好，教学经典也罢，我喜欢改造词句，重组情节，比较拓展，层层递进，引领学生抵达作品的深处。

拙著得以顺利出版，需要感谢很多良师益友。

雅礼中学校长刘维朝先生，十分关注我的教学和教研，鼓励我深入研究中华诗词文化，深度关注课堂教学，充分肯定我的学术方向、理想坚守和教研业绩。刘校长的人文气质和文化情怀，对我的读、写、教是一个巨大的鼓舞。雅礼中学副校长许春阳先生，儒雅理性，平易谦和，教学楼、办公室、食堂、足球场等地都留下了他与我们亲切交谈的身影。许校长的沉稳睿智、求真务实、宽宏大度给予我的教学诸多实实在在的帮助。特级教师王良先生是我多年的同事兼兄弟，我们一同承担了湖南省教育科学规划课题——"高中语文教材文学类文本研读及其教学化策略研究"，有着很多共同的教学理念，经常切磋语文教学，他还在百忙之中抽出时间认真审阅拙著，写下热情洋溢而又独具慧眼的序言，令人感动。

陕西师范大学《中学语文教学参考》的主编张万利先生多次编发我的教研论文，我们通过文来文往，达成了某种心灵默契。这次，张先生又在百忙之中抽出时间为拙著撰写序言，深入剖析，热情鼓励，给我以诸多思想启迪。华东师范大学出版社策划编辑朱永通先生，通过网络与我相识，通过书缘与我相知。我们谈他的专著《教育的细节》，感受教育的温暖和智慧。我们谈我的新书出版事宜，朱先生积极策划，认真审稿，严格把关，使得书稿得以顺利出版。华东师范大学出版社审读编辑任媛媛老师，全面负责书稿的编辑加工，严格细致，高度敬业，令人感动。马泽京老师是《雅礼简报》的总编，惜才爱才，不遗余力，远见卓识，启迪我心。语文教研组组长昭文老弟，大力宣传、推介我的系列作品，支持、鼓励我的教学教研，情义深重，格局阔大，感念感恩。还有我的许多读者朋友，我的老师、同事，经常点赞、点评我的文章、专著，给予我极大的鼓励和帮助。在此一并表示感谢。

一本书是一个台阶，一个读者是一位贵人，感谢各位多年的陪伴。我乐意和大家相约文学，相约语文和远方，一往无前，风光无限。

徐昌才
2018 年 5 月于长沙雅礼